Schwoma '96

Ökologischer Ärztebund

Erik Petersen/ Wolfgang Stück (Hrsg.)

Unser täglich Brot

Ökologischer Ärztebund

Erik Petersen / Wolfgang Stück (Hrsg.)

Unser täglich Brot

Die Deutsche Bibliothek – CIP-Einheitsaufnahme
Unser täglich Brot : die Veränderung der Nahrung durch Chemie, Bestrahlung und Gentechnologie und ihre Auswirkung auf die Gesundheit / Ökologischer Ärztebund. Erik Petersen/ Wolfgang Stück (Hrsg.). -
Holm : Deukalion, 1996
ISBN 3-930720-20-5
NE: Petersen, Erik (Hrsg.); Ökologischer Ärztebund

1. Auflage 1996

Umschlaggestaltung: Dagmar Fitz
Druck: Interpress
ISBN 3- 930720 - 20 - 5

Inhalt

Erik Petersen/ Wolfgang Stück

Vorwort der Herausgeber

Während die Gesellschaft sich an Luftverschmutzung, Ozonloch und Ozonbelastung, Treibhauseffekt, verschmutzte Flüsse und umkippende Meere, Waldsterben und anderes gewöhnt, läuft – fast unbemerkt – der Großangriff der Umweltverschmutzer auf die letzten elementaren Grundbedürfnisse des Menschen: Essen und Trinken.

Nun leiden wir nicht etwa Mangel an hochwertigen Nahrungsmittelrohstoffen, sondern an deren Überfluß. Die verordneten Flächenstillegungen in der Landwirtschaft, Prämien für die Abschaffung von Nutzvieh und Einschränkung der Milchproduktion zeugen hiervon. Dennoch wird von allen Möglichkeiten Gebrauch gemacht, um Nahrungsmittelproduktion und -umsatz profitträchtig zu steigern, etwa durch die Einführung gentechnischer Nahrung, durch die radioaktive Lebensmittelbestrahlung, durch chemische Zusätze und durch die Aufbereitung natürlicher Rohstoffe und deren Abfallprodukte.

Die *Ausweitung radioaktiver Bestrahlung* von der bisherigen Begrenzung auf Gewürze liefert uns optisch frisch erscheinende Nahrungsmittel, die ohne Bestrahlung schon längst verfault wären. Die allergene, toxische und kanzerogene Auswirkung der Radiolyseprodukte in bestrahlten Lebensmitteln sind weitgehend unbekannt, ebenso die des Verlustes von wichtigen Inhaltsstoffen wie essentielle Aminosäuren, Vitaminen, Flavoriden und anderen. Der bestrahlte und damit minderwertige *Uraltfraß* droht zu unserer Regelnahrung zu werden. Eine Deklaration bestrahlter Lebensmittel findet nur eingeschränkt statt. Die Europäische Union in Brüssel läßt grüßen.

Ebenso soll die *Chemikalienbelastung* der Nahrung ansteigen dürfen. Die europäischen Landwirtschaftsminister schieben ihre Entscheidung über eine Zulassung längst verbotener Ultragifte wie beispielsweise DDT und Atrazin sowie die Neubegrenzung vieler Pestizide und Herbizide hinaus. Die Auswirkungen auf das Trinkwasser liegen auf der Hand. Daher ist die geplante Zulassung der Schadstofferhöhung des Trinkwassers bis zum Summenfaktor zehn, bei einigen kanzerogenen Einzelsubstanzen sogar bis zum Faktor 100, nur folgerichtig.
Die *Zulassung gentechnischer Nahrungsmittel*, des sogenannten Novel Food, stellt einen weiteren Angriff auf die Qualität unserer Nahrung dar. Sie bedeutet nicht nur eine Rarifizierung der Vielfalt natürlicher Nahrungsbestandteile, sondern produziert darüberhinaus eine nicht klassifizierbare Anzahl neuer fremder Proteine. Die gentechnisch geplante pflanzeninterne Produktion von bakteriziden, fungiziden und insektiziden Inhaltsstoffen ist in ihrem Gesundheitsrisiko völlig offen. Die mögliche allergene, toxische und kanzerogene Wirkung von Novel Food ist noch völlig unerforscht, und so wird der Mensch als Endverbraucher zwangsweise zum Versuchsobjekt im gentechnischen Freilandexperiment.
Genmanipulierte Bakterien in der Nahrung (beispielsweise zur Käseführung oder zur Rötung von Salami) kann in Kontakt mit der Darmbakterienflora zum sog. Plasmidtranfer führen, als dessen Folge Bakterizide zur Virulenzsteigerung und Antibiotikaresistenz der physiologischen Keimbesiedlung des Menschen führen kann. Die unabsichtliche Freisetzung gentechnisch veränderter Mikroorganismen, deren fehlende Rückholbarkeit und unabsehbare Langzeitfolgen stellen ein unkalkulierbares Risiko dar.
Als letztes sei auf die *chemische Aufarbeitung von allerlei Abfallstoffen und Unrat* zu Nahrungsmitteln hingewiesen. So muß Fertig-Schokoladenpudding nicht mehr aus Milch, Kakao und Zucker bestehen, sondern er kann auch aus chemisch aufgearbeiteten Haaren und Tierklauen, angereichert mit Farbstoffen, künstlichen Süßstoffen, Geschmackskorrigentien und Geschmacksverstärkern, Stabilisatoren und Emulgatoren und ein paar Dutzend Zusatzstoffen von E 50 bis E 280 hergestellt sein.
Es versteht sich von selbst, daß eine vollständige Deklaration der Inhaltstoffe die Geschäfte stören würde, und es verwundert, daß der Gesetzgeber den Nutzungsinteresssen des Produzenten einen höheren Rang einräumt als dem Informationsrecht und dem Gesundheitschutz des Verbrauchers. Da kein Bürger über ausreichendes Wissen und die Entscheidungsfreiheit verfügt, ob er sich konventionell oder mit chemisch angereicherter oder gentechnisch veränderter Nahrung ernähren will,

bleibt die Entdeckung eventueller Gesundheitsschäden verschleiert, da der kausale Zusammenhang nicht zu eruieren und Vergleichsgruppem aus der Bevölkerung für wissenschaftliche Untersuchungen nicht zur Verfügung stehen. Die rechtliche Haftung des Produzenten ist damit ausgeschlossen, eine Schadenserkennung und -begrenzung für die Bevölkerung unmöglich. Die Dummhaltung des »mündigen Bürgers« über einen elementares Grundrecht, nämlich zu wissen, was er ißt und trinkt, ist ein unerträgliches Diktat. Schon die unzureichende Deklaration natürlicher Nahrungsbestandteile führt zu unnötigem Leiden und vermeidbarer medizinischer Behandlung vieler Allergien.

Erik Petersen und Wolfgang Stück
Bremen, im Mai 1996

Interview mit Wolfgang Stück

Warum macht uns das Essen krank?

Frage: *Auf dem internationalen Wissenschaftskongreß des Ökologischen Ärztebundes in Koblenz haben Sie erklärt, unsere Lebensmittel würden immer schlechter. Sie sprechen von einem Skandal, weil viele Menschen dadurch krank würden. Was ist mit unseren Lebensmitteln los?*

Dr. STÜCK: Unsere Nahrung wird optisch und geschmacklich immer besser. Dies geschieht durch immer mehr chemische Zusätze, Denaturierung und vermehrte industrielle Bearbeitung der natürlichen Rohstoffe. Immer mehr Lebensmittel werden durch gentechnisch manipulierte Stoffe angereichert, teilweise erfolgt sogar radioaktive Bestrahlung. Dies ist ein unberechenbares Gesundheitsrisiko. Wir haben mit unseren Sinnesorganen Geschmack, Geruch und Sehen keine Chance mehr, minderwertige, chemisierte Nahrung von gesunder Nahrung zu unterscheiden.
Die lückenhafte und teilweise falsche Deklaration unserer Nahrungsmit telinhaltsstoffe ist ebenfalls keine Hilfe für den Verbraucher und stellt insbesondere für Allergiker ein bedrohliches Gesundheitsrisiko dar.

Frage: *Wie wirken sich diese Verschlechterungen aus?*

Dr. STÜCK: Als Arzt muß ich feststellen, es gibt immer effizientere Medikamente und größere wissenschaftliche Erkenntnisse; die Intensität der Behandlung durch immer mehr Ärzte nimmt zu.

Dennoch müssen wir feststellen, daß die Krankheitsrate der Bevölkerung steigt und bekannte Krankheiten zunehmend schwerere Verläufe nehmen, z. B. Asthma, Neurodermitis und Allergien bei Kindern. Die steigende Unfruchtbarkeit, die zur unfreiwilligen Kinderlosigkeit jedes fünften Paares geführt hat, bedroht unser Rentensystem. Die Zunahme von Hormonstörungen der Frauen und Schilddrüsenerkrankungen seien ebenfalls erwähnt. Die Zunahme von Krebserkrankungen schon in jungen Jahren kann jeder in seinem persönlichen Umfeld bemerken.

Frage: *Warum?*

Dr. STÜCK: Die genannten Erkrankungen schlummern in unserem Erbgut, brechen jedoch erst durch einen zusätzlichen Cofaktor zu der Krankheit aus. Man schätzt, daß ca. 68 % aller Erkrankungen durch solche Cofaktoren und indiviuelles Fehlverhalten bedingt sind. Umweltgifte, insbesondere in unserer Nahrung, stellen solche Cofaktoren dar. Einen großen Teil dieser Cofaktoren bekommen wir mit der Nahrung frei Haus geliefert, ohne daß wir uns dagegen wehren können.

Frage: *Sie wollen behaupten, wir seien dem ohnmächtig ausgeliefert. Warum?*

Dr. STÜCK: Unser Lebensmittelrecht läßt es zu, daß wir kaum Kenntnis erlangen, was wir tatsächlich essen und trinken. Weil wir nichts Genaues über die Inhaltsstoffe wissen, können wir uns nicht einmal für eine gesunde Ernährung frei entscheiden.
Gesunde Nahrung hat deshalb eine schlechte Marktchance. Dies widerspricht dem Prinzip einer freien Marktwirtschaft.

Frage: *Aber die Inhaltsstoffe von Lebensmittelprodukten müssen doch bei uns deklariert werden....*

Dr. STÜCK: Jaein. Die derzeitig praktizierte Deklaration ist eher eine Irreführung als eine Information. Verkürzt gesagt: Was auf der Packung draufsteht, muß nicht drin sein. Und was drin ist, muß nicht drauf.

Frage: *Ein ungeheuerlicher Vorwurf. Nennen Sie bitte Beispiele.*

Dr. Stück: Für lose Ware besteht keine Deklarationspflicht. Dies betrifft praktisch sämtliche Produkte von z. B. dem Bäcker und Metzger. Die atemberaubend wachsende Zahl von chemischen und biotechnischen Zusätzen bei Backwaren ist den meisten bekannt.
Das gleiche gilt für Schokoladenartikel allgemein und Süßwaren in Kleinpakkungen, Produkte, die vorwiegend von den besonders empfindlichen Kindern konsumiert werden. Die gleiche Ausnahme gilt für das Angebot der Käsetheke im Supermarkt.
Der Zusatzstoff Diacetat (E 262) muß deklariert werden. Ausnahme: in unserem Brot. Dort gilt er rechtlich nicht als Konservierungsmittel, sondern als Säuerungsmittel. Deshalb darf Brot mit E 262 als »frei von Konservierungsstoffen« bezeichnet werden. In Brühwürsten brauchen Chemikalien wie Lactate, Tartrate und Zitrate nicht deklariert werden. Ein Fruchtjoghurt mit der Bezeichnung »frei von Konservierungsmitteln« darf dennoch massenhaft welche enthalten. Enthält er nämlich »nur« die Fruchtzubereitung, Zuckerstoffe, Dickungsmittel, Konservierungstoffe etc., so werden diese nicht deklariert.
Handelsübliche Pommes frites mit der Aufschrift »Kartoffel, pflanzliches Fett« (evtl. »gehärtetes Fett«) enthalten das schlimme Allergen E 224 und E 450 A. Beide Stoffe wirken in ihrer gesundheitlichen Schädlichkeit gegenseitig vervielfachend. Pro Tonne Pommes frites werden 2 kg zugesetzt. Knusprigkeit, Geruchsstabilität und die Maschinenverarbeitung ungeeigneter Kartoffelsorten sind hierdurch gewährleistet. Der Zusatz von Enzymen in Fruchtsäften, Nudeln, Tiefkühlgemüse, Brot, Kuchen, Kekse, Käse, Konserven, magenfreundlichem Kaffee, etc. bedarf ebenfalls keiner Deklaration. Sogenannte technische Hilfsstoffe bedürfen grundsätzlich keiner Deklaration. Hierzu gehören z. B. Leichtbenzin, Phosphorsäure und Natriummetylat zur Margarineherstellung, Kalk und Formaldehyd (Krebserreger) zur Zuckergewinnung oder Entcoffeeinierung. Die tatsächliche Anzahl der verwendeten Zusatzstoffe ist völlig unbekannt. Unsere Marmelade enthält im Schnitt 50 mg/kg des Schaumverhüters Dimethylpolysiloxane, der als Zusatzstoff verboten, als technischer Hilfsstoff jedoch ohne Deklaration zulässig ist. Die Beispiele ließen sich endlos fortsetzen.

Frage: *Sie behaupten besonders am Beispiel der Allergiker, daß es zu vermeidbaren Krankheiten, ja wahrscheinlich Todesfällen kommt, übertreiben Sie da nicht?*

Dr. STÜCK: Leider nein. Es betrifft aber nicht nur die Allergiker. Selbst die Krankenkassen haben inzwischen erkannt, daß hier ein erhebliches Kosteneinsparpotential liegt. Selbst natürliche Nahrungsbestandteile, sofern sie unter 2 % liegen, müssen nicht deklariert werden. Einige der häufigsten Nahrungsmittelallergien in der Bevölkerung bestehen gegen Nüsse, Erdnüsse und Soja. Die Haupttherapie eines Allergikers besteht gerade darin, die krankheitsauslösende Substanz zu meiden. Wie soll er das können, wenn der Sojaanteil in der Wurst nicht deklariert ist, sich hinter einem Sammelbegriff, wie »Lecithin«, »pflanzliche Fette« oder »Emulgatoren« sowohl Erdnuß- / Sojafett verbergen kann oder als auch für ihn harmloses Raps- oder Sonnenblumenöl. Daß de facto alle Schokoladensorten Anteile von Nüssen enthalten, auch diejenigen, die nicht als Nußschokolade angeboten werden, kann kein Allergiker wissen. Allergiker sind durch die fehlende Fürsorgepflicht des Gesetzgebers in vielfältiger Weise ständig bedroht.
Wir Ärzte müssen die Bevölkerung und Politiker wegen der alarmierenden Verschlechterung unserer Nahrungsmittel wachrütteln.
Der dramatische Anstieg von Allergien, gerade bei Kindern, ist mehr als besorgniserregend. Der Anblick von Kindern, die unter quälendem Juckreiz, sich schlaflos – selbst nachts – die Haut blutig kratzen, oder asthmakrank durch ihr kleines Leben keuchen, ist deshalb so unerträglich, weil es häufig vermeidbar wäre. Man schätzt, daß fast jeder dritte Bundesbürger irgendwie allergisch ist.

Frage: *Sind unsere Nahrungsmittel wirklich der Grund dafür?*

Dr. STÜCK: Es ist erwiesen, daß erlaubte chemische Nahrungsmittelzusätze, durch Bestrahlung von Lebensmitteln entstehende Stoffe und gentechnische Zusätze, sogenannte Cofaktoren darstellen, insbesondere für Allergien, aber auch für Krebs und Erbschäden. So können aus Nicht-Allergikern Allergiker werden und aus bisher Nicht-Behandlungsbedürftigen kranke Menschen. Der dramatische Anstieg des Brustkrebses der Frau wird zunehmend unserer hohen Belastung mit Pestiziden angelastet. Unsere chemische Nahrungsmittelbelastung führt zu der zunehmenden Vergiftung der Muttermilch, die langes Stillen inzwischen zu einem Gesundheitsrisiko für das Kind macht. Ein ein Jahr alter gestillter Säugling nimmt die 136-fache Schadstoffmenge auf, die für einen Erwachsenen noch duldbar wäre.

Frage: *Was ist denn in unseren Nahrungsmitteln alles drin, was Ihrer Meinung nach nicht drin sein dürfte?*

Dr. STÜCK: Da ist eine ganze Kette zu nennen. Es fängt bei der Nahrungsmittelproduktion in der Landwirtschaft an. Da sind Rückstände von Tierarzneien, Insektenvernichtungsmitteln (Insektizide), Unkrautvernichtern (Herbizide), schädlichen Düngemittelbeimengungen, Schadstoffeintrag durch Luft und Regen, wie Schwermetalle und chlorchemische Verbindungen, z. B. aus Müllverbrennungsanlagen, Industrie und Straßenverkehr. Dies setzt sich fort durch chemische Zusätze bei der Rohstofflagerung gegen Pilze und Tierfraß, Nachreifungsbeschleuniger, etc. Dann folgen bei der Fabrikation die sog. technischen Hilfsmittel, um eine einfache Bearbeitung zu erreichen, schließlich erfolgt die Verbesserung der Haltbarkeit des Endproduktes durch Konservierungsstoffe, gentechnische Zusätze und teilweise radioaktive Bestrahlung. Um Appetitlichkeit und guten Geschmack zu erzielen, erfolgt die Zusetzung von Aromen, Geschmacksverstärkern und Geschmackskorrigentien, ferner die schon genannten Emulgatoren, Stabilisatoren, Trennmittel, Viskositätsregler. Hierzu kommen dann noch die sogenannten erlaubten 450 chemischen Zusatzstoffe (sog. E-Stoffe).
Rückstände aus der Verpackung kommen auch noch hinzu. So werden fettlösliche Weichmacher, Phenole, Isozyanate aus der Klarsichtfolie durch das Fett von Wurst und Käse aufgenommen etc. etc. Diesen geballten chemischen Angriff verträgt verständlicherweise nicht jedermanns Gesundheit.

Frage: *Was hat es mit der Bestrahlung von Lebensmitteln auf sich? Sind diese dann radiokativ?*

Dr. STÜCK: Nein, aber bestrahlte Nahrungsmittel werden chemisch verändert. Wichtige Inhaltsstoffe wie Vitamine werden zerstört, andere Inhaltsstoffe in schädliche Substanzen umgewandelt. Die Behandlung von Nahrungsmitteln mit Ozon und dem aggressiven Wasserstoffperoxid ist aus gutem Grund verboten. Durch radioaktive Bestrahlung entstehen aber genau diese Substanzen im Nahrungsmittel und verändern den Inhalt. Es entstehen sogenannte Radiolyseprodukte. Hierunter sind einige Carcinogene (Krebserreger) und z. B. das Thymin-Hydroperoxid, das als sog. Mutagen gilt, d. h. das ungeborene Leben schädigen kann.

Frage: *Kann man bestrahlte Nahrungsmittel erkennen?*

Dr. STÜCK: Nein: Die Bestrahlung verhindert Fäulnis und Alterung der Nahrung und gaukelt uns Frische vor. Es bedarf der chemischen Untersuchung. Die allerdings kann bestrahlte Nahrung sofort entlarven. Bestrahlte Nahrung spielt mengenmäßig bis jetzt bei uns keine große Rolle. Sie wird bisher bei Gewürzen, Fluganananas, Papayas, Mangos etc. angewendet, ist bis jetzt ansonsten bei uns noch verboten. Die Nahrungsmittel-Industrie plant jedoch bereits Bestrahlung in größerem Stile – als Eintieg dient hier die Forderung nach Bestrahlung von Geflügel wegen der Salmonellengefahr. Wenn sich Bürger und Politiker dieser Lobby nicht widersetzen, droht der bestrahlte und minderwertige »Uraltfraß« zu unserer Regelnahrung zu werden.

Frage: *Und was kommt mit gentechnisch veränderten Nahrungsmitteln auf uns zu?*

Dr. STÜCK: In den USA ist eine gentechnisch manipulierte Tomate auf dem Markt, die ein Erdnußprotein enthält. Die Zulassung dieses Produktes steht bei uns kurz bevor. Da gentechnische Produkte nicht deklariert werden, geraten unwissentlich Tausende von Erdnußallergikern in Gefahr, möglicherweise einige in Lebensgefahr. Das Mischen (»Clonen«)* des Erbgutes unterschiedlicher Tier- und Pflanzenarten, läßt den Verbraucher die Herkunft des Produktes nicht mehr erkennen, ein russisches Roulette für alle Allergiker. In gentechnisch manipulierten Pflanzen werden pflanzeninterne Pestizide (sog. Biozide), Fungizide etc. in der Zelle selbst produziert, um sie vor Tierfraß, Schimmel etc. zu schützen. Die gesundheitliche Bedeutung dieser Biozide ist völlig unerforscht, die erwiesene Giftigkeit des Biozids der Chrysantheme (Pyrethroide) sollte uns eine Warnung sein.
Die Unwägbarkeit der Gentechnik bewies auch der Einsatz des Herbizids Glyphosphat auf genmanipulierte Bohnen. Diese produzierte unerwarteterweise stark wirksame östrogenähnliche Substanzen. Unkontrollierte Östrogenzufuhr wirbelt den Hormonhaushalt der Frau durcheinander und führt zu Unfruchtbarkeit beim Mann und Geschlechtsmißbildungen bei Knaben – siehe die steigende Tendenz bei uns!
Ein auch bei uns zugelassenes gentechnisches Medikament, das Eiweiß L-Tryptophan, mußte vom Markt genommen werden. Es hatte allein in den USA zu 30 Todesfällen und 10 000 unheilbar kranken Menschen geführt. Dem Vernehmen nach soll gentechnisches L-Trytophan jetzt als Zusatz für Pudding erlaubt werden. Man kann sich des Eindrucks nicht erwehren, daß es der Gentechniklobby erlaubt

werden soll, den Menschen als Versuchsobjekt im gentechnischen Freilandversuch zu benutzen.

Frage.: *Welche sonstigen neuen Erkenntnisse erbrachte der internationale Wissenschaftskongreß in Koblenz?*

Dr. STÜCK: Die Beurteilungskriterien der Schädlichkeit unserer Nahrung durch Überwachungsbehörden und Gesetzgeber entsprechen nicht mehr dem Stand der Wissenschaft und sind überdies höchst lückenhaft. Das tatsächliche Gesundheitsrisiko wird um ein Vielfaches unterschätzt. Bisher wird nur die Schädlichkeit der Einzelsubstanzen aufaddiert. Je mehr unterschiedliche Chemikalien jedoch in der Nahrung sind, um so mehr giftige Kombinationsprodukte entstehen durch Reaktionen miteinander.
Wir fordern deshalb dringend, eine dem Stand der Wissenschaft entsprechende Neubeurteilung vorzunehmen.

Frage: *Warum nehmen die Macher in Politik und Wirtschaft Ihre Warnungen nicht ernst?*

Dr. STÜCK: Von Umweltgiften zuerst betroffen sind die Schwächsten in unserer Gesellschaft, Kinder, Schwangere, Alte und Kranke und diese haben bekanntermaßen in der Politik keine Lobby.
Betroffene Gruppen sind in der Politik nicht repräsentiert, kranke Politiker werden mit hohen Abfindungen, Pensionen und ohne Vertrauensarzt zügig ausgewechselt und haben damit keinen Einfluß mehr.

Frage: *Was fordern die Wissenschaftler und Ärzte des Ökologischen Ärztebundes und der Internationalen Gesellschaft der Umweltärzte?*

Dr. STÜCK: Wir fordern:

1. Eine lückenlose Deklaration sämtlicher synthetischer aber auch natürlicher Nahrungsmittelinhalte.
2. Die Reduzierung der Zusätze, sozusagen eine Hinwendung zum Reinheitsgebot vor allem bei Grundnahrungsmitteln.
3. Das Verbot der Bestrahlung und des Verkaufs bestrahlter Lebensmittel.

4. Das Verbot gentechnisch manipulierter Lebensmittel, sofern sie nicht zur elementaren Versorgung nötig sind. Volle Deklarationspflicht.
5. Die lückenlose Lebensmittelüberwachung, entsprechend dem Stand der Wissenschaft durch kommerziell und politisch unabhängige Gremien.
6. Die volle Produzentenhaftung und
7. Die Freigabe von Forschungsgeldern, um mögliche Schäden durch chemische Zusätze, Bestrahlung und Gentechnik erforschen zu können.

Udo Pollmer

Vergessene Gifte

Wissen Sie, was »ppm«, »ppb« oder »ppt« bedeutet? Diese Maßeinheiten nennen die winzigen Mengen an Rückständen, die sich zum Beispiel in unserer Nahrung finden: »ppm« (parts per million) gibt die Anzahl der gefundenen – schädlichen – Teile auf eine Million harmloser Teile an, umgangssprachlich etwas genau mit »Preußen pro München« übersetzt. Bei den »ppt« geht es bereits um Billionstel. Mit so winzigen Margen rechnen Analytiker.

Viele dieser Daten stammen zwar aus korrekten Analysen – entpuppen sich aber trotzdem als wertlos. Ein großer Teil der Rückstandsmessungen ist sogar schlicht Unsinn. Lebensmittel enthalten meist erheblich mehr an unerwünschten Stoffen, als sich mit den ausgefuchsten Methoden erfassen läßt.

Die Chemiker in den Labors manipulieren nun nicht etwa ihre Daten. Gott bewahre. Es liegt vielmehr an den angewandten, den bewährten oder sogar vorgeschriebenen Methoden, die zwangsläufig irreführende Resultate produzieren. Denn bei diesen Verfahren machen »gebundene Rückstände« dem traditionellen Suchen nach Spuren einen Strich durch die Rechnung. Lebewesen – gleich, ob Nutzvieh oder Getreidepflanzen – haben grundsätzlich zwei Möglichkeiten, mit Fremdstoffen umzugehen. Sie bauen diese zu harmlosen Produkten ab, oder sie heften sie an Bestandteile der Zelle - etwa Zellulose -, damit die Stoffe keinen Schaden anrichten.

Kein Organismus kann es sich leisten, gefährliche Substanzen einfach durch seine Zellen spazieren zu lassen. Die Eindringliche werden möglichst schnell an den Kanthaken genommen und abtransportiert, sozusagen von der »Fremdstoff-Polizei« verhaftet und hinter Schloß und Riegel gebracht. Und hier liegt das Problem für unsere eifrigen Sucher und Sammler in den Behörden und Instituten: Nun sind die Bösewichte auch für die klassischen Methoden unsichtbar und vor der Entdekkung durch die üblichen Analysen geschützt.

Freie Rückstände hingegen erfaßt der Analytiker mit unglaublicher Präzision – was zu kuriosen Ergebnissen führt: Je mehr riskante Stoffe in der Pflanze gebunden werden, desto niedriger ist deren Gehalt an »freien« Rückständen. Mit der genauen Analyse konnte das Absinken der Konzentration beachtet werden. So entstand der Eindruck, Pestizide »verschwänden« ziemlich schnell aus Nahrung und Umwelt. Also müßten wir nur Wartezeiten einhalten – so der Trugschluß –, um dann bedenkenlos all das essen zu können, was unsere Landwirtschaft mit der Giftspritze bis zur Ernte vor Schädlingen geschützt hat.

Aber wie riskant sind die gebundenen Stoffe für unsere Gesundheit? Da stellt sich zunächst die Frage, ob sie überhaupt vom Körper aufgenommen werden. Leider ja. Durch die radioaktive Markierung von Pestiziden lassen diese sich leicht verfolgen.

Typisch ist das Ergebnis eines Versuches mit Bohnen: Malathion, ein Vorratsschutzmittel, wurde radioaktiv markiert und entsprechend landwirtschaftlicher Praxis auf die Pflanzen gebracht. 30 Wochen später, zu einem Zeitpunkt, zu dem sich dieses Pestizid längst »abgebaut« haben sollte, ließen sich durch die radioaktive Markierung immer noch 17 Prozent der ursprünglich aufgebrachten Dosis als gebundene Rückstände nachweisen (das entsprach einer Malathion-Belastung der Bohne von 1,8 ppm).

Schließlich erhielten Mäuse die nach konventioneller Analyse »rückstandfreien« und damit vermeintlich harmlosen Bohnen als Futter. Im Urin, in der Atemluft oder in den Organen wurden durch die radioaktive Markierung des Malathions drei Viertel des gebundenen Giftes entdeckt: Offenbar setzen die Verdauungsenzyme und die Darmflora das Gift wieder aus seinen Bindungen frei. So verwundert es kaum, daß bei den Mäusen ein vermindertes Wachstum und Störungen wichtiger Enzyme der roten Blutkörperchen auftraten.

Nach Angaben der Forscher, die den Versuch durchführten, »legen die Resultate dringend nahe, daß an Bohnen gebundene Malathion-Rückstände nachteilige biologische Effekte bei Mäusen auslösen können«.

Das ist inzwischen für viele wichtige Pestizidklassen bei allen möglichen Lebensmittel gezeigt worden. Gebundene Rückstände entscheiden also darüber, wie riskant eine Behandlung mit Agrochemikalien ist. Aber auch typische Umweltgifte wie Benzpyrene oder Nitrosamine könne sich durch »Bindung« dem Nachweis entziehen. Zahlreiche Fütterungsversuche mit einer Reihe gebundener Rückstände zeigen, daß auch sie im Körper wieder auftreten.

Dieser Mechanismus erklärt ganz zwanglos, warum bei Tierarzneimitteln meist nur »homöopathische« Rückstandsgehalte auftauchen, obwohl diese Substanzen häufig nach dem Motto »Viel hilft viel« angewandt werden. Und er erklärt auch, warum sich im Braten manchmal mehr Rückstände ermitteln lassen als im frischen Fleisch: Die Hitze im Kochtopf und auf dem Grill kann gebundene Stoffe freisetzen.

Diese Resultate werfen ein neues Licht auf den biologischen Landbau. Jahrzehntelang wurde behauptet, konventionelle Lebensmittel unterscheiden sich durch das Einhalten der Wartezeiten kaum von Bio-Ware. Wer gebundene Rückstände ernst nimmt, sollte herkömmliche und Bio-Lebensmittel aber unbedingt durch Fütterungsversuche vergleichen.

Gebundene Rückstände lassen sich vielleicht in Einzelfällen mit analysieren. Aber die Bindungsformen sind äußerst vielfältig, Pflanzen wie Tiere heften unerwünschte Substanzen an die unterschiedlichsten Bestandteile ihrer Zellen. Für jedes Lebensmittel und jeden Rückstand müßte deshalb anders verfahren werden. Eine wegen der Vielzahl der Agrochemikalien schier unlösbare Aufgabe. Das zeigt, auf welch aussichtslosem Posten die Analytiker derzeit stehen.

Die Bedeutung der gebundenen Stoffe reicht noch weiter. Nicht nur »Fremdstoffe« werden vom Organismus wie sie behandelt, sondern im Grunde alle wichtigen Substanzen. Daher müssen wir zahlreiche andere Daten über Inhaltsstoffe unserer Nahrung ebenfalls hinterfragen. So ist zum Beispiel ein beträchtlicher Teil der Vitamine an Eiweiße oder Zucker gebunden, und deshalb wird der Vitamingehalt unserer Speisen gewöhnlich unterschätzt.

Die Raffinesse, mit der unsere Nahrung und Umwelt »gesundanalysiert« wurden, sucht ihresgleichen. Man wählte einfach eine Methode, mit der sich nach kurzer Zeit nichts mehr finden läßt, und erklärte Rückstandsgefahren zu Hirngespinsten. Das Problem ist nicht neu und Fachleuten seit über zehn Jahren geläufig. Sie wissen, wie wertlos ihre Meßergebnisse in der Praxis sein könnten.

Das wäre nicht weiter übel, wenn die Experten sowohl ihren Auftraggebern als auch der Öffentlichkeit die Grenzen ihrer Kunst eingestehen würden. Niemand wird von ihnen Unmögliches verlangen wollen. Ihr Schweigen aber befremdet. Es ist auch riskant, nicht zuletzt, weil damit die Lebensmittelchemiker ihre Glaubwürdigkeit und Kompetenz bei der Rückstandsanalytik fahrlässig aufs Spiel setzen.

Carsten Alsen-Hinrichs

Schadstoffe in der Muttermilch

Die Muttermilch ist unbestritten die beste Nahrung für den Säugling. Durch die Übertragung von Nährstoffen in einer für den Säugling besonders geeigneten Zusammensetzung und Menge und durch die Zufuhr von immunologisch wirksamen Bestandteilen werden Ernährungs- und Entwicklungsstörungen während der Stillphase bestmöglichst verhindert. Die enge Beziehung zwischen Mutter und Säugling während des Stillens trägt sehr wesentlich dazu bei, den durch die Geburt entstandenen Bruch der Mutter-Kind-Beziehung zu überbrücken (DORRA-NEUMANN, 1985). Diese eindeutig positive Bewertung der Muttermilch als Nahrungsmittel und des Stillens dürfen den Blick nicht verschließen vor den Schadstoffbelastungen. In der Muttermilch finden sich alle Schadstoffe wieder, die die Mutter am Arbeitsplatz, in der Außenwelt, in den Wohnräumen und durch Trinkwasser und Nahrungsmittel unmittelbar erreichen. Darüber hinaus finden wir in der Muttermilch vor allem die Stoffe wieder, die besonders langlebig (persistent) sind und sich über die Nahrungskette in tierischen und menschlichen Organismen besonders anreichern. In der Regel handelt es sich um Stoffe, die sehr gut fettlöslich (lipophil) sind und sich vor allem im Fettgewebe anreichern. Beim Stillen gelangen sie mit dem Fett aus dem Blut in die Muttermilch und erreichen auf diese Weise den Säugling.
Neben Kinder-, Frauen- und Allgemeinärzten fällt vor allem dem Toxikologen die Aufgabe zu, die Schadstoffe der Frauenmilch qualitativ und quantitativ zu erfassen und das Gesundheitsrisiko für den Säugling durch die Übertragung dieser Stoffe zu bewerten.

Bereits an dieser Stelle muß sehr deutlich darauf hingewiesen werden, daß wir eine erhebliche Schuld auf uns geladen haben, weil wir es trotz besseren Wissens überhaupt so weit haben kommen lassen, daß wir auch heute noch eine Risikoabschätzung des Stillens für den Säugling vornehmen müssen. Stillen gilt als Menschenrecht (ELTERNRAT, 1984) und Mütter und Väter sollten ihren Unmut über die Schadstoffbelastung der Muttermilch viel stärker zum Ausdruck bringen, damit Politiker die notwendigen Gegenmaßnahmen erzwingen können.

Entsprechend wird von den Toxikologen erwartet, daß sie möglichst klare Aussagen zu diesen Schadstoffbelastungen und ihren Gesundheitsrisiken treffen.

Beschönigungen zugunsten der Verursacher und zur Beruhigung der stillenden Mütter helfen nachfolgenden Generation am wenigsten.

Um welche Schadstoffe handelt es sich nun eigentlich und von welchen dieser Stoffe geht das höchste Gesundheitsrisiko aus?

Zunächst soll kurz darauf hingewiesen werden, daß wir alle leicht flüchtigen Kohlenwasserstoffverbindungen, die wir aus den verschiedensten Quellen aufnehmen, in der Muttermilch qualitativ wiederfinden. Bestehen am Arbeitsplatz, im Wohnbereich oder in Autoinnenräumen besonders hohe Belastungen mit leicht flüchtigen Kohlenwasserstoffen, so ist zu befürchten, daß sie in der Muttermilch in so hohen Konzentrationen auftreten können, daß sie nicht mehr als unbedenklich angesehen werden dürfen (PELLIZZARI *et al.*, 1982).

Neben diesen leicht flüchtigen stellen die persistenten Kohlenwasserstoffe und von diesen wiederum nur einige persistente Halogenkohlenwasserstoffe das Hauptproblem der Muttermilchbelastung dar. Diese zuletzt genannten Stoffe wurden am Ende der fünfziger Jahre und am Anfang der sechziger Jahre zunächst im Fettgewebe, bei zunehmender Verbesserung der Schadstoff-analytik dann auch in anderen Organen und Körperflüssigkeiten entdeckt. Bezogen auf den Fettgehalt dieser Organe und Körperflüssigkeiten sind die Konzentrationen der persistenten Halogenkohlenwasserstoffe mit geringen Abweichungen und Ausnahmen immer gleich hoch. Zwischen den im Fettgewebe in besonders hohen Konzentrationen vorliegenden und den mit dem Blut transportierten und in den Zellmembranen eingelagerten Schadstoffmengen besteht ein fließendes Gleichgewicht, das sich in Abhängigkeit von der Zufuhr neuer oder bei der Mobilisation gespeicherter Schadstoffmengen immer neu einstellt. Bei den in der Muttermilch in der Regel gemessenen Schadstoffen handelt es sich um eine kleine Auswahl, die mehr oder weniger repräsentativ sein könnte für die Gesamtbelastung mit den Halogenkohlenwasserstoffen, wenn wir sie alle identifiziert hätten und sie umfassender bewerten

könnten. Zu den regelmäßig erfaßten Halogenkohlenwasserstoffen gehören Hexachlorcyclohexane (HCH 8 Isomere), Hexachlorbenzol (HCB), Dichlordiphenyltrichlorethan bzw. -ethen (DDT und DDE), Heptachlor und Heptachlorepoxid, Aldrin, Dieldrin und Endrin und die Vielzahl der Polychlorierten Biphenyle (PCB-209 Isomere und Kongenere).
Eine Bewertung der Muttermilchbelastung mit diesen »herkömmlichen« Halogenkohlenwasserstoffen erfolgte zuletzt im Jahre 1984 durch die Kommission zur Prüfung von Rückständen in Lebensmitteln (DFG, 1984). Aufgrund der durchschnittlich hohen Belastung der Muttermilch mit diesen Halogenkohlenwasserstoffen hat diese Kommission eine Stillempfehlung abgegeben, die ein uneingeschränktes Stillen bis zu vier Monaten und danach die Zugabe steigender Mengen Beikost vorsieht. Eine Stilldauer über sechs Monate hinaus setzt eine Untersuchung der Schadstoffe in der Muttermilch und einen sorgfältigen Nutzen-Risiko-Vergleich voraus. Diese Stillempfehlung stellte seinerzeit einen Kompromiß zwischen der Meinung der Toxikologen und der der Kinderärzte dar. Während Toxikologen im Jahre 1984 von einer Stilldauer über drei Monate hinaus abrieten, forderten Kinderärzte eine uneingeschränkte Stilldauer. Obwohl bereits 1984 erste Anhaltspunkte dafür vorlagen, daß der Mensch und damit auch die Muttermilch generell mit »Dioxinen« belastet ist (ELTERNRAT, 1984), erfolgte die Stillempfehlung der DFG-Kommission lediglich auf der Bewertungsbasis der herkömmlichen Halogenkohlenwasserstoffe, ohne Einbeziehung der Dioxine. Noch im Jahre 1985 frohlockten die Toxikologen Prof. FORTH und ein Mitglied dieser DFG-Kommission, Prof. KORANSKY: »Seveso ist also nicht in der Muttermilch angekommen« (FORTH und KORANSKY, 1985). Da die DFG-Kommission in der vorangegangenen Zeit in Abständen von drei Jahren eine Bewertung der Schadstoffbelastung der Muttermilch vorgenommen hatte, wurde zunächst im Jahre 1987 und spätestens im Jahre 1990 eine Neubewertung unter Einbeziehung der Dioxine erwartet. Nach einigen Bewertungsversuchen durch den Vorsitzenden der Kommission, Prof. HAPKE, die sich darin erschöpften, die Dioxine als ubiquitär vorkommende chemische Gruppe anzusehen und sie als »Naturkonstanten« festzuschreiben (weil sie auch bei natürlichen Bränden entstehen können), sind von dieser Kommission lange Zeit keine Stellungnahmen mehr abgegeben worden. Die inzwischen allgemein bekannte, sehr hohe Belastung der Muttermilch mit Dioxinen hätte angesichts der bereits 1984 auf der Basis der Belastung mit den herkömmlichen Halogenkohlenwasserstoffen abgegebenen einschränkenden Stillempfehlung zu einer weiteren Einschränkung der Stilldauer führen müssen. Eine umfassende Darstellung der

Dioxinbelastung der Muttermilch in der Bundesrepublik Deutschland erfolgte erstmalig von FÜRST *et al.* im Jahre 1986 anläßlich des Dioxinkongresses in Fukuoka in Japan (FÜRST *et al.*, 1986). Eine Umrechnung der Meßwerte der einzelnen Dioxinkongenere in sogenannte Toxizitätsäquivalente (TE), die sich auf das wirksamste Dioxin, das 2,3,7,8-Tetrachlordibenzodioxin, bezogen, ergab eine so hohe Belastung, daß die seinerzeit vom Bundesgesundheitsamt und vom Umweltbundesamt für Erwachsene als zulässig angesehene Dioxinaufnahme von 1-10 Pikogramm TE pro kg Körpergewicht und pro Tag bei gestillten Säuglingen im Mittel um das 100- bis 10-fache überschritten wurde. Angesichts dieser brisanten Tatsache wird vielleicht verständlich, daß sich die DFG-Kommission vor einer öffentlichen Stellungnahme gedrückt hat. Um so lautstärker traten danach einige Toxikologen in der Öffentlichkeit auf mit Äußerungen wie »um Gottes Willen, nicht vom Stillen abraten, dazu bestünde überhaupt kein Grund« (NEUBERT, Köln 1988, Sachverständigenanhörung, holzschutzmittelbelastete Kindergärten), während andere Toxikologen sich zu eher kritischen Äußerungen über das Stillen veranlaßt sahen (MÜLLER und KAISER, 1991; TIEDJE und ALSEN-HINRICHS, 1992).
Im folgenden soll nun versucht werden, die Gründe einer eher einschränkenden Stillempfehlung aus der Sicht des Toxikologen aufzuzeigen. Zunächst müssen noch einige kritische Bemerkungen zur Analytik der persistenten Halogenkohlenwasserstoffe angeführt werden. In der nachfolgenden Abbildung wird ein Kapillarsäulenchromatogramm eines Muttermilchfettextraktes aufgeführt (Abb. 1).
Jeder einzelne »Peak« spiegelt mindestens eine chemische Verbindung wider. Die wenigsten dieser »Peaks« können eindeutig bestimmten chemischen Verbindungen zugeordnet werden. Die Kongenere der Polychlorierten Dibenzodioxine und Dibenzofurane (PCDD- und PCDF-Kongenere) sind in diesem Chromatogramm noch nicht einmal aufgeführt. Hinzu kommt ferner, daß sich unter den einzelnen »Peaks« mehr als eine chemische Verbindung mit ähnlicher Konfiguration verbergen kann. So konnte von der Arbeitsgruppe DUINKER *et al.* (1988a, 1988b) am Beispiel der Analytik der Polychlorierten Biphenyle (PCB) sehr eindrucksvoll mit Hilfe der zweidimensionalen Gaschromatrographie gezeigt werden, daß sich unter einem »Peak« bis zu drei unterschiedliche PCB-Kongenere verbergen können (Abbildung 2).
Auf diese Weise sind auch die den Dioxinen in ihrer Toxizität ähnlichen koplanaren PCB-Kongenere entdeckt worden, die bisher in der toxikologischen Bewertung der Muttermilchbelastung überhaupt noch nicht berücksichtigt worden sind (Abbildung 3). Neueren Bewertungen zufolge stellen diese koplanaren PCB-Konge-

nere ein 4- bis 5-fach größeres toxikologisches Problem dar als die Dioxine (SAFE, 1994). Im folgenden möchte ich mich nun mit der toxikologischen Bewertung der Muttermilchbelastung befassen und dabei ausschließlich die PCB- und Dioxinbelastungen etwas genauer betrachten.

Der toxikologischen Bewertung von Schadstoffen liegen unterschiedliche Modelle zugrunde. Das ADI (acceptable daily intake)- oder TDA (tägliche duldbare Aufnahme)-Konzept gilt als das konservativste Modell. Die wissenschaftliche Basis dieses Bewertungskonzeptes besteht in der Ermittlung des NOTEL (no toxic effect level) oder NOAEL (no adverse effect level) im Langzeittierversuch an Ratten (24 Monate) und Mäusen (18 Monate). Hierbei wird die Dosis eines Schadstoffes abgeschätzt, die im Langzeitversuch gerade keine toxischen Effekte mehr verursacht.

Abbildung 1

Gaschromatogramm eines Muttermilchfettextraktes

Siemens GC Sichromat 1, 50 m Kapillarsäule DB5; isotherm 220oC, Hexan-Extrakt, Injektionsvolumen 1 μl

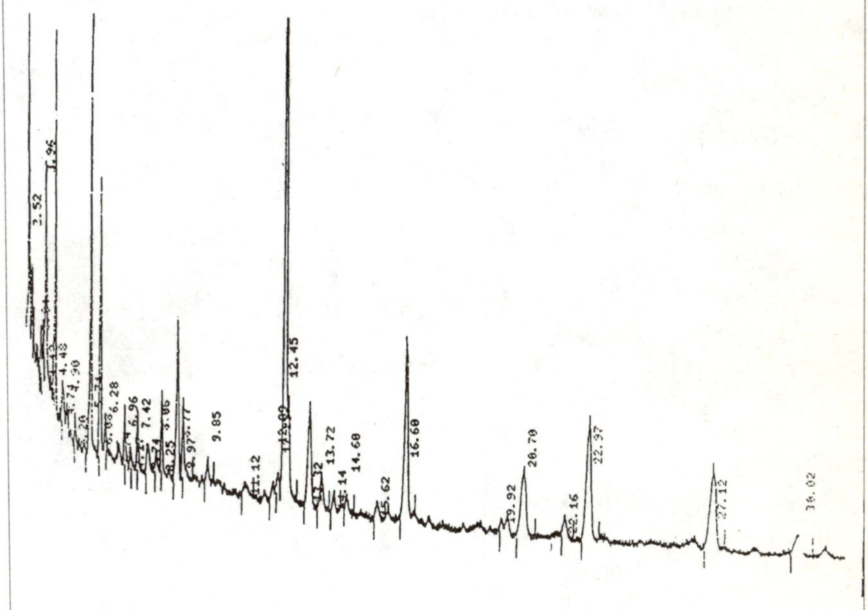

Dieser tierexperimentell abgeschätzte Wert wird bei der Ermittlung einer für den Menschen zumutbaren Aufnahmemenge zugrundegelegt und mit Sicherheitsfaktoren von zehn bis 2 000 versehen. In der Regel wird ein Sicherheitsfaktor von mindestens 100 gefordert, wobei die Unsicherheit bei der Übertragung tierexperimenteller Daten auf den Menschen (Faktor zehn) und die intraindividuelle Schwankung in der Empfindlichkeit gegenüber Schadstoffen (Faktor zehn) berücksichtigt werden. Für Säuglinge wurde wegen ihrer höheren Empfindlichkeit gegenüber Schadstoffen ein zusätzlicher Sicherheitsfaktor von 2,5 eingeführt (DFG, 1984), insgesamt also ein Sicherheitsfaktor von 250. Bei der bestehenden Belastung der Muttermilch mit PCB und Dioxinen kann aber häufig nicht einmal ein Sicherheitsfaktor von zehn eingehalten werden.

Abbildung 2
Gaschromatogramm von Halogenkohlenwasserstoffrückständen

Oben: Normales Kapillarsäulenchromatogramm.
Unten: Weitere Auftrennung mit Hilfe der zweidimensionalen Gaschromatographie.
Detektion verborgener Kongenere von Polychlorierten Biphenylen (nach DUINKER et al., 1988 a und b)

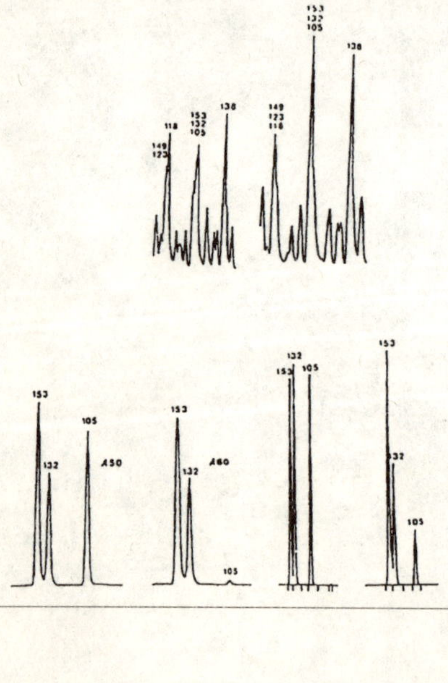

Abbildung 3

Polychlorierte Biphenyle (PCB) - planare und nicht planare PCB-Kongenere

Die planaren PCB-Kongenere sind wegen ihrer Ähnlichkeit mit den Dioxinen die giftigeren. Strukturchemische Übereinstimmung von Dioxinen (z.B. 2,3,7,8-TCDD) und planaren Polychlorierten Biphenylen (z.B. 3,3', 4,4', 5,5'-HCBP) (nach SAFE, 1983)

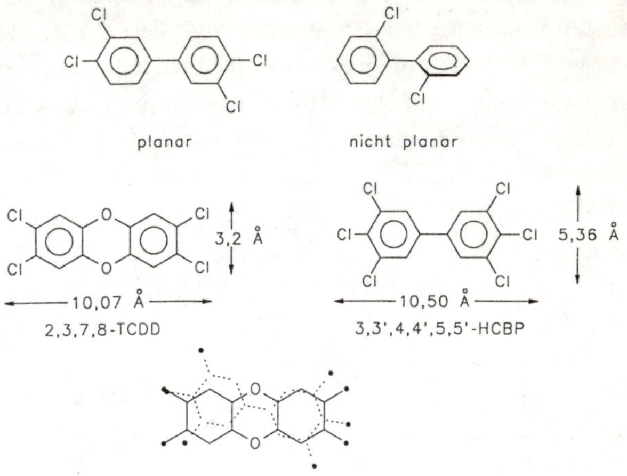

Die tägliche duldbare Aufnahmemenge ergibt sich somit aus folgender Beziehung (nach DFG, 1984):

$$TDA = \frac{NOAEL \times FV}{SF} \times \frac{KG}{VM \times ZSF}$$

TDA	=	Tägliche duldbare Aufnahme-Konzentration der einzelnen Substanzen in der Milch (z.B. mg/kg)
NOAEL	=	No Observed Adverse Effect Level im Tierversuch (mg/kg Futter)
FV	=	Futterverzehr der Versuchstiere pro Tag (kg Futter/kg Lebendgewicht); z.B. für Ratten 0.05, für Hunde 0,02
SF	=	Sicherheitsfaktor (10-2000; meist 100)
KG	=	Der Berechnung zugrunde gelegtes Körpergewicht des Säuglings (kg)
VM	=	Der Berechnung zugrunde gelegte Menge des täglich mit der Frauenmilch aufgenommenen Milchfetts (kg)
ZSF	=	Zusätzlicher Sicherheitsfaktor (2,5) für die je kg Körpergewicht aufgenommene Nahrungsmenge im Säuglings- und Kleinkindalter

Bewertung der PCB-Belastung

Für die Summe aller PCB-Kongenere wurde von der WHO (Weltgesundheitsorganisation) ein NOTEL von 0,1 mg/kg und Tag abgeschätzt. Bei einem Sicherheitsfaktor von 100 ergibt sich dann eine zumutbare Aufnahmemenge für den Menschen von 0,001 mg bzw. 1 µg PCB/kg und Tag (DFG, 1988). In den westlichen Industrieländern lag die tägliche PCB-Aufnahme mit der Nahrung für den Erwachsenen etwa um den Faktor 10 niedriger, also bei etwa 0,1 µg/kg und Tag.

Diese Belastung führt bei dem gestillten Säugling jedoch zu einer mittleren täglichen Aufnahme von etwa 7 µg/kg und Tag. Gegenüber dem NOTEL der Ratte besteht dann nur noch ein Sicherheitsfaktor von etwa 10. Würden wir den uns zugemuteten Aufnahmewert von 1,0 µg PCB/kg und Tag ausschöpfen, dürfte die Muttermilchbelastung mit PCB so hoch sein, daß gar kein Sicherheitsabstand zum NOTEL mehr bestünde. Zum Glück können wir heute die Aussage treffen, daß die PCB-Aufnahme über die Nahrung eher rückläufig ist und in den letzten fünf Jahren weiterhin abgenommen hat. Folgende Kritikpunkte müssen dennoch berücksichtigt werden:

a) Zur Zeit bewerten wir die einzelnen PCB-Kongenere immer noch als Summenparameter. Diese Bewertung ist genauso unsinnig wie z.B. eine Summenbewertung aller toxisch wirksamen Metalle. Bei den PCB müßten wir, wie bei den Dioxinen, zunächst die Kongenere wegen ihrer sehr unterschiedlichen Toxizität einzeln analytisch erfassen, anschließend einzeln toxikologisch bewerten und abschließend in Form von Toxizitätsäquivalenten als Summenparameter zusammenfassen, so wie es neuerdings von SAFE (1994) durchgeführt wird.

b) Allein die toxikologische Bewertung dieser koplanaren PCB-Kongenere würde ausreichen, um zu der Aussage zu kommen, daß das Stillen für den Säugling eine unzumutbare Belastung mitsichbringt, die toxikologisch noch brisanter ist als die schon bedenkliche Belastung mit Dioxinen.

c) Die gegenwärtige PCB-Belastung der Muttermilch trägt in einem bisher nicht ausreichend berücksichtigten und toxikologisch bewertbaren Ausmaß zur Karzinogenese bei.

d) Welche Auswirkung allein die PCB-Belastung der Muttermilch für den gestillten Säugling hat, kann zur Zeit nicht sicher bewertet werden.

Toxikologische Bewertung der Dioxin-Belastung

Bei der Bewertung der Dioxine wird ein NOTEL von 1 ng TE/kg und Tag zugrundegelegt, obwohl bekannt ist, daß bei dieser Aufnahmemenge noch Schäden bei Ratten und Rhesusaffen gesehen wurden (US EPA-Bericht, 1985). Wir wissen gegenwärtig nicht sicher, in welchem Bereich der NOTEL für Dioxine tatsächlich liegt, wenn alle Auswirkungen, einschließlich immuntoxischer Effekte, berücksichtigt werden. Bei dem zugrundegelegten Wert von 1,0 ng/kg und Tag handelt es sich nicht um einen NOTEL, sondern um einen LOAEL (lowest observed adverse effect level). Der NOTEL liegt in einem niedrigeren Bereich, wahrscheinlich zwischen 0,01 - 0,1 ng TE/kg und Tag oder niedriger. Die Dioxinbelastung des Erwachsenen über die Nahrungsaufnahme beträgt gegenwärtig etwa 1 pg TE/kg und Tag (BECK, 1990, SCHECTER *et al.*, 1994). Bei dieser Dioxinbelastung können toxikologisch bedenkliche Auswirkungen nicht ausgeschlossen werden. Von der EPA wird eine tägliche Dioxinaufnahme von 0,01 pg TE/kg und Tag unter der Annahme eines zusätzlichen Krebsfalles pro 1 Million Personen als zumutbar betrachtet. Daraus resultiert rein rechnerisch bei linearer Ableitung, daß die gegenwärtige Dioxinbelastung von 1 pg TE/kg und Tag mit 100 zusätzlichen Krebsfällen pro 1 Million Personen verbunden ist.

Ein gestillter Säugling nimmt nun etwa die 50-100-fache Dioxinmenge pro kg Körpergewicht und Tag auf. So erhält ein 1 Jahr gestillter Säugling gleich zu Beginn seines Lebens (zusätzlich zu der bereits im Mutterleib diaplazentar erfolgten Übertragung) eine Dioxinbelastung wie sie von einem mit Kuhmilch oder künstlicher Nahrung ernährten Säugling erst im Alter von etwa 30 Jahren erreicht wird. Welche Auswirkungen mit dieser Dioxinbelastung letztlich verbunden sind, wissen wir nicht. Bei einer täglichen Belastung mit 50-100 pg TE/kg und Tag besteht gegenüber einem unsicher definierbaren NOTEL kein Sicherheitsabstand mehr. Toxikologisch bedenkliche Effekte können nicht mehr ausgeschlossen werden. Von der Mehrzahl der Toxikologen wird unter stereotypem Hinweis auf die Vorteile des Stillens über dieses Risiko hinweggesehen (BOCK *et al.*, 1992; SAGUNSKI und SCHMOLDT, 1991). Ehemalige Mitglieder der DFG-Kommission zur Prüfung von Rückständen in Lebensmitteln kommen auf der Basis eines neuen Bewertungskonzeptes zu dem Urteil, daß sie keinen Anlaß erkennen, die früher ausgesprochene Empfehlung, Neugeborene voll zu stillen, zu korrigieren (KORANSKY *et al.*, 1992). Ähnlich wie bei den PCB ist bei den Dioxinen die Belastung in den letzten 5 Jahren um etwa 50% zurückgegangen (SCHECTER *et al.*, 1994).

Bereits im Jahre 1987 wurde in dem Umweltgutachten (DEUTSCHER BUNDESTAG, 1987) gefordert, daß Begleituntersuchungen gestillter Säuglinge dringend erforderlich wären, weil bedenkliche Auswirkungen der mit der Muttermilch übertragenen Schadstoffe nicht auszuschließen seien. Von der holländischen Wissenschaftlerin KOPPE (1989) und von einer holländischen Arbeitsgruppe (PLUIM *et al.*, 1992) gibt es erste epidemiologisch und statistisch ermittelte Hinweise, daß die Schadstoffbelastung der Muttermilch bei gestillten Säuglingen in Abhängigkeit von der übertragenen Schadstoffmenge Schäden hervorruft. So konnte bei gestillten Säuglingen häufiger eine Abnahme des Vitamin K beobachtet werden. Die Abnahme des Vitamin K kommt wohl dadurch zustande, daß die erhöhte Dioxinbelastung zu einer Induktion Vitamin K abbauender Enzyme führt. Bei mit Dioxinen höher belasteten Säuglingen werden auch Störungen der Schilddrüsenhormone gesehen. So kam es zu einer Zunahme von T4-Werten, erhöhten Werten für den T4/TBG-Quotienten und erhöhten Werten für TSH. In einer neueren Arbeit von FALCK *et al.* (1992) konnte gezeigt werden, daß Frauen mit Brustkrebs höhere Belastungen mit PCB aufweisen als Frauen mit gutartigen Brustdrüsenerkrankungen. Die Dioxinbelastung wurde in dieser Arbeit nicht bestimmt.

Vor kurzem wurde von CHILVERS (1993) eine Arbeit veröffentlicht, wonach bei Frauen, die 3 Kinder gestillt hatten, das Brustkrebsrisiko halb so groß sein soll. In welchem Maße hierbei die Schadstoffentsorgung über die Muttermilch eine positive Rolle für die Mutter spielt, wird in dieser Arbeit nicht erörtert. Es ist aber seit langem bekannt, daß die Schadstoffbelastung der Muttermilch mit der Häufigkeit und Dauer des Stillens abnimmt. In eigenen Untersuchungen konnte in unserem Institut nachgewiesen werden, daß in Abhängigkeit von der Dioxin-Belastung des Blutes von Kindern, die Geschwindigkeit der Coffein-Elimination zunahm (BERTERMANN, 1995, Dissertation in Vorbereitung).

Abbildung 5

Gegenüberstellung der mittleren täglichen Aufnahme von Polychlorierten Biphenylen

(PCB - ausgewertet als Summe PCB) eines 4 Monate alten voll gestillten Säuglings (7 µg PCB/kg und Tag - mittlerer Balken) und des von der Weltgesundheitsorganisation aus Tierexperimenten abgeschätzten NOEL bzw. No Toxic Effect Level (NOTEL) von 100 µg/kg und Tag - unterer Balken) und des gegenwärtig noch gültigen Wertes einer für den Erwachsenen als zumutbar erachteten Aufnahmemenge (1 µg/kg und Tag - oberer Balken). Die Pfeile sollen andeuten, daß der NOEL bzw. NOTEL wahrscheinlich in einem niedrigeren Konzentrationsbereich liegt und daß die für den Erwachsenen zumutbare Aufnahmemenge ebenfalls herabgesetzt werden muß. Die hochtoxischen planaren PCB-Kongenere sind bei der Risikoabschätzung bisher nicht berücksichtigt worden.

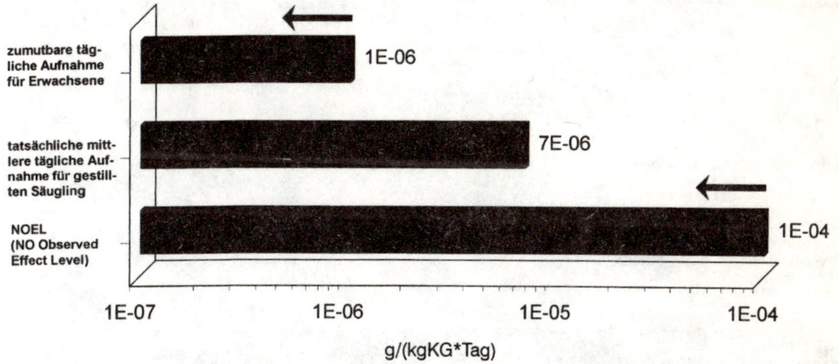

Abbildung 6

Formelbilder und Anzahl der Kongenere von Polychlorierten Dibenzodioxinen (PCDD) und Polychlorierten Dibenzofuranen (PCDF)

"Dioxine" "Furane"

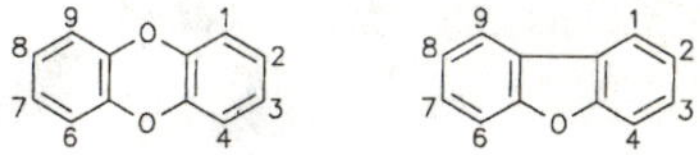

	Polychlorierte Dibenzodioxine	Dibenzofurane
	PCDD (75)	PCDF (135)
Tetrachlor:	TCDD (22)	TCDF (38)
Pentachlor:	PeCDD (14)	PeCDF (28)
Hexachlor:	HxCDD (10)	HxCDF (16)
Heptachlor:	HpCDD (2)	HpCDF (16)
Octachlor:	OCDD (1)	OCDF (1)

Formelbilder und Anzahl der Dioxin- und Furan-Kongenere

Abbildung 7
Gegenüberstellung der mittleren täglichen Aufnahme von Polychlorierten Dibenzodioxinen (PCDD) und Polychlorierten Dibenzofuranen (PCDF)

(ausgedrückt als Summe der Toxizitätsäquivalente (TE) eines 4 Monate alten voll gestillten Säuglings (1000 Pikogramm TE/kg und Tag - mittlerer Balken) und des tierexperimentell abgeschätzten NOEL bzw. No Toxic Effect Level (NOTEL) (50 - 100 Pikogramm/kg und Tag - unterer Balken) und der einem Erwachsenen trotz der carcinogenen Wirkung zugemuteten Aufnahmemenge (0,01 - 0,1 Pikogramm TE/kg und Tag - oberer Balken). Die Pfeile sollen zum Ausdruck bringen, daß z.B. der NOEL (unterer Balken) zu hoch ist und wahrscheinlich in einem niedrigeren Bereich zwischen 10 bis 100 Pikogramm/kg und Tag oder tiefer liegen dürfte. Von der US-EPA wird die einem Erwachsenen zumutbare Aufnahmemenge unter Berücksichtigung eines zusätzlichen Krebsfalles pro 1

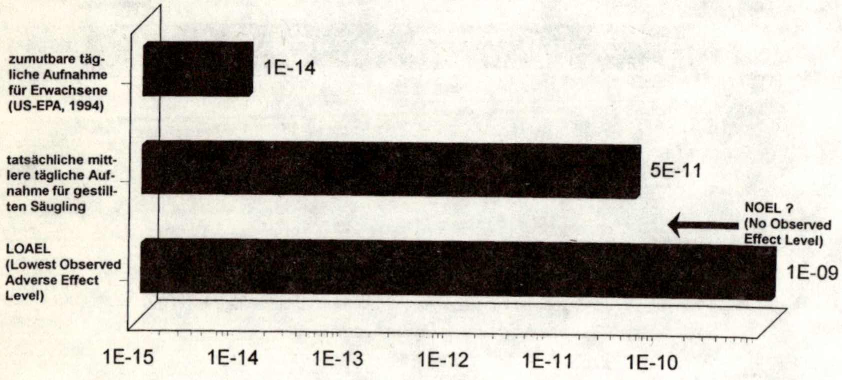

Zusammenfassung

1. Die Belastung der Muttermilch mit persistenten Halogenkohlenwasserstoffen ist so hoch, daß gesundheitlich bedenkliche Folgewirkungen für den Säugling nicht von vornherein auszuschließen sind.
2. In einigen neueren Arbeiten gibt es erste Anzeichen dafür, daß bei gestillten Säuglingen häufiger Störungen im Vitamin K-Haushalt und im Bereich der Schilddrüsenhormone bestehen. Die erhöhte Schadstoffbelastung ist außerdem mit einem erhöhten Fremdstoffmetabolismus und einem Krebsrisiko verbunden.
3. Die Vorteile des Stillens für Mutter und Säugling werden durch diese Aussagen nicht in Frage gestellt. Es ist aber falsch, unter Hinweis auf die Vorteile des Stillens die Risiken der Schadstoffbelastung zu vergessen.
   Erfreulicherweise sind die Dioxin- und PCB-Belastungen der Muttermilch in den letzten Jahren zurückgegangen. Diese Tatsache darf aber noch nicht dazu verleiten, die Schadstoffbelastung der Muttermilch als unproblematisch hinzustellen, zumal wir die Belastung mit hochtoxischen koplanaren PCB-Kongeneren bisher nicht erfaßt und nicht in die toxikologische Bewertung einbezogen haben.
4. Von den Ärzten muß auf die Risiken dieser hohen Schadstoffbelastung für den gestillten Säugling hingewiesen werden. Durch die Vermeidung tierischer Fette unter Bevorzugung einer überwiegend vegetarischen Kost kann die Schadstoffbelastung der Frau (und natürlich auch die der Männer) soweit reduziert werden, daß einer eingeschränkten Stilldauer bis zu vier Monaten zugesprochen werden kann. Ohne diesen Verzicht auf tierische Fette einige Jahre vor der ersten Schwangershaft ist auch eine Stilldauer von nur vier Monaten aus meiner Sicht als Toxikologe nicht unproblematisch.
   Auf diese Zusammenhänge sollte schon während der Ausbildung in den Schulen hingewiesen werden, damit sich die zukünftigen Mütter schon frühzeitig über eine vernünftige Ernährung vor einer Anreicherung dieser Schadstoffe schützen können.
5. Die vom ELTERNRAT aufgestellte Forderung: »Muttermilch – ein Menschenrecht« sollte von Ärzten und Toxikologen unterstützt werden. Damit Frauen wieder beliebig lange stillen können, ohne dabei ein schlechtes Gewissen zu haben, müssen wir dafür sorgen, daß die Schadstoffbelastung der Muttermilch weiter reduziert wird. Um dieses Ziel zu ereichen, müssen wir den Gebrauch

von Halogenkohlenwasserstoffen erheblich einschränken und auf persistente Halogenkohlenwasserstoffe ganz verzichten.
Der Rückgang der Problemschadstoffe wie Dioxine und PCB in der Muttermilch läßt Hoffnungen aufkommen. Es wäre aber verfrüht, sich deshalb jetzt schon in Sicherheit zu wiegen.

Andrea Fink-Keßler

Von der Bauernmilch zur Industriemilch

Geschichte und Funktion der Gütebezahlung

Im Kontext allgemeinen gesellschaftlichen Wandels, veränderte sich auch die Stellung der Landwirtschaft in der Industriegesellschaft. Sie erzeugt heute vornehmlich Rohstoffe für die verarbeitende Industrie. Getrunken wird nicht mehr die Milch vom Bauern, sondern die Tütenmilch. Dieser Wandlungsprozeß von der Bauernmilch zur Industriemilch vollzog sich zunächst allmählich. Ende des 19. Jahrhunderts entstehen neue Märkte, städtische, anonymere auf stärker Massenabsatz hin ausgerichtete. Zwischen Konsument und Produzent schiebt sich zunächst der Milchhändler, dann die Molkerei. Neue Formen der Markt- und auch Qualitätskontrolle werden erprobt und werden auch aufgrund veränderter Auffassungen von Gesundheit, Hygiene und Sauberkeit als notwendig erachtet. Und doch gibt es auch Schnittstellen: Die staatliche Regulierung des Milchmarktes, die Einrichtung der Milchmarktordnung weist den Milcherzeugern die ausschließliche Funktion des Rohstofferzeugers zu. Die Ära der Industriemilch beginnt. Dieser Wandel wurde begleitet und teils auch vorbereitet von Rechtsvorschriften über Milchqualität und Hygienevorschriften für Gewinnung, Verarbeitung und Handel. Im Rahmen der Milchmarktordnung übernimmt der Staat auch die inhaltliche Ausgestaltung der Lieferbeziehung zwischen Milcherzeuger und Molkerei. Vorschriften über die Güte der Anlieferungsmilch ergänzen staatliche Preisfestsetzungen. In keinem anderen Produktbereich ging und geht staatliche Regulierung so weit wie im Milchsektor.

Die Güteverordnung

Sie ist selbst nur Teil eines umfassenden und weit verzweigten Systems an Vorschriften zur Sicherung der Milchqualität. Bis 1989 schrieben das Milchgesetz von 1930 und seiner ersten Ausführungsverordnung von 1931 die Grundsätze hygienischer Milcherzeugung, -gewinnung und Milchandelns vor. Sie enthielten u.a. Verbote, Milch in Verkehr zu bringen, wenn die Kühe an bestimmten infektiösen Krankheiten litten.[1] Das Milchgesetz wurde aufgrund der EG-Milchhygienerichtlinie 1989 durch die Milchverordnung abgelöst (s. Abbildung 1).[2] Neben Milchgesetz und Milch-Güteverordnung die sich unmittelbar auf die Rohmilch beziehen, existiert eine Fülle marktbezogener Produktvorschriften und Handelsklassen auch Standards genannt für Butter, Käse, Trinkmilch, Milcherzeugnisse. Keine der Vorschriften greift jedoch so unmittelbar in die Milcherzeugung ein, wie die Güteverordnung für Anlieferungsmilch. Die Anforderungen an die Milchgüte sind über dieses Instrument ständig erhöht worden. Die Notwendigkeit neue und schärfere Hygienemaßstäbe an die Rohmilch anzulegen wird sowohl vom Gesetzgeber als auch von wissenschaftlicher Seite stets damit begründet, daß die Qualität der Milch weiterzuentwickeln sei.[3] Folgender Beitrag setzt sich mit der Geschichte der Gütebezahlung, dem Wandel der Gütekriterien, Grenzwerte und dem Qualitätsverständnis auseinander.

Gütebezahlung: Rechtsgrundlage, Kriterien und Grenzwerte

Rechtsgrundlage für die Bezahlung der Anlieferungsmilch durch die Molkerei ist die Milch-Güteverordnung vom 9. Juli 1980. Sie beruht auf § 10 des Milch- und

---

1 Das Tierseuchengesetz greift von veterinärrechtlicher Seite auf die Milchqualität zu.

2 Verordnung über Hygiene- und Qualitätsanforderungen an das Gewinnen, Behandeln und Inverkehrbringen von Milch (Milchverordnung) vom 23. Juni 1989 (BGBl I Nr. 29 S. 1140).

3 s. Begründung zur EWG Konsummilch VO 1411/71 vom 29. 6. 1971 (AbL EG Nr. 148/4).

Fettgesetzes vom 10. Dezember 1952 und löste die verschiedenen Länder-Verordnungen ab. Der § 10 Abs. 1 Milch- und Fettgesetz lautet:
»(1) Um die Güte von Milch einschließlich Trinkmilch (§ 11) und Milcherzeugnisse zu fördern und zu erhalten, dann der Bundesminister (...) bestimmen, daß Milch und Milcherzeugnisse besonders geprüft und daß bei der Beförderung vom Erzeuger bis zum Verbraucher und beim Vertrieb bestimmte Schutzmaßnahmen getroffen werden.«
Mit Qualitätsförderung begründet der Gesetzgeber auch die Milch-Güteverordnung von 1980:
Es »soll die Gewinnung eines den Qualitätsansprüchen genügenden Rohstoffes für die Herstellung von Konsummilch und Milcherzeugnissen gefördert und damit zugleich eine Absicherung und Erweiterung des Marktes (...) bewirkt werden.«[4]

Die EG-Milchhygienerichtlinie vom 5. August 1985 [5]

Die Milchhygienerichtlinie brachte verschärfte Anforderungen an die Milchgüte. Zur Umsetzung der Richtlinie wurde 1988 die dritte Änderung der Milchgüte-Verordnung verabschiedet.[6] Sie trat zum 1. Januar 1989 in Kraft.
§ 1 der Milch-Güteverordnung legt die Gütemerkmale fest nach denen Molkereien die vom Milcherzeuger angelieferte Milch (Anlieferungsmilch) zu bewerten hat:

- Fettgehalt
- Eiweißgehalt
- Bakteriologische Beschaffenheit (»Keimzahl«)
- Gehalt an somatischen Zellen (»Zellzahl«)
- Gefrierpunkt
- ein Hemmstoffnachweis ist zu führen.

Festgelegt werden ferner:

- Häufigkeit der Untersuchungen[7].

---

4 Begründung zur Milch-Güteverordnung vom 29. 04. 1980 BT-Drs. 229/80 S. 41.
5 Richtlinie 85/397/EWG des Rates vom 5. August 1985 zur Regelung gesundheitlicher und tierseuchenrechtlicher Fragen im innergemeinschaftlichen Handel mit wärmebehandelter Milch).
6 Dritte Verordnung zur Änderung der Milch-Güteverordnung vom 21. Juli 1988 (BGBl Nr. 35 vom 29. 7. 1988).
7 Fettgehalt: monatlich drei Proben, Eiweißgehalt zwei Proben; Keimgehalt zweimal, Hemmstoffnachweis zweimal, Zellgehalt einmal.

- Einstufung der Milch in Güteklassen aufgrund geometrischer Mittelwertsbildung der gemessenen Keimzahlwerte
- Berechnungsmodus des Auszahlungspreises.

Wird die Güteklasse 1 nicht erreicht, gibt es Abzüge vom Milchpreis. Abzüge gibt es auch, wenn die Zellzahl über dem gesetzlich festgelegten Grenzwert liegt und/oder wenn Hemmstoffe nachgewiesen werden konnten (Kürzung um 20 Pfennig/kg).

Abbildung 1

Übersicht über die geltenden Rechtsvorschriften im Milchbereich, die sich auf die Anlieferungsmilch beziehen.

Überblick über die Entwicklung des Milchrechts nach der Einrichtung der gemeinsamen Marktorganisation für Milch und Milcherzeugnisse bis zur Ablösung des MilchG durch das Mich- und Margarine G 1990

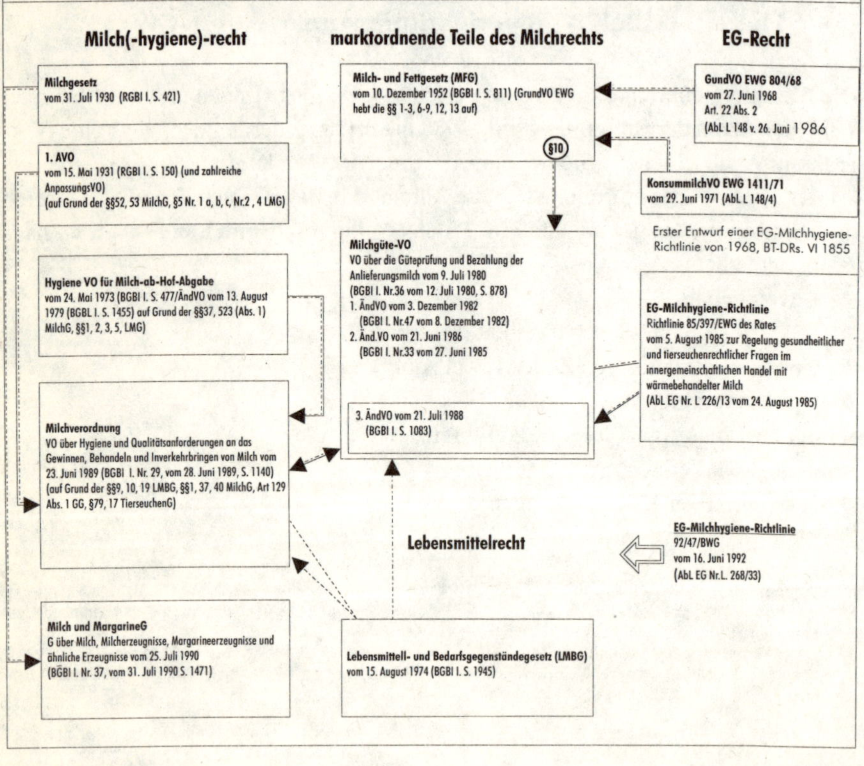

Die Dritte Änderungsverordnung zur Milch-Güteverordnung brachte eine zusätzliche Verschärfung der Güteanforderungen: Das bisherige System der Bewertungsstufen wurde abgeschafft. Jeder Ausrutscher zählt seither voll mit. Erhöht wurde außerdem die Empfindlichkeit des Hemmstofftests, so daß ca. um die Hälfte geringere Mengen als bisher nachgewiesen werden können.[8]

Einen Überblick über die Entwicklung der Grenzwerte gibt Tabelle 1 (folgende Seite):

Im Juni 1992 hat der Ministerrat eine neue EG-Milchhygienerichtlinie verabschiedet. Ab 1. Januar 1998 darf nur noch Rohmilch der Güteklasse 1 zur Herstellung von Milch und Milcherzeugnissen verwendet werden. Erfüllt Rohmilch diese Anforderungen nicht, darf sie nur noch zu Futtermitteln verarbeitet werden.[9].

---

8 0,004 IE Penicillin G/ml Milch.

9 Richtlinie 92/46/EWG des Rates vom 16. Juni 1992 mit Hygienevorschriften für die Herstellung und Vermarktung von Rohmilch, wärmebehandelter Milch und Erzeugnissen auf Milchbasis.

Tabelle 1
Entwicklung der Gütekriterien und ihrer Grenzwerte seit 1980

Milch-Güteverordnung vom 9. Juni 1980			3. Änderungs-Verordnung zur Milch-Güteverordnung vom 21. Juli 1988		
Bewertungs-stufen	Gesamtkeimzahl-Grenzwerte (GKZ/ml)		Güteklassen	Gesamtkeimzahl-Grenzwerte (GZK/ml)	
	1.1.1981	1.1.1986		1.1.1989	1.1.1963
1	< 500.000	< 300.000	1	< 300.000	<100.000
2	<2,5 Mio	<1 Mio	2	<1 Mio	<300.000
3	<4,0 Mio	<3 Mio	3	<3 Mio	<800.000
4	>4,0 Mio	>3 Mio	4	>3 Mio	>800.000
S-Klasse	<3 Mio	<100.000	S-Klasse ab 1990:		<70.000
<1,5 = Güteklasse 1 1,51 - 2,5 = Güteklasse 2 2,51 - 3,5 = Güteklasse 3 >3,51 = Güteklasse 4			⇨ Bewertungsstufen sind weggefallen		
			⇨ ab 1998: nur noch Güteklasse 1 mit <100.000 GKZ/ml		

Aber schmeckt die Milch heute besser als die Milch vor 15 Jahren? Damals hatte sie durchschnittlich 630.000 Keime/ml bei Abholung durch den Tanksammelwagen. Oder gar Ende der Fünfziger Jahre? Damals rutschte nur ansaure Milch aus der Güteklasse 1. Sie enthielt bis zu mehreren Millionen Keime/ml und konnte daher nicht mehr pasteurisiert (kurzzeiterhitzt) werden.

Wie alles anfing: Gütebezahlung als Teil der Milchmarktordnung

Von der Bauernmilch zur Industriemilch

Die Rechtsgrundlage staatlicher Regulierung des Milchmarktes war das Milch- und Fettgesetz vom 28. Februar 1951. Auf seiner Grundlage wurde eine verbindliche Arbeitsteilung zwischen Milcherzeugern, Milchverarbeitern und Milchhandel durchgesetzt. Milcherzeuger unterlagen, wie schon während des Reichsnährstandes, einer Ablieferungspflicht an die Molkerei. Diese wiederum hatten festgesetzte Einzugsgebiete, Frischmilchmolkereien sogar festgelegte Absatzgebiete. Trinkmilch- und Erzeugerpreise waren politische, vom Bundestag beschlossene Höchstpreise. Der Handel war an die Preisvorgaben der Molkereien gebunden. Im Gesetzentwurf von 1950 wird dies starre, während des Reichsnährstandes entwickelte Marktordnung begründet mit Verbraucherschutz, Qualitätsförderung und der zur Verbesserung der Erzeugereinkommen als notwendig erachteten Rationalisierungen in der Milchwirtschaft.[10]

Die Durchsetzung dieser Marktordnung verlief sehr konfliktreich, denn mit der Ablieferungspflicht (§ 1 MFG) verbunden war zugleich der Pasteurisierungszwang für alle in Verkehr gebrachte Milch. Nur Vorzugsmilch und der genehmigungspflichtige Milch-Abhofverkauf blieben von diesem Zwang ausgenommen. rund 10% des Milchaufkommens von den Bäuerinnen direkt vermarktet (1935 waren es noch 18% gewesen) und 24% auf den Höfen selbst verbraucht.

Die Milcherzeugung hatte 1950 in etwa wieder das Vorkriegsniveau erreicht. In den folgenden 20 Jahren setzte ein enormer Strukturwandel auf allen Ebenen der Milchwirtschaft ein: Aufgrund großer Leistungssteige-rungen der Kühe (von 2 560 auf 3 760 kg/Kuh/Jahr) stieg die Milcherzeugung um die Hälfte auf 22 Mio t an. Zugleich gaben fast die Hälfte aller Milchviehbetriebe die Kühe auf, statt wie bisher 3,5 Kühe standen Ende der 60er durchschnittlich sieben Kühe im Stall.[11] Nicht unwesentlich für diesen Prozess waren die im Gießkannenprinzip verteilten

---

10 BT-Drs. Nr. 1243 vom 26. Juli 1950.
11 Statistisches Jahrbuch über Ernährung, Landwirtschaft und Forsten. BML (Hrsg.), div. Jahrgänge.

Subventionen aus den Mitteln des Grünen Planes. Ab 1957 flossen jährlich 400 Mio DM als Förderzuschüsse zum Milchauszahlungspreis (»Milchpfennig«) auf die Höfe. Das bewog viele Bauern, mehr Milch an die Molkerei zu liefern.[12] Bis 1967/68 war die Ablieferungsrate an die Molkerei auf 82% angestiegen. Diese steigende Milchmenge mußte von immer weniger Molkereien verarbeitet und auf den Markt gebracht werden: Zwischen 1955 und 1968 fand eine enorme Konzentrations- und Rationalisierungswelle in der Molkereiwirtschaft statt: Die Zahl der Betriebe sank von über 3000 auf fast die Hälfte.[13] Um die steigenden Milchmengen am Markt unterzubringen gab die Molkereiwirtschaft ihre tradtionellen Milchabsatzwege auf: War 1960 noch über die Hälfte der Trinkmilch lose und 20% davon allein im Straßenverkauf vertrieben worden, gab es 1968 bereits 60% der verkauften Konsummilch in der sogenannten »verlorenen Packung« und damit konnte die Milch auch in den neu aufgekommenen Supermärkten verkauft werden. Der Niedergang der Milchgeschäfte war eingeläutet und mit ihnen verloren auch Vorzugsmilch und Markenmilch ihre traditionellen Absatzwege. Nachdem 1970 die starren Absatzgebietsregelungen für Frischmilch aufgehoben werden mußten, sie gingen mit der 1968 eingerichteten EG-Milchmarktordnung nicht konform, stand der überregionalen Frischmilchverteilung nichts mehr im Wege: Haltbarkeit wird zum bestimmenden Faktor für die Frischmilch.

Die Voraussetzungen des Einstieges in die Massenproduktion gab das Milch- und Fettgesetz. Mit Ermächtigungsklauseln eröffnete es die Möglichkeit Handelsklassen für Trinkmilch (§ 34 MFG) und Qualitätsvorschriften für die Milcherzeugung (§ 1 MFG) zu schaffen. Die Trinkmilch wurde bundesweit auf eine Sorte standardisiert und ihr Fettgehalt auf 3,0% festgelegt.[14] Die Schaffung weniger Sorten sollte den überregionalen Absatz erleichtern. Eine Erleichterung für die Molkereien sei auch der Pasteurisierungszwang gewesen. Er habe eine wichtige Funktion für den Einstieg in die Massenproduktion gehabt, erinnert sich NITSCH[15], die deutsche Molkereiwirtschaft habe damit »einen großen Aufschwung« nehmen können. Anders als vor 1933, seiten dadurch die Milchmengen für die einzelnen

---

12 ABEL, W.; Der Handel mit Milch und Milcherzeugnissen, Hildesheim, 1958, S.37.

13 Dieser Prozess fand mit Hilfe beachtlich hoher staatlicher Fördermittel statt und in Erwartung eines verschärften europäischen Wettbewerbes durch den einzurichtenden Gemeinsamen Markt.

14 Für Butter- und Käse-Handelsklassen gab es ab 1951 eigene Verordnungen, sie bestätigten im wesentlichen die Standards von 1934.

15 NITSCH, G.; Das deutsche Molkereiwesen. Marburg, Lahn, 1957, S.29.

Molkereien berechenbar geworden und sie hätten ihre Kapazitäten darauf einstellen können. Vorher waren die Molkereien stets Gefahr gelaufen, daß die Bauern wieder selbst vermarkteten, so z.B. bei Unstimmigkeiten infolge zu geringen Milchgeldes oder bei Versuchen der Molkerei ihnen gegenüber bestimmte Qualitätsanforderungen durchzusetzen.

Qualität ist Güteklasse 1

Sowohl der Rationalisierung der Milchwirtschaft als auch der Belieferung des Verbrauchers mit hygienisch einwandfreier Milch sollten die auf der Grundlage des § 10 MFG erlassen Milch-Gütebestimmungen dienen.[16] Ab 1954 wurde die Erhöhung des Trinkmilchpreises von der Einführung einer entsprechenden Länderverordnung gekoppelt, ab 1957 gab es den »Milchpfennig« aus Mitteln des Grünen Planes nur noch dann, wenn die Milch Güteklasse 1 oder 2 erreicht hatte. Ein bundeseinheitlicher Bewertungsrahmen gab die Einteilung in drei Güteklassen und folgende Güteprüfungen vor:[17]

1. Bakteriologische Beschaffenheit: Reduktaseprobe (4,5 Stunden Methylenblau, 1 Stunde Resazurin)
2. Frischprüfung täglich mit doppelter Alkoholprobe
3. Prüfung auf Reinheit mit Wattefilter
4. Prüfung der Kannensauberkeit

Tabelle 2 gibt einen Überblick über die Kriterien der Güteverordnungen einzelner Bundesländer von 1968.[18]
Die Anlieferung mit Kannen erleichtert die Selektion der Milch auf Molkereiebene. Die sinnlichen Methoden der Qualitätsprüfung (»Deckel auf, riechen und schmecken«) waren bereits in den 30er Jahren durch chemische Schnelltest ergänzt

---

16 amtl. Begründung zum § 10 MFG vom 10. Dezember 1952
17 Molkerei- und Käsereizeitung 14/1954 S. 453
18 TOLLE, A., H. ZEIDLER, W. HEESCHEN, J. KRAAK, J. REICHMUTH; Untersuchungen über somatische Zellen, saprophytäre Keime, antibiotisch wirksame Hemmstoffe in Rohmilch aus 12 Einzugsgebieten in der BRD. In: Kiel. Milchw. Forsch. Ber. 1968 (20) 3, S. 344.

worden (Alkoholprobe zur Frischebestimmung).[19]
Die Reduktionsprobe hingegen ist ein Maßstab für die Anzahl an Säuerungs- und Verderbniserregern in der Milch. Direkter als mit der Frischeprobe läßt sich damit auf den Keimgehalt schließen. Die Keimzahlhöhe ergab sich aus der Zeit bis ein zugegebener Farbstoff umgeschlagen war (Methylenblau, Reazurin). Da die Säuerungskraft der verschiedenen Mikroorganismen unterschiedlich ist, ist die Varianz der Methode entsprechend groß.
Der Grenzwert für Güteklasse 1 (4,5 Stunden für Methylenblau, 1 Stunde für Resazurin) bedeutete umgerechnet Keimzahlgehalte zwischen 300 000 und mehreren Millionen.
Diese Methode unterlag zunehmender Kritik, weil sie keine leistungsgerechte Bezahlung der Erzeuger ermögliche. Erzeuger mit langen Anfahrtswegen liefen während der Sommermonate Gefahr, daß die Milch bis zur Molkerei ansauer geworden war und die Milch folglich in Güteklasse 2 abrutschte unabhängig davon, wie sauber sie zuvor gewonnen worden war. Auch sprach diese Methode vornehmilch auf Milchsäurebakterien an. Fäulniserreger, wie sie als Folge der tieferen Milchkühlung in den 70er Jahren vermehrt auftraten, waren damit hingegen nur schlecht zu messen.[20]. Lediglich »zieherischen Wert«[21] hatte die Schmutzprobe, ebenso die Überprüfung der Milchkannen auf Roststellen und Beulen. Die für den Milchgeschmack wesentliche Probe hingegen, die Geruchsprobe blieb nur in Niedersachsen bis Ende der 60er Jahre erhalten.
Die Grenzwerte für Güteklasse 1 waren so bemessen, daß nicht mehr pasteurisierungsfähige, weil ansaure Milch von pasteurisierungsfähiger zu unterscheiden war. Allgemein gilt, daß diese Grenze bei 10 Millionen Keimen/ml liegt.[22]

---

19 Vor 1933 hatten vereinzelt Trinkmilchmolkereien in ihren privaten Lieferbestimmungen Gütevereinbarungen mit einer nach Güte gestaffelten Milchbezahlung getroffen.

20 Demeter, K.J.; Bakteriologische Untersuchungsmethoden der Milchwirtschaft. 3. neubearb. Aufl. Stuttgart, 1952, S.41.

21 Bundesanstalt, a.a.o, S. 307

22 Busse, M.; Die Auswirkungen hoher Keimzahlen in Rohmilch. In: Deutsche Molkereizeitung, 1971 (92) S.40.

Tabelle 2
Kriterien der Güteverordnungen einzelner Bundesländer

	Bakteriologischer Status		Frische und Haltbarkeit »Gerinnungsneigung«					Reinheit		Käsereitaug lichkeit		
	Methylen blau-Probe	Resazurin-Probe	Alkohol-Probe	doppelte Alhoholprobe	Alizarol-Probe	pH-Wert	Säuregrad	Filtrationsprobe	Beurteilung vonKannen etc.	Gärprobe	Labgärprobe	Geruchsprobe
Bayern												
a) allgemein	–	–	–	–	2	–	–	2	2	–	–	–
b) Emmental. Käserei	2	a	–	–	–	–	–	1	1	1	1	–
c) Allgäu u. Weichkäse	2	a	–	–	–	–	–	2	–	–	–	–
Baden-Württemberg												
a) allgemein	–	–	–	–	2	a	–	2	1	–	–	–
b) Hartkäsereien	2	–	–	–	–	–	–	–	1	1	1	–
Rheinland-Pfalz	a	a	–	2	a	–	–	2	2	–	–	–
Saarland	–	–	–	2	–	2	a	1	1	–	–	–
Hessen	2	a	–	–	–	–	–	2	–	–	–	–
Nordrhein-Westfalen	2	a	–	–	–	–	–	2	–	–	–	–
Niedersachsen	3	a	–	–	–	–	–	1	1	–	–	1
Schleswig-Holstein	3	a	–	–	–	–	–	–	–	–	–	–
Hamburg	3	a	3	–	a	–	–	3	3	–	–	–
Bremen	2	a	–	–	–	–	–	2	2	–	–	–

1, 2, 3 = Anzahl der monatlichen Proben
a = fakultativ angewandte Methode

Untersuchungen der Bundesanstalt für Milchforschung von 1969 ergaben, daß die Güteklasse 1 der Länder-Güteverordnungen umgerechnet zwischen 5 und 25 Millonen Keime/ml Milch bedeuten konnte.[23] In diesem Keimbereich sind bakterielle Stoffumsätze auch sinnlich wahrnehmbar.

Qualitätsmilcherzeugung – ein Bedeutungswandel

Mit der Einführung der Güteklassen für Milch reduzierte sich allmählich der Begriff von Milchqualität auf das Erreichen von Güteklasse 1, Bauernmilch wird zur Rohmilch, Industriemilch zur Frischmilch.
Vorausgegangen war eine jahrzehntelange öffentliche Auseinandersetzung darüber, wie die Milchqualität künftig erhalten und weiterentwickelt werden sollte, denn seit dem Auftauchen einer über technischem Wege keimfrei und haltbar gemachter Milch, also seit Entwicklung der Pasteurisierungsverfahren für Trinkmilch Ende letzten Jahrhunderts, gab es zwei Wege: den technischen und den einer bewußten Qualitätsmilcherzeugung.
Selbstverständlich sei »frische, gute und hygienisch einwandfreie Rohmilch jeder pasteurisierten Milch vorzuziehen«. Sie sei eben das naturgegebene Produkt und jede Hausfrau würde sie ohnehin kurz vor Genuß aufkochen.[24] LAUTERWALD umriß damit in seinem 1937 erschienen Lehrbuch die Position der Rohmilchbefürworter. Offen verkaufte Roh- oder Bauernmilch war auch bis Anfang der 30er Jahre »normal«, die teure pasteurisierte Flaschen noch das Luxusgut. Trotz hohen Durchseuchungsgrades der Rindviehbestände mit TB war die Rohmilchversorgung der Bevölkerung ihr Ziel, die Pasteurisierung hingegen sei nur Zwischenschritt bis zur Sanierung der Herden.[25] Zur Verbesserung der Bauernmilch sollten Stallkontrollen zur Tiergesundheitsüberwachung, gute Fütterung und Hygiene bei Gewinnung und Vertrieb dienen. Als Ideal galt die Vorzugsmilcherzeugung, wie sie schon seit Ende des letzten Jahrhunderts prakiziert und bestimmten Vorschrif-

---

23 Bundesanstalt, a.a.O, S. 308f.
24 LAUTERWALD F.; Lehrbuch der Milchwirtschaft. 3. neubearb. Aufl., Hannover, 1937, S. 140.
25 SEELEMANN, M.; Massnahmen zur Hebung der hygienischen Beschaffenheit der Milch, insbesondere durch planmäßige Bekämpfung bestimmter Tierseuchen. In: Wiss. Ber. d. XI. Milchw. Weltkongresses 22.-29.8.1937 in Berlin, Hildesheim, 1937, S. 299.

ten unterworfen war.

Die Befürworter eines allgemeinen Pasteurisierungszwanges hingegen betonten, daß bäuerliche Milch schmutzig und voller Keime sei, die von den Melkerhänden auf die Milch übergingen, aus der Stalluft herabrieselten oder über Kuh und Kuhmist die Milch verderben ließen. Sie warnten vorallem vor den Risiken des Rohmilchgenußes an auf den Menschen übertragbaren Seuchen wie Tuberkulose, Abortus Band, Maul-und Klauenseuche zu erkranken.[26]

Entschieden wurde für den technischen Weg. Als jedoch Ende der sechziger Jahre die letzten klassischen Tierseuchen erfolgreich bekämpft und die Transport- und Kühlketten ausgebaut waren, da hätte eigentlich das Versprechen einer Rohmilchversorgung eingelöst werden können. Stattdessen bekam der zweite Effekt der Pasteurisierung an Bedeutung: die Haltbarkeit. Qualitätsmilcherzeugung reduzierte sich auf das Einhalten der Güteklasse 1. Nach MÜNSTER hat vor allem die staatliche Preisfixierung in Verbindung mit der strengen Festlegung weniger Butter- und nur noch einer Milchsorte dazu geführt, daß die Molkereien nicht mehr darauf achten mußten, ob die Erzeuger auch Qualitäten lieferten, die zur Herstellung von Qualitätsware erforderlich war.[27]

Nur noch vereinzelt legte die Molkereiwirtschaft auch auf guten Geschmack der Milch wert (s. Abbildung 1).

Im Verlauf der siebziger Jahre verlieren auch diese Qualitätsaspekte an Bedeutung, Qualitätsmilcherzeugung heißt jetzt: Güteklasse 1.[28] In den Lehr- und Handbüchern taucht Bauernmilch nicht mehr als genießbare Milch, sondern nur noch als Rohstoff zur Trinkmilchherstellung auf.[29] Gänzlich ablehnend verhalten sich wissenschaftliche Stellungnahmen ihr gegenüber. Sie sei gesundheitschädlich.[30]

---

26 FINK, A.; Milch, Hygiene und Marktordnung. In: Arbeitsergebnisse, 1991 (18), S. 38 ff.

27 MÜNSTER, W.; Milchwirtschaft im Zwang der Zwänge (unveröff. Manuskript), 1986, S. 80; mündl. Mittlg. 1988.

28 s.vor allem Blau, G., G. KIELWEIN; Die Erzeugung von Qualitätsmilch. Gießen, 1985.

29 z.B. KIELWEIN, G,; Leitfaden der Milchkunde und Milchhygiene. ». neubearb. Auflage, Berling, 1985; Behrs Handbuch Milch BBV. 2 Bde. 2. Aufl., Hamburg 1980 und 1985.

30 s. Voten des Bundesgesundheitsrates von 1974, 1985 und 1987 in: Bundesgesundheitsrat. Votum zur Milch-ab-Hof-Abgabe VO. Bundesgesundheitsblatt 1987 (30) 7, S. 251.

Massenproduktion und Massenkonsum

Das Jahr 1968 markiert in mehrfacher Hinsicht eine Wende. Die Einrichtung eines gemeinsamen Europäischen Agrarmarktes und die damit verbundene Vereinheitlichung landwirtschaftlicher Rahmenbedingungen verschärfte die Konkurrenz sowohl zwischen den Erzeugern als auch in der Molkereiwirtschaft. Die Politik konzentrierte sich auf die Förderung wachstumsstarker Betriebe und auf die soziale Abfederung der Betriebsaufgabe.[31] Leistungssteigerungen auf Basis veränderter Zucht (HF-Einkreuzung), vereinfachter rationeller Futterrationen (Mais- und Grassilage statt) sowie tendziell bodenunabhängiger Milcherzeugung über Import-Kraftfuttermittel (nach der Formel: 1 kg Kraftfutter gibt 2 Kilo Milch)[32] steigerte die Gesamtmilcherzeugung auf 26 Mio t (1983). Die Überschußproduktion (Selbstversorgergrad BRD: 131%, EG 123%) wird zum chronischen Problem der Milchwirtschaft. Zugleich scheiden 40% der Betriebe aus der Produktion und die regionalen Disparitäten erhöhen sich (s. Abb.2)

Ein entscheidender Impuls für die Aufgabe der Milchviehhaltung war die in den 70er Jahren beginnende Umstellung des Milcherfassungsystems.

In Gebieten mit zweistufiger Erfassung kam es zur Schließung zahlreicher Milchsammelstellen. Die Ablösung der Kannenanlieferung durch die Direkterfassung mit Tanksammelwagen zog hohe Investitionen für die Erzeuger mit sich: Sie mußten die Kosten für Milchkammern, Milchkühlung, Lagerung und Reinigung übernehmen. Nach ROSSKAMP führte diese, gegen den Willen vieler Erzeuger durchgesetzte Umstellung, letztlich zu einer Betriebsgrößenstruktur, die dem Tanksammelwagensystem angepaßter war: Statt vieler keiner Milchmengen, wenige aber dafür große Einzelpartien.[33]

Die siebziger Jahre markieren auch eine Wende in der Milchverarbeitung. In die Molkereien hielt die Automation Einzug, der handwerklich chargenmäßige Betrieb

---

31 Einzelbetriebliche Förderung und Soziales Ergänzundsprogramm vom 1. Juli 1970

32 s.a. BAUMGARTNER, M., A. BRINK, U. KLEIN-LANGENHOFF: Landwirtschaft und Lebensmittelqualität, Kassel, 1988; KELLER, B.; Die Kuh, das Kraftfutter und die Wissenschaft. In: Arbeitsergebnisse 1990 (12), S. 23.

33 ROSSKAMP, R.; Der Funktionswandel bei Agrargenossenschaften unter dem Einfluß der Veränderungen in der Agrarstruktur. Diss Uni Hohenheim, 1971; S. 60; STÖCKL, J.P., J. BETZ; Zur Situation der Milcherfassung in der Bundesrepublik Deutschland. In: Welt der Milch 1990 (44), S. 623; DIRSCHERL, C.; Bäuerliche Freiheit und genossenschaftliche Koordination. Wiesbaden, 1989:

wird zugunsten kontinuierlich arbeitender teil- bis später vollautomatisierter Betriebe aufgeben. Schichtbetriebe werden eingeführt und die Milch muß nun aus arbeitswirtschaftlichen Gründen heraus zwischengelagert werden. Mit anderen Worten: Paßte sich bislang die handwerkliche Verarbeitung in ihrem Rhythmus den Erzeugungsbedingungen der Milch an, so muß jetzt die Milch an die neuen kontinuierlichen Verfahren angepaßt werden. Milchproduktion und Milchverarbeitung werden entkoppelt und die Milchzwischenlagerung fungiert als Puffer zwischen dem diskontiuierlichen Prozess der bäuerlichen Milchgewinnung und dem kontinuierlichen Prozess der industriellen Milchverarbeitung. Teile der Rohstofflagerung muß der Erzeugerbetrieb übernehmen. Infolge weiterer Molkereikonzentration verlängern sich die Transportwege, der Abholrhythmus weitet sich von eintägiger auf zweitägige Abholung und entsprechend längere und tiefere Milchlagerung auf den Höfen aus.

Entscheidende Strukturveränderungen gab es auch im Handel. Nach der Aufhebung der Preisbindung erreichte der Lebensmit-

telhandel in großen Rationalisierungs- und Konzentrationswellen schließlich die entscheidende Marktmachtstellung. Da Anfang der 70er auch die staatlich festgesetzten Trinkmilchabsatzgebiete fielen, konnte Milch überregional vertrieben wer-

Abbildung 2

Entwicklung der Milchbetriebe, der Kuhbestände und der Milcherzeugung von 1950 bis 1989

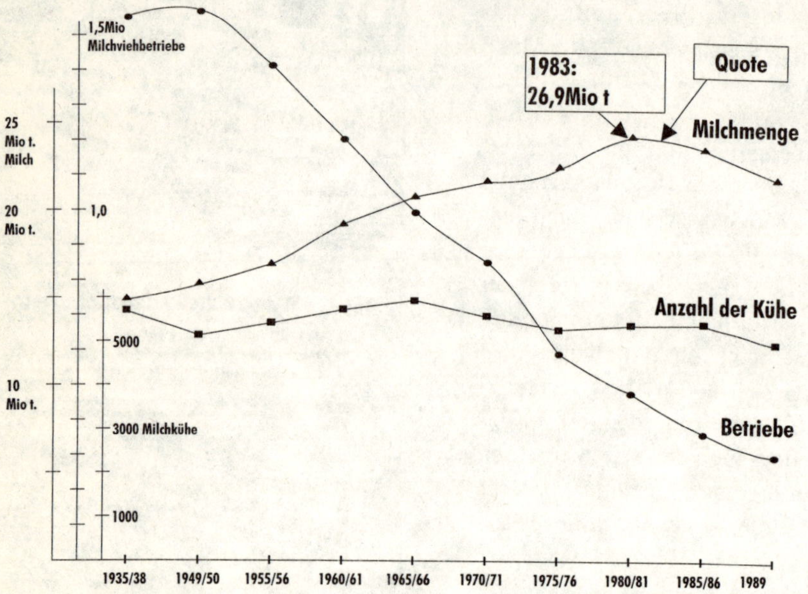

den. Obwohl frische Molkereiprodukte ähnlich Obst und Gemüse das Aushängeschild der Supermärkte werden, gerieten die Molkereiunternehmen nun immer stärker in die Rolle des Optionsempfängers.[34] Um die langen Transportwege zu bewältigen stellt der Handel immer höhere Anforderungen an die Haltbarkeit der Frischmilchprodukte. Die Ausdünnung der Einzelhandelsgeschäfte schließlich führt dazu, daß Frischmilch zunehmend durch H-Milch ersetzt wird.[35]

Anpassung der Milchgüte an die industrielle Verarbeitung

Die strukturellen Veränderungen in Erzeugung, Verarbeitung und Handel blieben nicht ohne Folgen für die Qualität der Milch. Dies in mehrfacher Hinsicht. Zunächst einmal kamen die Molkereien mit der angelieferten Milch immer weniger zurecht. Fehlproduktionen erhöhten das wirtschaftliche Risiko.[36] Die Rohmilch mußte den neuen Verarbeitungs- und Lieferbedingungen angepaßt und das hieß, die leichtverderbliche Milch mußte lagerfähiger gemacht werden und dazu keimärmer.[37]

Ein weiteres zu lösendes Qualitätsproblem war, daß die Keimflora der Milch selbst sich veränderte hatte: Die Technisierung der Milchgewinnung, die längere Hoflagerung und dazu notwendige tiefere Milchkühlung verschoben das Keimspektrum weg von den kälteempfindlichen Milchsäurebakterien hin zu den kältetoleranten eiweiß- und fettzersetzenden Fäulniserregern. Die Milchsäurebakterien stammen von der Kuh. Sie sind die natürliche Flora der Milch, sie begrenzen die Ausbreitung von Schaderregern und legen die Milch sauer. Die Fäulniserreger hingegen nisten sich in Melkmaschinen und besonders gerne in Rohrmelkanlagen ein. Sie vermehren sich auch im kühlen Milieu. Ihre Enzyme wirken auch nach der Pasteurisierung fort und beeinträchtigen Haltbarkeit und Geschmack der Milch. Das ist übrigens der Grund, warum ältere Milch heute nicht mehr sauer, sondern stinkend faulig wird.

Noch weitere Probleme ergaben sich:

---

34 Frassine W.; Konzentration und Wettbewerb in der Molkereiwirtschaft der Bundesrepublik Deutschland. Frankfurt, 1979, S. 440.

35 1977 hielt sie einen Marktanteil von 40%, heute ist es jeder zweite Liter Trinkmilch.

36 Ein Grund dafür war auch der zunehmende Einsatz von Penicillin zur Mastitistherapie

37 vgl. dazu die Äußerung eines Molkereidirektors: Fessen, K.; Höhere Produktqualität durch neue Hygienevorschriften? In: Welt der Milch 1978 (31) 19, S. 568.

- Im Gegensatz zur Kannenanlieferung konnte bei der Direkterfassung frische Milch von ansaurer Milch nicht mehr getrennt werden. Die Vermischung unterschiedlichster Milchen bei gleichzeitig länger werdenen Transportwegen erhöhte das Risiko, daß ganze Tankladungen umkippten.
- Die veränderte Keimflora erforderte gleichzeitig niedrigere Keimgrenzen zur risikofreien Pasteurisierung. Statt wie bisher 10 Millionen Keimen lag die Grenze nun bei 1 bis 2 Millionen
- Automation und die damit verbundenen hohen Investitonen der Molkereien führten dazu, daß die Produktpalette eingeschränkt, die Chargen selbst vergrößert wurden. Das Risiko von Fehlproduktion muß angesichts der damit verbundenen Kosten minimiert werden. Der Rohstoff Milch sollte daher möglichst risikoarm angeliefert werden.

Zur Lösung aller genannten Problembereiche ergab sich eine gemeinsame Richtung: die Rohmilch mußte keimärmer gemacht werden. Da die veränderte Keimflora von den alten Güte-Prüfmethoden nur schlecht erfaßt und der Tanksammelwagen ohnehin ein automatischen Probenahmesystem verlangte kamen direkte Keimzählmethoden zum Einsatz.[38]

Die Milch-Güteverordnung führt die Keimzahl ein

Zunächst waren es nur einzelne Molkereien, später auch ganze Bundesländer, die, um die Qualität der Anlieferungsmilch besser überwachen zu können, zu neuen Keimzählmethoden übergingen. Aber auch aufgrund zunehmend länderübergreifender Einzugsgebiete von Molkereien und des bundesweiten Vertriebs von Rohmilch wurde die Einigung auf bundesweit einheitliche Güteanforderungen immer dringlicher. Schließlich, nach gut zwölfjährigem Streit um Kompetenzen, Gütekriterien, Grenzwerte und Meßmethoden konnte die erste bundeseinheitliche Milch-Güteverordnung am 9. Juli 1980 verabschiedet werden. In die Untersuchung und Bezahlung neu aufgenommen wurden das Eiweiß, die Zellzahl als Versuch

38 Kochsches Plattenverfahren, Platten-Ösenverfahren, Bactoscan- und Pyruvatverfahren waren indirekte Verfahren.

eines Maßstabes für Eutererkankungen in der Herde, der Hemmstoffnachweis und bakteriologische Prüfverfahren zur Bestimmung der Keimzahl. Der von Milchwissenschaftlern geforderte Grenzwert von 100 000 Keimen/ml war angesichts bundesdeutscher Realität nicht durchsetzbar. Eine Untersuchung bei Marktmolkereien hatte für 1978 ergeben: Die durchschnittliche Keimzahl lag bei 582 000/ml, rund 50% der Erzeuger hatten weniger als 620 000 Keime/ml und 80% lagen unter 2,8 Millionen Keimen/ml. Aber auch dies: 10% der Tankwagenproben überschritten die zehn Millionen Grenze.[39] Man einigte sich zunächst auf einen ab 1.1. 1981 gültigen Grenzwert von 500 000 Keimen/ml. Ab 1. Januar 1981 bis Januar 1986 galt der Grenzwert von 500 000 Keimen. Der Rohmilch-Status schob sich bald nach unten. Bereits 1984 erreichten zwischen 73% und 95% der Anlieferungsproben Güteklasse 1. Diese Veränderungen waren auch Resultat des Strukturwandels. Zwischen 1977/79 und 1983/85 hatten rund ein Viertel der Betriebe mit weniger als 19 Kühen die Milchviehhaltung aufgegeben. Untersuchungen aus den siebziger Jahren hatten auf folgende Zusammenhänge zwischen Milchgüte und Betriebsstruktur aufmerksam gemacht: Betriebe mit einfacher Wasserkühlung und Betriebe mit Kannenablieferung schnitten überdurchschnittlich schlecht ab.[40] Denn, so TOLLE, die Keimzahl hängt wesentlich von der Leitungskraft des Kühlsystems ab.[41] Betriebe mit kleinen Kuhherden hatten durchschnittlich höhere Gehalte als Betriebe mit großen Herden. Sie arbeiteten oft noch mit Wasserkühlung, auch war in kleinen Herden das Verhältnis der milchführenden Oberflächen zur durchfließenden Milchmenge (v.a. bei Rohrmelkanlagen) ungünstig. Zweittägige Abholung schlug sich fast überall in erhöhten Keimgehalten nieder.

Eine Untersuchung von 1986 ergab ein durchschnittliches Keimzahl-Niveau von 128 000/ml. Von 2,9 Millionen auf 596 000 Keime/ml gesunken war auch das Niveau der Milch, die in der Molkerei lagerte. Nicht abgenommen hingegen hat die Keimzahlvermehrung in der Tanksammelwagenmilch: Nach wie vor nimmt der Keimgehalt zwischen Ab-Hof-Abholung und Anlieferung an Molkerei um den Faktor 4,6 zu.[42]

---

39 HEESCHEN, W., G. SUHREN, A. TOLLE; Der Bakteriengehalt der Rohmilch und seine Bewertung. In: Deutsche Milchwirtschaft, 1979 (30) 23, S.854.

40 NEITZKE *et al.*; Zur Frage des Abholintervalls der Rohmilch in der Bundesrepublik. In: Kiel.Milch.Forsch.Ber., 1986 (38) 2, S.165.

41 TOLLE *et.al.*; a.a.O., 1968, S. 378.

42 SUHREN, G.; Entwicklungstendenzen in der bakteriologischen Wertigkeit der Milch. Vortrag Kieler Milchwoche 22.-24. April 1986.

Keimzahl als Handelsnorm

Spätestens seit Mitte der achtziger Jahre muß die Molkereiwirtschaft im internationalen Kontext gesehen werden. Nur 15 Milchunternehmen verfügten 1989 in der EG über ein Drittel der erzeugten Milch. Eine zusätzliche starke Konzentrations- und Rationalisierungswelle hatte die Einführung der Milchquote 1984 und die dadurch rückläufige »Rohstoffbasis« ausgelöst. Länderübergreifende Beschaffung, Kooperationen und Vertrieb sind an der Tagesordnung. Entsprechend angewachsen ist auch der grenzüberschreitende Verkauf von Rohmilch und pasteurisierter Milch.[43] In diesem Zusammenhang wurden die unterschiedlichen Güteanforderungen und Keimzahl-Grenzwerte einzelner EG-Mitgliedstaaten zum Zankapfel zwischen den »fortgeschrittenen« Milchexportländern wie Dänemark, Holland, sie lagen bereits bei 100 000 Keimen/ml und den »rückschrittlichen« Ländern wie Deutschland, Frankreich. Sie hatten immer noch 500 000 bzw. ab 1986 noch 300 000 Keimen für Güteklasse 1. Die Keimzahl wird zum Wettbewerbsvorteil - und -nachteil. Da zur Verwirklichung des Europäischen Binnenmarktes und zur Gewährleistung des freien Warenverkehrs ohnehin unterschiedliche lebensmittelrechtliche Vorschriften fallen und durch gemeinsame ersetzt werden sollten, verabschiedete der Ministerrat 1985 die EG-Milchhygienerichtlinie. Sie wurde mit der 3. Änderung zur Milch-Verordnung 1988 und der Milchverordnung von 1989 in bundesdeutsches Recht umgesetzt. Die Keimzahl ist somit zur internationalen Handelsnorm geworden. Sie löste sich damit tendenziell ab von dem ursprünglichen Zweck ihrer Einführung, das Verarbeitungsrisiko der Molkerei zu minimieren und die Haltbarkeit der Rohmilch zu verbessern. Niedrige Keimzahlen werden jetzt zum Wettbewerbsvorteil: je niedriger desto angeblich bessere Qualität.

---

43 von 1981 (EG10) 2,1 Mio t auf 1986 (EG 12) 3,1 Mio t d.h. um 42%. Milchindustrieverband, Geschäftsbericht 1988/89, 1990, S. 42.

Keimzahl und Milchqualität

An vorläufigen Endpunkt angekommen, möchte ich auf die eingangs gestellte Frage zurückkommen: Ist diese Milch besser? Ich werde mit der Anwort von mehreren Seiten nähern.

Was sind hohe Keimzahlen?

Für Konsumenten scheint der Wert: 100 000 Keime hoch zu sein, denn Keimen wird grundsätzlich ein Gesundheitsrisiko unterstellt. Die Messung der Gesamtkeimzahl zur Bestimmung der Güteklassen gibt aber keinen Aufschluß darüber, welche Keimzusammensetzung vorhanden ist. Sie gibt immer nur einen relativen Wert über die bakteriologische Beschaffenheit.
Was also sind hohe Keimzahlen? Um in einer Hartkäserei Spätblähungen hervorzurufen, genügen bereits 2 bis 10 Clostridium-Sporen. Bleibt hingegen die Kesselmilch in der Käserei bei 10 Millionen Keimen stehen, ist die Keimzahl zu niedrig für die weitere Käseherstellung.

Zur Orientierung gibt BUSSE folgendes Schema (Tabelle 3)

Tabelle 3
Keimzahl Schema

Keimzahl	Auswirkungen auf		
	Stoffumsatz	Rohmilch	Kesselmilch
100 Mio	massiver Umsatz	Produktionsschäden / Toxinbildung	volle Säureweckung
10 - 100 Mio	meßbarer Umsatz bei durchschn. Aktivität	Risikobereich	beginnende Säureweckumg
10 Mio		Risikogrenze	Animpfung
1 - 10 Mio	meßbarer Umsatz bei sehr aktiven Stämmen	erste Auswirkungen auf Geschmack bei psychrotr. Keim.	vorreifung Kesselmilch

BUSSE setzte 1973 die Risikogrenze noch bei 10 Millionen Keimen an. Bei vorherrschende kältetoleranter Flora muß diese Grenze um den Faktor 10 auf 1 Million herabgesetzt werden.[44]
Bleibt die eingangs gestellte Frage, ob 100 000 Keime in der Rohmilch einen über die technische Risikominierierung hinausreichendes Qualitätsmerkmal sind. Eine Untersuchung direktvermarktender Biobetriebe durch das Institut für Tierhygiene der Universität Bonn kann zumindest eine Teilantwort geben: Die Gesamtkeimzahl zeigte keine Korrelation mit den klassischen gesundheits- und hygienebezogenen Indikatorkeimen, auf welche die Vorzugsmilch und Abhof-Milch untersucht werden mußte. So korrelierten weder die coliformen Keimen, als sog. Hygiene-Indikatorkeime mit der Gesamtkeimzahl noch die beiden Mastitiserregerkeime Staphylokokkus aureus und Streptokokkus agalactiae.[45] Sie waren sowohl in keimreicheren als auch in Milchen unter 100 000 Keimen vertreten. Noch am engsten schien die Verbindung zum Melksystem: Rohrmelkanlagen hatten höhere Werte für coliforme Keime als Melkstände und Eimermelk-anlagen.

Ist Frischmilch frisch?

Vielleicht sind Verbraucher altmodisch – denn viele verstehen unter »Frische« einen zeitbezogenen Begriff. Frisch ist nicht alt. Bis die gesetzlich als Frischmilch deklarierte pasteurisierte Milch jedoch beim Verbraucher angekommen ist, kann sie bis zu 6 Tage alt sein. Solange die technischen Möglichkeiten begrenzt waren, hielt sich auch pasteurisierte Milch nur für kurze Zeit »frisch«, denn die Frische wird wesentlich von der Molkerei bestimmt bzw. dem Grad der Rekontamination pasteurisierter Milch durch Rohrleitungen, Ventile und bei der Abfüllung. Der Gesetzgeber selbst definierte »frisch« nicht zeitbezogen. »Frisch«, so die 1. Ausführungsverordnung zum Milchgesetz, war, und das ist heute noch so, nicht

---

44 BUSSE, a.a.o.,1971; HEESCHEN, W.; Hygiene und Qualität der Rohmilch - Grundlage für die Herstellung von Qualitätsprodukten. In: Welt der Milch 1979 (33) 28, S. 927 ff.

45 SCHÜLING, U.; Der Keim- und Zellgehalt von Rohmilch, ihre Gewinnung auf Betrieben mit Milch-ab-Hof-Abgabe und ihre Bedeutung als Ursache von Lebensmittelinfektionen. Diplomarbeit, Institut für Tierhygiene, Uni Bonn, 1990, S. 61. Das wirft zweierlei Fragen auf: ist die Keimzahl geeignet um auch einen gesundheitlichen Wert zu sichern und sind Indikatorenkeime ihrerseits dazu geeignet. s. dazu: FINK, A.; Von der Bauernmilch zur Industriemilch. Diss. GHKassel, 1991, S. 268.

verdorben. Ansauer oder verdorben und damit nicht mehr frisch war Milch dann, wenn sie beim Aufkochen oder bei der Alkoholprobe geronnen war. Unter dem Schutzmantel dieser Definition und mit Hilfe verbesserter Pasteurisierungs- und Abfüllverfahren gelang es der Molkereiwirtschaft Trinkmilch auch dann noch als Frischmilch zu verkaufen, wenn zwischen dem Zeitpunkt der Gewinnung und dem Verkauf 5 bis 6 Tage vergangen waren. Heute definiert der Gesetzgeber Frische über Keimzahl-Grenzwerte: Bis letztes Jahr durfte pasteurisierte Milch, nach viertägigen Lagerdauer bei 30 Grad Celsius, einen Wert von 50 000 Keime/ml nicht überschreiten.[46] Seit Januar 1993 gilt der Grenzwert von 30 000 Keimen. Diese Trinkmilch kann noch längere Transportwege überstehen: sie bleibt im Sinne des Gesetzgebers immer noch »frisch«.

Die Kehrseite der Medaille

Keimarme Milch gilt als saubere Milch. Sauberkeit hat aber auch immer eine schmutzige Seite. So fand das Chemische Untersuchungsamt Karlsruhe immer wieder Reste von Desinfektionsmitteln in der Milch. Zwischen 1979 und 1984 hatten 31% der Proben aus Anlieferungsmilch, 45% der Milchproben, inklusive Handelsmilch, und 37% der Vollmilchproben erhöhte Rückstände.[47] Jährlich rund 12 000 t alkalische und ca. 6000 t saure Reinigungs- und Desinfektionsmittel, zwei Drittel davon mit einem chlor-abspaltenden Wirkstoff, verbrauchen die Milcherzeuger. Zwei Drittel der eingesetzten Aktivchlormenge bzw. zwischen 124 und 380 t pro Jahr gehen mit dem Abwasser in die Gülle bzw. in den Kanal und können dort mit organischen Substanzen reagieren. Molkereien verbrauchen jährlich 5000t Desinfektionsmittel, umgerechnet gelangen davon 217 t Aktivchlor ins Wasser. Wieviel an absorbierbaren organischen Halogenverbindungen (AOX) aus diesen Einleitungen entstehen ist noch unbekann. AOX-Verbindungen gehören jedoch laut EG-Gewässerschutz-Richtlinie zu den »gefährlichen Stoffen«, die schwer bis überhaupt nicht abbaubar sind.[48]

---

46 Anlage 6 zu den §§ 2, 4, 5, 14 und 16 der Milchverordnung vom 23. Juni 1989

47 K, F.: die Milchwirtschaft im Spiegel der amtlichen Untersuchung. Deutsche Molkereiwirtschaft 1986(107) 33/34, S. 1105.

48 Böhner, B. und K. Guthy; Abschätzung der Belastung milchwirtschaftlicher Abwässer durch chlorabspaltende

Die Reinigungs- und Desinfektionsmittel wirken zugleich auf die Milch und ihre Keimartenzusammensetzung zurück. ANDERSSON beobachtete eine positive Selektion schleimbildender Keime, die in der Milchverarbeitung zu Problemkeimen werden können. Diese Keime schützen sich vor den agressiven Mitteln indem sie sich in einen Schleimmantel einhüllen.

Neue Risiken und eine Alternative zur Industriemilch

Vor einer Einengung des Qualitätsbegriffes auf wenige meßbare Kenndaten warnte bereits 1954 der Milchwissenschaftler ROEDER. Man müsse sich im Klaren darüber sein, daß nur ein Teil der Eigenschaften durch solche Prüfverfahren erfaßt würden und daß eine Qualitätsförderung dann nur nach den geprüften Richtungen hin zu erwarten sei.[49]
Seit Mitte der siebziger Jahre und damit nahezu seit Anbeginn der Einführung tendenziell agrarindustrieller Produktionsweisen in die Milcherzeugung, zeigen sich Anzeichen von Qualitätsverlusten:

- Rückstände als Risiken der Wachstumslandwirtschaft finden sich verstärkt in der Milch wieder: chlorierte Kohlenwasserstoffe wie HCH und Aflatoxine aus Importfuttermitteln, Antibiotika aus der Mastitis-Therapie und Prophylaxe (Trockensteller), Schadstoffe wie PCB und Dioxin aus der allgemeinen Umweltverschmutzung der Industriegesellschaft.

Zu ihrer Kontrolle geht der Gesetzgeber den mühsamen Weg der rückwärtigen Kontrolle über Höchstmengen-Verordnungen und vereinzelte Verbote für bestimmte Stoffe.[50]

Desinfektionsmittel. In: Deutsche Milchwirtschaft 31/1991 und 39/1991.

49 ROEDER, G.; Grundzüge der Milchwirtschaft und des Molkereiwesens. Berlin, Hamburg, 1954, S. 42. Die Milcherzeuger werden über die Prüfungen weniger Kenndaten von der Verantwortung entlastet, auch für andere Merkmale noch Sorge zu tragen. Gut ist was Güteklasse 1 erreicht. Da ohnehin die Milch in der Molkerei vermischt wird, hätten darüberhinausgehende Qualitätsanstrengungen nur dann einen Sinn, wenn sie honoriert würden oder unmittelbar von den Konsumenten erlebt werden könnten.

50 auf der Grundlage von § 9 LMBG, z.B. Pflanzenschutzmittel-Höchstmengen-Verordnung von 1982, Schadstoffhöchstmengen-Verordnung von 1988

- Es zeigen sich aber auch kompositionelle Milchveränderungen d.h. Veränderungen in der Fett- und Eiweißzusammensetzung durch Zucht, Fütterung und Problemen mit der Tiergesundheit (Mastitis) haben die Käsereitauglichkeit, die Hitzestabilität, die Butterqualität und die Aufschlagfähigkeit von Rahm verschlechtert. Neuere Untersuchungen ergaben auch, daß bei mit steigender Milchleistung ernährungsphysiologisch wertvolle Minorbestandteile in der Milch abnehmen.[51] Hochleistungszucht, vereinfachte Futterrationen, erhöhte Krankheitsanfälligkeit der Tiere (Mastitis als Berufskrankheit der Hochleistungskühe) stehen in einem ursächlichen Zusammenhang mit diesen Veränderungen. Verändert hat sich auch die Struktur der Milch. Milch befindet sich bei 38 Grad Celsius, also im Moment der Gewinnung in ihrem natürlichen Zustand. Jede Veränderung der chemisch-phsyikalischen Umweltfaktoren, insbesonder die Temperatur wirkt sich, so KLOSTERMEYER, auf das Gleichgewicht dieses hochkomplexen biologischen Systems aus. Mit der Technisierung der Milchgewinnung jedoch wurden die alten Erfahrungen über die geringe mechanische und thermische Belastbarkeit der Milch ignoriert. Tiefkühlung und langes Rühren, Pumpen, Schütteln im Tanksammelwagen und wieder Kühlen, Rühren, Pumpen belasten die Milch. Sie destabilisieren die Fettkügelchen, bringen Strukturveränderungen im Eiweiß und zugleich eine veränderten Keimflora hervor.[52] Geruchs- und Geschmacksfehler bei Trinkmilch und Butter, verminderte Lagerfähigkeit der Butter, mangelhafte Käsereitauglichkeit und Haltbarkeitsprobleme sind auch hier die Folge. Problemkeime aus Silagefütterung führen zu Spätblähungen, resistente Keime widersetzen sich den Reinigungs- und Desinfektionsbemühungen von Erzeugern und Molkereien mindern die Qualität der Milchprodukte.

Auf zwei Wegen versucht die Molkereiwirtschaft, diese Qualitätsprobleme handhabbar zu machen: Sie stellen Tanksammelwagen-Touren für bestimmte Produkte zusammen. Eine norddeutsche Molkerei nimmt Rohmilch aus täglicher Abholung für die Herstellung von H-Milch, da sie aufgrund der langen Haltbarkeitzeit und Hocherhitzung besondere Anforderungen an eine gute Ausgangsqualität des Rohstoffes stellt. Außerdem gehen vereinzelt Molkereien dazu über, weitere Gütekri-

---

51 s. ausführlich bei BAUMGARTNER *et al.*, 1988, a.a.o.
52 s. ausführlicher FINK, a.a.o, S. 202f.

terien als Eingangswarenkontrolle zu messen: (1) freie Fettsäuren und (2) Fetthärte als Maßstab der Fettqualität, sowie (3) die Anzahl thermodurer und sporenbildender Keime.[53] Die Milch-Güteverordnung läßt die Einrichtung zusätzlicher Gütekriterien ausdrücklich zu und in Dänemark sowie in Holland ist eine nach Keimarten differenzierende Bezahlung bereits üblich.[54] Eine entsprechende Änderung der Gütebezahlung ist daher auch in Deutschland zu erwarten.

Eine Alternative zu Industriemilch tritt auf

Als Reaktion auf die Risiken der Industriegesellschaft und auf die verminderten Einkommenschancen der Wachstumslandwirtschaft begannen seit Mitte der siebziger Jahre immer mehr Betriebe auf eine ökologische Wirtschaftsweise umzustellen. 1990 wurden bereits 0,6% der landwirtschaftlichen Nutzfläche (BRD alt) von 76 000 Betrieben nach den Richtlinien der Ökologischen Anbauverbände (AGÖL) bewirtschaftet. Schätzungsweise 37 400 Kühe erzeugen seither rund 140 000 bis 170 000 t Biomilch.[55] Erst 20% jedoch werden davon als Biomilch auch vermarktet, ein Großteil geht direkt an die Konsumenten über Hofläden oder als Vorzugsmilch. Neben dem Aufgreifen traditioneller Vermarktungswege praktizieren die Biomilchbetriebe nahezu in Vergessenheit geratene Prinzipien der Qualitätsmilcherzeugung: Mit hoher Selbstverpflichtung bezüglich der Grundsätze ökologischen Landbaus und gemäß dem Prinzip der Schadensvermeidung statt rückwirkende Schadenskontrolle werden umweltschädigende Mittel soweit als möglich vermieden. Verboten sind Pestizide und Importfuttermittel, Futtermittel mit Wirkstoffen, Medikamente zur Trockenstellung, Hormone zur Brunstregelung oder gar Beruhigungsmittel. Der Viehbesatz muß sich an der eigenen Futtergrundlage orientieren.[56] Der bewußte Verzicht auf Höchstleistung wird von den Tieren mit besserer Gesundheit honoriert, so eine Untersuchung der Bundesanstalt für Milchforschung, Kiel. Und die Milch schmecke besser, fanden die Wissenschaftler im

---

53 JÜTTNER, R.R.; Prophylaktische Labormaßnahmen im Zuge der Sorgfaltspflicht eines milchverarbeitenden Betriebes zur Absicherung der Produktion. In: Deutsche Milchwirtschaft, 1985 (36) 15, S. 444.

54 van den BERG, M., G.; Composition and quality of milk as a basis for paymant of farmers.In: Milk - the vital force. Proceedings oft the XXII Intern. Dairy Congress The Hague, 29.9.-3.10.1986, Dordrecht, 1987, S. 238.

55 AGÖL, Arbeitsgemeinschaft Ökologischer Landbau; Ökologische Landwirtschaft, 7. Aufl. Bad Dürkheim, 1990.

56 Bioland-Richtlinie i.d.F. vom 3./4. April 1989

Selbstversuch heraus.[57]

Aber auch die Biomilch kommt nicht umhin, sich den industriegeprägten Marktverhältnissen anpassen zu müssen. Obwohl Naturbelassenheit der Produkte ein Ziel ökologischer Wirtschafts- und Ernährungsweise ist, muß die Biomilch höchsten Haltbarkeitsansprüchen genügen. [58] Weite Sammeltouren bei den verstreut liegenden Biomilchbetrieben und noch weitere Distributionswege zu Naturkostläden mit dazwischen geschalteten Regionalverteilern verlängern die Zeit bis die Milch beim Konsumenten ankommt. Biomolkereien honorieren geringere Keimzahlen als Güteklasse 1 mit Preiszuschlägen.[59]

Dennoch: mit der Biomilch ist eine entscheidende Alternative zur Industriemilch auf den Markt gekommen. Ihre Prinzipien sind wegweisend für die weitere Entwicklung der Milchqualität.

---

57 GRAVERT, H.O.; Milch aus alternativem Anbau. In: Welt der Milch, 1989 (43) 18, S. 574

58 SÖBBECKE, P.; Biomilchvermarktung der Molkerei Gebr. Rogge in Gronau.In: Arbeitsergebnisse 1991 (15) S. 35.

59 Molkerei Söbbecke bezahlt für Gehalte weniger 50.000 Keime/ml einen Preiszuschlag von 5 Pfennig/kg Milch. Söbbecke, a.a.o, S. 30.

Manuela Jäger

Gentechnische Nahrung

Technologischer Fortschritt, der durch neue Erkenntnisse auf naturwissenschaftlichen Gebieten erzielt wird, kann Schattenseiten haben. Die negativen Folgen, die mit der Einführung neuer Technologien verbunden sind, können die erwarteten und prophezeiten Vorteile sogar überwiegen. Negative Konsequenzen treten häufig erst nach längerer Zeit zu Tage und können oft von überraschend aufgetretenen Randbedingungen abhängig sein.

Gentechnik scheint unendlich viele Möglichkeiten zu eröffnen, die Leistungen lebender Organismen exakt auf unterschiedliche Bedürfnisse des Menschen auszurichten. Sie gilt in weiten Kreisen von Politik, Industrie und Wissenschaft als unverzichtbare Schlüsseltechnologie für das kommende Jahrhundert, soll Arbeitsplätze schaffen und erhalten sowie Standortvorteile sichern.

Mit Hilfe gentechnischer Methoden soll all das bewerkstelligt werden, was durch traditionelle Biotechnologie und konventionelle Züchtung in der Lebensmittelproduktion nicht erreicht werden kann. In diesem Zusammenhang sind neuartige Risiken, gesundheitliche, ökologische und sozioökonomische Auswirkungen zu diskutieren.

Gentechnische Methoden ermöglichen weitreichende Eingriffe in die Erbsubstanz von Lebewesen. Gentechnik ist nicht vergleichbar mit Züchtung, denn sie ermöglicht die Übertragung einzelner, isolierter Gene über Artgrenzen hinweg (z.B. Fischgene auf Tomatenpflanzen). Die natürlichen Artgrenzen sind jedoch eine wichtige Voraussetzung für die Entwicklung der Artenvielfalt (nach AMMAN, 1993).

Da gentechnische Methoden den Prozess der Entstehung neuer Nutztiere und -pflanzen beschleunigen und qualitativ ändern können, sind die Möglichkeiten der Umgebung – aller naturnaher oder Agrar-Ökosysteme – sich anzupassen und mitzuverändern, eingeschränkt. Diese Lebensgemeinschaften können auf allmähliche, nicht jedoch auf sprunghaft eintretende Veränderungen reagieren, die für eine Koevolution keine Chance bieten.

Durch Gentechnik können einzelne Gene isoliert von ihrem genomischen Kontext transferiert, aber im Empfängergenom selten gezielt plaziert werden. Deshalb können im transgenen Organismus Veränderungen eintreten, die nur indirekt auf die Übertragung der neuen Gene zurückzuführen sind. Trans-Gene können bestehende Wechselwirkungen zwischen Genen verändern und neue Wechselbeziehungen knüpfen. Beispielsweise können infolge gentechnischer Manipulationen Regulationsgene andere Wirkungsmuster mitbeeinflussen oder stören und dadurch zur Tumorentwicklung beitragen. Solche Positionseffekte sind nicht vorhersehbar.

Der Informationsgehalt von Genen wird nicht allein in der Abfolge ihrer Molekülbausteine festgelegt, die heute mit gängigen Methoden relativ schnell bestimmt werden kann, sondern zusätzlich durch ihre Umgebung mitgeprägt (Kontextabhängigkeit genetischer Information). Diese übergeordneten Informationsinhalte (epigenetisches Netzwerk) können allerdings in ihrer Komplexität nicht ohne weiteres entschlüsselt werden (nach STROHMAN, 1994).

Mit Hilfe gentechnischer Methoden können zudem neuartige Gene und Genprodukte konstruiert werden, die in der Natur bislang so nicht realisiert wurden.

Anwendungsbereiche

1. Eingriffe ins Erbgut von Pflanzen oder Tieren, die in der landwirtschaftlichen Primärproduktion genutzt werden, haben meist Produktivitätssteigerungen zum Ziel.
2. Mikroorganismen, die zur Verarbeitung von Lebensmitteln genutzt werden und teilweise in den Nahrungsmitteln verbleiben, werden mittels Gentechnik so verändert, daß die Produktion beschleunigt wird oder neue Produkteigenschaften vermittelt werden. Hierzu zählen z.B. auch Bacteriocine produzierende Joghurtkulturen.

3. Gentechnik kann darüberhinaus zur Manipulation von Mikroorganismen oder Zellkulturen von Tieren und Pflanzen verwendet werden, die zur Produktion von Lebensmitteln isoliert zugesetzten Substanzen dienen, wie z.B. Konservierungsmitteln, Süßstoffen, etc.[1]

Jedes der genannten Einsatzgebiete der Gentechnik im Bereich Lebensmittel bringt einerseits eigene Probleme, anderseits aber auch Risikokategorien, die für alle gemeinsam gelten, mit sich.

Landwirtschaft

Gentechnisch hergestellte Futtermittelzusätze und Leistungsförderer werden für die moderne Massentierhaltung unentbehrlich, um Nutztiere schneller, effizienter und kostensparender schlachtreif werden zu lassen, die Milcherzeugung weiter anzukurbeln oder Ausscheidungen zu reduzieren. Die Auswirkungen auf die Tiergesundheit sind nicht hinreichend geklärt, was letztlich auch die Qualität der Produkte, die zum Verzehr gelangen, beeinflußt. Das aktuellste Beispiel zu dieser Problematik – das gentechnologisch produzierte Rinderwachstumshormon rBST – wurde im Februar dieses Jahres in den USA zugelassen und wird bereits eingesetzt. Sowohl EU-Parlament als auch EU-Kommission konnten den Sinn dieses frei verkäuflichen Hormons, das die Milcherzeugung von Hochleistungskühen um bis zu 20% steigern und auch die Fleischausbeute erhöhen soll, sofern es alle zwei Wochen injiziert wird, zwischen den europäischen Butterbergen und Milchseen nicht erkennen. Im Sommer vergangenen Jahres hatten sie zur Stützung der Agrarreform und zum Schutz der Verbraucher und Verbraucherinnen gefordert, das »Doping für die Turbokuh« (IDEL, Süddeutsche Zeitung, 19.5.94) bis zum Jahr 2000 auszusetzen, wogegen der Ministerrat über ein weiteres Verbot des rBST in Europa zum Ende dieses Jahres entscheiden will. In Europa sind Hormone seit

---

1 Enzyme und Starterkulturen sind zwar Zusatzstoffe, sind aber nach §11 (3) des Lebensmittel- und Bedarfsgegenständegesetzes vom Verbot nicht zugelassener Zusatzstoffe befreit, dürfen also unter Berücksichtigung der allgemeinen lebensmittelrechtlichen Vorschriften und des Gesundheitsschutzes eingesetzt werden, sofern nicht spezielle Verordnungen dem entgegenstehen (Reinheitsgebot beim Bier und Käseverordnung (nach WEBER, H.; 1992)

1988 in der Tierproduktion als Leistungsförderer verboten. Über 90% der Verbraucherinnen und Verbraucher, über 70% der Bauern und Bäuerinnen und fast alle Molkereien sprechen sich gegen eine Zulassung von rBST auf dem europäischen Markt aus.
Nach der EU-Richtlinie über Tierarzneimittel (81/851/EWG) dürfen Tierarzneien nur zugelassen werden, wenn »die therapeutische Wirkung das potentielle Risiko überwiegt«. Obwohl es sich bei rBST nicht um ein Arzneimittel, sondern um einen Leistungsförderer handelt, wird eine Fülle an negativen Nebenwirkungen in Kauf genommen: im Beipackzettel des rBST-Präparats werden u.a. Euterentzündung (Mastitis), erhöhte Körpertemperatur und hormonelle Störungen aufgelistet. Das bleibt sicher nicht ohne Einfluß auf die Qualität von Milch (und Fleisch): wertvolle Inhaltsstoffe nehmen ab, Medikamentengaben und Zellzahl in der Milch zu.[2] Da das rekombinante Wachstumshormon nicht naturidentisch, sondern etwas länger ist und damit eine veränderte Struktur aufweist, ist auch die allergene Wirkung ungewiß. Da nicht alle Kühe gleichermaßen positiv auf die Hormonspritze reagieren, ist anzunehmen, daß der Rationalisierungsdruck auf die Zucht rBST-geeigneter Tiere hinwirkt. Im Falle einer Zulassung des Rinderwachstumshormons ist mit einer baldigen Vermarktung weiterer gentechnisch hergestellter Wachstumsförderer für die Schweine-, Geflügel- und Fischzucht zu rechnen (zitiert nach IDEL, A., Agrarbündnis, 1994; und ABMAYR, H., Tierärztliche Vereinigung für Tierschutz, 1994).

Darüberhinaus sind auch mit der Herstellung des Präparats in rekombinanten E.coli-Bakterien Risikopotentiale verbunden, da Produktionsrückstände in der Regel ohne vollständige Inaktivierung in die Umwelt abgegeben werden (siehe Abschnitt: ökologische Risiken).
Auch bei Nutzpflanzen ist mit einer Zunahme unerwünschter und toxikologisch bedenklicher Rückstände zu rechnen. Dies wird besonders vor dem Hintergrund deutlich, daß die häufigste gentechnische Veränderung an Pflanzen die Eigenschaft »Herbizidresistenz« betrifft. Über der Hälfte aller weltweit freigesetzten transge-

---

2 Veränderung der Milchzusammensetzung: Zunahme an Lactoferrin, Kochsalz, Molkenproteine, Immunglobuline, Serumalbumin sowie Abnahme an Milchfett, -eiweiß, Lactose, Kasein, Calcium, Magnesium, Phosphor, Vitamin B2 und Vitamin C (Daten der Milchforschungsanstalt in Kiel). Experten (z.B. S. EPSTEIN, Vorsitzender der Vereinigung für Krebsvorsorge, USA) warnen vor einem erhöhten Brustkrebsrisiko durch das in der Milch rBST behandelter Kühe vermehrt nachweisbare IGF-1 (insulin like growth factor). Dieser Wachstumsfaktor ist artübergreifend wirksam (IDEL, A., Süddeutsche Zeitung, 1994).

nen Pflanzen wurde mit Hilfe fremder, meist bakterieller Gene, Unempfindlichkeit gegenüber sogenannten Unkrautvernichtungsmitteln verliehen (BECK und ULRICH, 1993). Werden die bisher freigesetzten Nutzpflanzen sowie die Entwicklungen in Forschung und Anwendung betrachtet, fällt auf, daß die Ziele »höherer Gesundheitswert/ verbesserte Qualität« bei transgenen Nutzpflanzen keineswegs im Vordergrund stehen, sondern nur bei ca. 8% der weltweiten Freisetzungen eine Rolle spielen (GUNNARY, OECD, 1992).
Auch erste Marktzulassungsanträge betreffen HR-Pflanzen: gegenüber Bromoxynil resistenter Tabak wurde in der EU genehmigt, demnächst vermutlich auch Raps-Hybridsaatgut der belgischen Firma PGS (Plant Genetic Systems) mit Glufosinateresistenz (Basta)[3]. Gegen diesen Antrag haben das Norwegische Umweltministerium und das Biotechnologie-Beratungsgremium Einspruch erhoben, da Auskreuzungen mit verwandten Wildarten stattfinden können und gesundheitliche Folgen für Mensch und Tier nicht geklärt sind.[4]
Zu den Chancen oder Risiken, die mit herbizidresistenten Pflanzen verbunden sind, möchte ich einige Argumente und Thesen, anführen, ohne sie näher zu erläutern.[5]

- Der Einsatz von Herbiziden wird zunehmen: es können zwar teilweise geringere Mengen ausgebracht werden, dafür werden aber hoch wirksame Substanzen eingesetzt. Zudem muß bei späterer bzw. verringerter Applikationshäufigkeit mehr Biomasse beseitigt werden, was wiederum den angekündigten Einspareffekt aufhebt. Da monogene Resistenzen leichter durchbrochen werden und Gentransfer auf Unkräuter und Wildpflanzen möglich ist, können Wirkungslücken auftreten. Wenn zusätzliche Herbizide verwendet werden müssen, kann sich der Herbizideinsatz erhöhen.

---

3 Kulturraps kann sich in natürlichen Habitaten etablieren (SENTKER, A.; TOMIUK, J.; WÖHRMANN, K. SENTKER, A.; TOMIUK, J.; 1994)

4 In Norwegen wird zusätzlich die Notwendigkeit eines neuen Produkts - ob es einen positiven Beitrag für die Allgemeinheit leistet und mit dem Prinzip des »sustainable development« vereinbar ist - einer Prüfung unterzogen. Die deutsche Genehmigungsbehörde, das BGA, sieht dagegen keine Notwendigkeit zum Widerspruch gegen das Inverkehrbringen herbizidresistenter Rapspflanzen, solange Rapsöl nur für Industriezwecke und nicht im Nahrungsmittelsektor eingesetz wird. Offen bleibt die Frage nach der Kontrollierbarkeit dieser Einschränkung.

5 WEBER, B.; 1992; und: »Diese Technik ist keine Alternative« in: GID, Vol. 87, Juli 1993, S. 12-15, sowie »Viel Gift - wenig Geld« in: GID, Vol. 96/97, S. 20-23

- Nicht nur gegen »moderne« Herbizide geschützte Pflanzen werden entwickelt, sondern auch HR-Pflanzen, deren Komplementärherbizid schon als »veraltet« und erwiesenermaßen bedenklich gilt.[6]

  Moderne Herbizide können teilweise auch in Wasserschutzgebieten ausgebracht werden, wo bisher mechanisch reguliert wurde. Die ökologische Landwirtschaft und alternative Methoden der Unkrautregulierung werden zurückgedrängt.

- Es werden Totalherbizide eingesetzt, die nicht nur alle Wild- und nicht transgenen Nutzpflanzen vernichten, sondern teilweise auch die Samenbank und Mikroorganismen im Boden schädigen, auf Fische (z.B. Basta) toxisch wirken und hohe Versickerungsraten aufweisen.

- Resistente Pflanzen können mit höheren Herbiziddosen behandelt werden, insbesondere dann, wenn sie als Industriepflanzen (nachwachsende Rohstoffe) genutzt werden, was aber die Trinkwasserbelastung und die Auswirkungen auf das Bodenleben nicht mindert.

- Die Metabolite der Herbizide in den Pflanzen sind größtenteils unbekannt und toxikologisch sowie ökotoxikologisch kaum analysiert. Herbizid-Konjugate und andere Abbauprodukte können toxischer sein als das applizierte Herbizid oder höhere Persistenz in der Pflanze oder im Boden bzw. im Wasser aufweisen. Negative Wirkungen auf Mensch und Tier sind nicht ausreichend untersucht.

Auch bei transgenen Pflanzen, die durch ein einkloniertes Toxingen eines Bakteriums (Bt – Bacillus thuringiensis) gegenüber Insekten resistent sein sollen, sind unbekannte Auswirkungen auf den Pflanzenstoffwechsel nicht auszuschließen. Bt-Sporenpräparate werden auch im ökologischen Landbau auf Pflanzen ver-

---

6 Beispielsweise kann Bromoxynil, das von der amerikanischen Umweltbehörde EPA als entwicklungstoxisch für Säuger und toxisch für Fische klassifiziert wurde, als Komplementärherbizid zusammen mit transgenen Tabakpflanzen in den EU-Staaten seit diesem Sommer vermarktet werden, obwohl z.B. Dänemark gegen den Antrag wegen fehlender Umweltverträglichkeitsprüfung Einspruch erhoben hat. Auch gegenüber 2,4-D resistente Pflanzen (Tabak) werden entwickelt, obwohl dieses Herbizid im Verdacht steht, bei Farmern Krebs auszulösen (Gene Exchange, Juni 1994).

sprüht, doch bringt die Klonierung ganz neue Risikopotentiale mit sich. Klonierte Bt-δ-Endotoxine werden in anderen Mengen, mit allen Pflanzenteilen und in anderer Form mitgegessen als die versprühten Sporenpräparate. Bisher wurden diese Toxine aufgrund ihres streng begrenzten Wirtsbereich (verschiedene Insekten-Larven) und ihrer geringen Persistenz (UV-Sensitivität) als absolut harmlos für Tier und Mensch angesehen. Neue Erkenntnisse mahnen jetzt zu größerer Vorsicht.[7] Die Wirkungsweise des nativen Toxins ist nicht völlig verstanden und experimentelle Daten zur Toxizität klonierter Toxine liegen nicht vor. Durch Modifizierungen der Gensequenzen wird darüberhinaus versucht, die Menge an in transgenen Pflanzen gebildeten (und damit veränderten!) Bt-Toxinen erheblich zu steigern (PERLAK *et al.*, 1991).

Da manche Proteolyse-resistenten Proteine (zu denen das Bt-Toxin zählt) im Verdauungstrakt nicht vollständig abgebaut werden, sondern auch komplett durch die Darmschleimhaut gelangen können, ist eine Aufnahme in die Blutbahn nicht auszuschließen. Versuche an Mäusen hatten jedoch gezeigt, daß intravenös verabreichtes, gelöst vorliegendes Toxin letal wirken kann. Darüberhinaus kann die Wirksamkeit des (nativen) Bt-Toxins durch den gentechnischen Einsatz (Klonierung des Toxingens in andere Bakterien, Erweiterung der Wirtsspezifität) durch beschleunigte Resistenzentwicklung gefährdet werden.[8] Resistenzen sind vor allem bei hohen Bt-Dosen und durch die – anders als bei bakteriellen Plasmiden – mangelnde genetische Variabilität zu befürchten.

An allen wichtigen Grundnahrungsmitteln wie Mais, Reis oder Kartoffeln sowie an vielen Gemüse- und Obstpflanzen werden gentechnische Manipulationen versucht, bzw. sind bereits vorgenommen worden. Lange Zeit warben die Befürworter der Gentechnik damit, daß der weltweite intensive Anbau transgener Kulturpflanzen die beste Möglichkeit sei, die Versorgung der Weltbevölkerung mit Nahrung zu gewährleisten. Auch von Seiten der chemischen Industrie wird mittlerweile der Gentechnik nicht mehr zugesprochen, bei der Bekämpfung des Hungers in Drittweltstaaten eine wesentliche Rolle spielen zu können. Die Bayer AG hat beispielsweise die Entwicklung herbizidresistenter Pflanzen vorerst gestoppt. Ein Zitat

---

7 B.thuringiensis und andere, lange Zeit als ungefährlich geltende Bacillen (z.B. B.cereus) wurden als durchaus risikoträchtig, vor allem, aber nicht nur, für immunsupprimierte Personen, erkannt. Bacillus thuringiensis wurde bei Augeninfektionen identifiziert (DIXON, B.; 1994).

8 (9) B.thuringiensis Management Working Group in: Bio/Technology, 1994, Vol. 12, S. 577

eines Firmensprechers: »Die Preise für solche Pflanzen kann keiner bezahlen.« (VDI-Nachrichten 12.8.94).

Lebensmittelzusatzstoffe

Neben transgenen Nahrungspflanzen spielen vor allem gentechnisch produzierte Zusatzstoffe, auch in frischen Lebensmitteln wie Brot und Backwaren, eine zunehmend bedeutende Rolle. Gerade mit Gentechnik wird der Einsatz von Zusatzstoffen in Nahrungsmitteln (Hilfsstoffe für Brauereien, Bäckereien oder Enyzme in Käsereien) attraktiv: erst gentechnologische Verfahren lassen die Produktion und Verwendung von Enzymen und anderen von Mikroorganismen produzierten Zusätzen rentabel werden.

Der Weltmarkt für industrielle Enzyme, der sich im wesentlichen unter Novo Nordisk in Dänemark, Gist Brocades in den Niederlanden und Genecor Int. in den USA aufteilt, wird für 1994 auf 400 Mio. $ geschätzt, wobei etwa die Hälfte gentechnologisch produziert wird. Etwa 55% davon wiederum werden in der Nahrungsmittelzubereitung verwendet. Traditionelle Produktion lohnt sich nur für komplexe Enzymgemische (HODGSON, 1994).

Nach dem Prinzip der »substantiellen Äquivalenz« sind gentechnisch hergestellte Stoffe nicht genehmigungspflichtig, sofern sie mit den natürlichen Vorbildern identisch sind. Dabei wird jedoch außer Acht gelassen, daß weder über den so gebrauchten Begriff der Identität Einigkeit besteht, noch, daß auch durch das Verfahren zur Herstellung bestimmter Stoffe geringfügige, aber bedeutende Veränderungen des Endprodukts eintreten können.

Für den Markt der allernächsten Zukunft werden Proteine zusätzlich in ihrer Primärstruktur verändert, d.h. sie an die Bedürfnisse einer wettbewerbsorientierten Industrie hin durch »Protein-Engineering« angepaßt. Neben dem evolutiven Moleküldesign zur Verbesserung bekannter Proteine werden zahlreiche »exotische« (extremophile) Mikroorganismen erforscht, mit denen noch kaum Erfahrungen gesammelt werden konnten und deren natives Enzympotential durch Umklonierung in bekannte Mikroorganismen ausgeschöpft und zusätzlich durch »molecular engineering« an technologische Bedürfnisse adaptiert werden soll.[9]

Als Folge dieser Entwicklung ist eine rapide Zunahme unterschiedlichster Produktionsorganismen mit (variierten) Genen aus zahlreichen Spenderorganismen zu erwarten, die oder deren Produkte kombiniert in Nahrungsmittel gelangen.
Zusätzlich sind bei rekombinanten Enzym-Präparaten DNA-Reste der transgenen Produktionsorganismen enthalten. Die Experimente der Arbeitsgruppe DOERFLER und SCHUBBERT (1994) demonstrierten, daß DNA im Gastrointestinaltrakt von Säugern nicht vollständig degradiert wird, und in die Blutbahn, vermutlich auch in Blutzellen, gelangen kann. Dies galt nach gängiger Lehrmeinung bisher als ausgeschlossen. Vor dem Hintergrund dieser Ergebnisse, die eine Aufnahme rekombinanter DNA in menschliche Zellen plausibel machen, muß jede Verunreingung mit rekombinanten DNA-Molekülen bezüglich ihrer Risikorelevanz neu beurteilt werden.

Gesundheitliche Risiken

Nicht nur bezüglich des allergenen Potentials, auf das im folgenden näher eingegangen werden soll, sind transgene Pflanzen bzw. Mikroorganismen und gentechnisch hergestellte Zusatzstoffe kritisch zu beurteilen. Die FAO/ WHO (meeting report 1991: »Assessment of biotechnology in food production and processing as related to food safety«) listete auf, welche gesundheitlich problematisch zu bewertenden Änderungen bei gentechnisch veränderter Nutzpflanzen auftreten können. Dazu zählen:

- erhöhte Anwesenheit natürlicher toxischer Substanzen
- neue toxische Substanzen durch gentechnische Veränderungen (z.B. Biopestizide)
- Bildung neuer oder veränderter Allergene (Immunotoxizität)
- Änderung der Bioverfügbarkeit bekannter Toxine
- Änderung wichtiger Inhaltsstoffe (Mikro- oder Antinutritiva)
- Änderung ihrer Bioverfügbarkeit und Konzentration

9 Ursachen sind auch im Patentbereich zu suchen, da nach dem US-Patentgesetz rekombinante, aber identische Proteine nicht als biotechnologische Erfindungen rechtlich geschützt werden können (Bio/Technology, 1994, Vol. 12, S. 713-714).

- Änderung der Inhaltsstoffe durch veränderte Verarbeitung

außerdem (in Anlehnung an eine FDA-Stellungnahme)

- Änderung der Verträglichkeit
- Änderung der Verdaulichkeit
- Ausbreitung von Antibiotikaresistenzen

Durch zu häufige und teilweise wenig kontrollierte Anwendung von Antibiotika in Human- und Tiermedizin (z.B. prophylaktische Verabreichung bei Ferkeln) entwickelten sich zahlreiche resistente pathogene Bakterien. Die Verwendung von Antibiotikaresistenzgenen in gentechnischen Konstrukten könnte deren zunehmende Verbreitung in Mikroorganismenpopulationen bewirken, da diese über horizontalen Gentransfer untereinander Gene austauschen können. Das Szenario, daß letztendlich auch immer mehr Krankheitserreger gegen Antibiotika unempfindlich werden und dadurch nicht mehr zu bekämpfen sind, ist durchaus plausibel. Trotz dieser Problematik werden Antibiotikaresistenzgene in fast allen transgenen Organismen, auch solchen, die absichtlich in die Umwelt freigesetzt werden oder zum Verzehr bestimmt sind, genutzt.
Beispielsweise enthält die von der FDA/USA zugelassene transgene Tomate »Flav'r Sav'r« der Firma Calgene Inc. ein Antibiotikaresistenzgen (nptII) gegen Kanamycin. Methoden zur Entfernung dieser Resistenzgene aus dem Genom transgener Organismen wurden inzwischen entwickelt, werden aber nicht eingesetzt, da sie technisch aufwendig sind und somit als nicht rentabel gelten.
Nahrungsmittelsicherheit ist ein über Generationen gesammelter Erfahrungsschatz, der auf empirischem Wissen und nicht auf experimentellen Befunden beruht. Erst in jüngster Zeit werden wertgebende Inhaltsstoffe analysiert und ihre Funktion, auch im Hinblick auf Verdaulichkeit und Bioverfügbarkeit, untersucht. Nicht alle gesundheitsförderlichen oder -schädigenden Wirkungen sind jedoch auf molekularer und physiologischer Ebene verstanden.
Höhere Pflanzen stellen – außer den primär zum Leben benötigten Verbindungen – eine Fülle biologisch wirksamer Substanzen her. Diese sekundären Pflanzenstoffe werden inzwischen in Pflanzen nachgewiesen, die in der Naturheilkunde schon seit Jahrhunderten eingesetzt werden und können u.a. anticarcinogene, verdauungsfördernde oder antibakterielle Wirkung haben (COX und BALICK, 1994).

Manche sekundäre Pflanzenstoffe (untersucht z.B. an Brokkoli und anderen Cruciferen) wirken zum einen im Verdauungstrakt als Induktoren von Enzymen, welche an den Detoxifizierungsreaktionen carcinogen wirkender Substanzen beteiligt sind, anderseits aber auch selbst als carcinogene Substanzen (PROCHASKA *et al.*, 1992).
Gentechnische Veränderungen können somit nicht nur dazu führen, daß eher negativ zu beurteilende Inhaltsstoffe in erhöhten Konzentrationen vorliegen, sondern auch ein Mangel an solchen Inhaltsstoffen, die teilweise in nur minimalen Konzentrationen als ernährungsphysiologisch wertvoll betrachtet werden, auftreten kann. Kausalzusammenhänge lassen sich bei chronischen und subchronischen Erkrankungen selten eindeutig angeben. Die kausale Verknüpfung ist vor allem dann kaum zu leisten, wenn es sich nicht um spektakuläre oder neuartige Fälle handelt, sondern um - das Allgemeinbefinden (subjektiv sehr wohl) beeinträchtigende - Beschwerden mit unklaren Symptomen wie Immun- oder Konzentrationsschwäche, Unwohlsein, Verdauungsstörungen, Kopfschmerzen, Mattigkeit, Hautreizungen handelt.[10]

Allergierisiken

Gerade im Bereich Nahrungsmittel-Allergien »liegt vieles noch im Dunkeln«.[11] Allergene können trotz ähnlicher Aminosäuresequenz sehr unterschiedliche Auswirkungen haben. Selbst geringfügige Variationen eines Proteins können für die Allergenität ausschlaggebend sein. Gentechnologisch produzierte und als »naturidentisch« klassifizierte Enzyme können veränderte allergene Epitope enthalten, da in Fremdorganismen hergestellte Proteine in ihrer Konformation, in ihrer dreidimensionalen Struktur und in ihren Seitenketten vom nativen Vorbild deutlich abweichen können. Rekombinante Proteine werden in einer fremden zellulären Umgebung produziert, in der bestimmte zelluläre Proteine (Chaperone) fehlen können, die für die korrekte (im Sinne von native) Faltung zuständig sind. Da z.B. Zuckerreste von Glycoproteinen eine stark immunogene Wirkung haben, kann

10 siehe dazu: Studie des BGA, Hefte SozEp 1993, von: MÜLLER, KAHL, DORTSCHY, BELLACH
11 Konferenz der FDA, USDA und EPA, im Mai 1994, » Wissenschaftliche Fragestellungen, die potentielle Allergenität transgener Nahrungspflanzen betreffen« (Bio/ Technology, Vol. 12, S. 568-569)

deren Expression in transgenen Organismen die Allergenität maßgeblich beeinflussen.[12]

Bei Enzymen, die in ihrer Sequenz gegenüber nativen Enzymen abgewandelt und in transgenen Organismen produziert werden, und solchen, die aus »exotischen« Organismen oder Bakterien stammen, die bisher nicht verzehrt wurden, besteht ganz besonders die Gefahr eines (unbekannten) allergenen Potentials.

Für einen vorbeugenden VerbraucherInnenschutz sind insbesondere stabile Allergene, die lebensbedrohliche Reaktionen auslösen können und oft bei Herstellung anderer Lebensmittel verwendet werden, zu berücksichtigen.[13]

Mit einer Restallergenität ist bei verarbeiteten Lebensmitteln immer zu rechnen, auf diesem Sektor gibt es allerdings nur wenig systematische Untersuchungen. Eine statistische Untersuchung zu Todesfolgen bzw. schwerwiegenden anaphylaktischen Reaktionen infolge von Nahrungsmittelallergien in den USA (SAMPSON *et al.*, 1992), ergab, daß vor allem versehentliche bzw. unwissentlich aufgenommene Allergene dafür verantwortlich zu machen sind, die häufig auf den verzehrten Produkten nicht vermerkt waren.[14] Die Autoren erwarten eine deutliche Ausweitung dieser Problematik, die durch Gentechnologie zusätzliche Relevanz erlangen könnte. Untersuchungen zum allergenen Potential von Bacteriocinen, die z.B. von transgenen Milchsäurebakterien produziert und in der Fleisch- bzw. Molkereiindustrie zur Unterdrückung von Fremdkeimen in der Milch und in Rohwurst eingesetzt werden sollen, liegen keine Untersuchungen vor (WEBER, H., 1992).

Allergiker erhalten im allgemeinen die Empfehlung, entsprechende Nahrungsmittel bzw. bestimmte darauf basierende Zubereitungen zu meiden. Dieser ebenso einfache wie hilfreiche Ratschlag wird jedoch durch Gentechnologie zunehmend

---

12 Posttranslationale Modifizierungen eines Proteins (z.B. Glycosilierungen, Phosphorylierungen oder Acetylierungen) können in unterschiedlichen Zellen und/oder Organismen erheblich variieren (GOLDBURG und TJADEN; 1990)

13 Die bekannten Allergene sind oft säurestabil und widerstehen den Angriffen der proteolytischen Enzyme des Verdauungssystems besonders gut. Während einige Allergene stark hitzeempfindlich sind (Obst und Gemüse, manche Getreide), läßt sich bei anderen keine oder nur eine partielle Minderung der Allergenität durch Hitze erreichen (Erdnuß, Haselnuß, Fisch, Weichtiere, Ei). Auch Maillardprodukte, die erst unter Hitzeeinwirkung entstehen können allergen wirken (bei Kuhmilch), wenn dadurch allergene Epitope gebildet oder frei werden. Dieser Aspekt ist bei gentechnischen Veränderungen von Nahrungsmitteln sowie bei Zusätzen besonders relevant, da Gene aus traditionell nur gekocht oder nur roh verzehrten Organismenbestandteilen übertragen werden können in transgene Lebewesen, die oder deren Bestandteile u. U. andere Verarbeitungen erfahren (FISCHER et al., 1994).

14 Verborgene Allergene können nicht erkennbar in Nahrungsmitteln enthalten oder nicht deklariert sein. Verunreinigungen können auch durch aufeinanderfolgende Prozesse in ein und derselben Produktionsanlage verursacht werden: dadurch gelangten z.B. Milchproteine in als »non-dairy« gekennzeichnete Produkte (Tofu-Eiscreme) und lösten anaphylaktische Schockreaktionen mit letalen Folgen aus (GERN *et al.*, 1991).

unbrauchbar: nicht nur komplex zusammengesetzte, mit gentechnologisch hergestellten Zusätzen produzierte Lebensmittel, sondern auch bislang verträgliche Grundnahrungsmittel, wie Gemüse, Getreide und Obst können zum Risiko werden.[15]

Selbst wenn die Nahrungsmittel, die als Allergene bekannt sind, bei gentechnischen Veränderungen gemieden werden könnten, entstehen zusätzliche Risikopotentiale, da selten vorkommende Allergene weiter verbreitet werden könnten bzw. neue Proteinkomponenten, die bisher kaum oder nicht verzehrt worden sind, hinzukommen. Dennoch werden insbesondere als Allergieauslöser bekannte Organismen (z.B. Aspergilli) zur Nahrungsmittelverarbeitung gentechnisch verändert und zur Zusatzstoffproduktion genutzt. Da für viele Allergien eine längere Zeit des dauerhaften Kontakts und der Sensibilisierung angenommen wird, bevor Symptome auftreten, würden solche Risiken zu spät erkannt.

Eine Vorhersage zur allergenen Aktivität ist auch bei bekannter Sequenz nicht möglich. Es bleibt als einzige Möglichkeit die Prüfung am Patienten selbst (FISCHER *et al.*, 1994). Auf der FDA-Konferenz »Wissenschaftliche Fragestellungen, die potentielle Allergenität transgener Nahrungspflanzen betreffen« erklärte Martin Chapman von der Universität Virginia, medizinische Abteilung: »Welche Tests auch immer wir durchführen, wir werden frühestens in zwei bis zehn Jahren wissen, was wirklich passieren wird.«

Ökologische Risiken

Bei allen zu Lebensmittel verarbeiteten und verzehrten pflanzlichen Produkte muß darüberhinaus berücksichtigt werden, daß kommerziell genutzte transgene Nutzpflanzen absichtlich und in großem Maßstab in die Umwelt freigesetzt werden. Als Risikopotentiale bei der Freisetzung transgener Pflanzen sind u.a. aufzulisten (nach WEBER, 1994):

- Ausbreitung der Pflanzen – invasives Potential, Verwilderung

15 Sojaproteine z.B. sind in sehr vielen Fertigprodukten von der Käsezubereitung bis zum Salat-Dressing enthalten; werden stattdessen transgene Sojabohnen verarbeitet, kann ein weites Spektrum unterschiedlichster Gerichte und »Snacks« unverträglich werden.

- Ausbreitung der Transgene – horizontaler Gentransfer auf Pflanzen und/oder Mikroorganismen
- Nachhaltigkeit und Resistenzentwicklungen
- Nahrungsmittelsicherheit (Struktur- und Markierungsgene, Positionseffekte) Generosion
- Evolutionäre Risiken
- Änderungen in Biozönosen

Aus Freilandexperimenten abgeleitete Aussagen zum Verhalten der transgenen Pflanzen in der Umwelt sind mit großer Vorsicht zu betrachten:
Kleinräumige Freisetzungsversuche an definierten Standorten sind nicht mit der Situation vergleichbar, die bei einem (weltweiten) kommerziellen Anbau transgener Pflanzen in großem Maßstab eintritt. Unterschiedliche Umweltbedingungen in einer komplexen und multivalenten Umgebung treten dann mit den transgenen Pflanzen in Wechselwirkung, woraus neue Eigenschaftsausprägungen resultieren können. Die Wahrscheinlichkeit für den Eintritt eines plausiblen Risikoszenarios wird stark erhöht (RISSLER und MELLON 1993).
Obwohl weltweit schon über 1500 Freisetzungen stattgefunden haben, konnten auf Ökosysteme nachteilige Effekte bislang nicht beobachtet werden.[16] Diesbezüglich muß hinterfragt werden, welche Effekte mit diesen als Experiment deklarierten Freisetzungen überhaupt meßbar sind bzw. untersucht werden.[17] Die innerhalb von zwei Jahren weltweit an verschiedenen Standorten gewonnen »Erfahrungen« mit freigesetzten transgenen höheren Pflanzen können nicht zum Beweis der Unbedenklichkeit an beliebigen anderen Standorten herangezogen werden, auch wenn damit u.a. Deregulierungsvorhaben der EU-Freisetzungsrichtlinie (90/220/EWG) als »Anpassung an den technischen Fortschritt« begründet werden. Potentielle ökologische Risiken, die sich langfristig einstellen könnten, sofern ein »Schaden« überhaupt als solcher definiert werden kann, sind mit dem derzeit eingesetzten Methodenrepertoire nicht zu erfassen. Selbst zunächst nicht als gefährlich einzustufende Organismen können mit anderen Faktoren in Ökosystemen interferieren

16 Auch das als vorbildlich geltende Sicherheitsforshcungs-Projekt Prosamo von Crawley et al., 1993 weist Mängel bei der Auswertung auf (nach WEBER, 1994).

17 In der Regel werden ökologische Folgen überhaupt nicht analysiert, da lediglich pflanzenzüchterische Merkmale interessieren (nach WEBER, 1994)

und damit unvorhersehbare Effekte bewirken. Diese Entwicklung kann wenige Jahre oder Jahrhunderte dauern und läßt sich nicht vorhersehen (SUKOPP und SUKOPP, 1992).

Im Unterschied zum Austrag bedenklicher Chemikalien in die Umwelt sind bei Lebewesen zusätzliche Risikopotentiale zu berücksichtigen:

- lebende Organismen können sich aktiv ausbreiten,
- sie können sich vermehren,
- sie stehen im genetischen Austausch untereinander,
- und sind, einmal freigesetzt, prinzipiell nicht mehr rückholbar (GUNNARY, OECD, 1992).

Die Hypothese, daß transgene Organismen aufgrund der »Belastung« durch zusätzliche Gene generell eine geringere Fitneß aufweisen und deshalb in der Umwelt nicht überlebens- bzw. konkurrenzfähig sind, hat sich nicht bestätigt. Die in der öffentlichen Diskussion umstrittenen Annahmen zum Risikopotential fanden zahlreiche experimentelle Bestätigungen.[18] Neueste wissenschaftliche Arbeiten weisen auf das Potential einer (unerwünschten) Kreuzung transgener Nutzpflanzen mit verwandten Wildarten und die damit möglicherweise verbundenen negativen Folgen für die Umwelt hin. Was bisher als sehr unwahrscheinlich galt – Verbreitung von transgenen Pflanzen und den Transgenen durch Auskreuzung, Verwilderung, horizontalem Gentransfer – wird durch aktuelle Daten belegt.[19] Die längerfristigen Auswirkungen einer Verbreitung von Transgenen bzw. transgenen Individuen auf die Umwelt sind nicht prognostizierbar.

Neben den beabsichtigten Freisetzungen von gentechnisch veränderten Mikroorganismen und Pflanzen sollten auch die unbeabsichtigten bzw. tolerierten Freisetzungen von GVOs (Gentechnisch veränderte Organismen) aus Produktionsanla-

18 HOFFMANN und SCHIEDER, 1993; PAGET und SIMONET, 1993; RECORBET *et al.*, 1993

19 Neueste wissenschaftliche Erkenntnisse belegen, daß das Potential von Nutzpflanzen, sich mit verwandten Wildpflanzen zu kreuzen und die Fähigkeit der Nachkommenhybride, fruchtbare Samen auszubilden, höher ist als bisher angenommen (Jorgensen & Andersen, 1994, in press). Dies wurde an Rapspflanzen getestet, die mit anderen Vertretern der Gattung Brasssica, insbesondere mit Brassica campestris L. hybridiesieren können. KLINGER und ELLSTRAND, 1994 untersuchten das Invasionspotential von nicht gentechnisch veränderten Zucht-Radieschen, die sich mit wilden Radieschenformen kreuzten: die Hybride bildeten 15% mehr Samen und Früchte als die Wildform und verhielt sich bzgl. anderer ökologisch relevanten Parameter gleich, keineswegs aber weniger durchsetzungsfähig. Dies kann analog für transgene Zuchtformen angenommen werden. Tragen diese zusätzlich vorteilhafte Fremdgene (z.B. Dürreresistenz) könnte das Invasionspotential noch höher liegen.

gen über Abfall, Abwasser, Abluft und die Produkte selbst berücksichtigt werden (BERNHARDT *et al.*, 1991/1994). Selbst die aus transgenen abgetöteten Mikroorganismen stammende genetische Information kann noch biologisch aktiv sein und in der Umwelt (Kläranlagen) von anderen Mikroorganismen, die in der Umwelt durchsetzungsfähig sind, aufgenommen und in deren Erbgut eingebaut werden.
Auf einen anderen Risikoaspekt möchte ich hier nur hinweisen:
Der Prozeß der Generosion, u.a. eine Folge der einseitigen Ausrichtung auf Ertragssteigerung, Hochleistungsrassen und Monokulturen, schreitet auch ohne Gentechnik fort, wird durch sie jedoch beschleunigt. Der großflächige Anbau einer oder weniger besonders leistungsfähiger Sorten, die mit den Zielen Ertragssteigerung, Arbeitsersparnis oder Inhaltsstoffveränderung genetisch modifiziert wurden, könnte eine effektivere Verdrängung und ein rascheres Aussterben lokaler Varietäten, die in bunter Vielfalt von Kleinbauern angebaut werden, bewirken. Gerade die einheimischen Sorten zeichnen sich tendenziell dadurch aus, daß sie an bestimmte Standortbedingungen angepaßt sind und ohne massiven Agrarchemikalieneinsatz unter wechselnden Bedingungen erfolgreich angebaut werden können. Der Erhalt genetischer Ressourcen ist ein für die Pflanzenzüchtung wichtiges Ziel, vor allem in den Ländern, die durch ihren Reichtum an medizinisch und zur Ernährung nutzbarer, teilweise noch unbekannter Arten und Sorten als Ursprungsgebiete der biologischen Vielfalt (centers of biodiversity) gelten und mehrheitlich in den Regionen der sog. Dritten Welt liegen.
Die Einrichtung von Genbanken zur Sicherung der Genressourcen kann letztlich die natürliche Vielfalt[20] und das damit verknüpfte Wissen im Gegensatz zu einer ständigen Nutzung (und damit einer kontinuierlichen Entwicklung) nicht am Leben erhalten.
Angesichts der mannigfaltigen Risiken, die sich in den unterschiedlichen Anwendungsbereichen der Gentechnologie herauskristallisieren, muß die Frage erlaubt sein, für wen eigentlich Vorteile durch Gentechnik in der Lebensmittelproduktion zu erwarten sind.
Da 80% aller Lebensmittel industriell bearbeitet sind, stehen als Ziele gentechnischer Manipulationen meist produktionstechnische oder kostensenkende Optimie-

20 Experimente im Labor haben gezeigt, daß Pflanzen in Ökosystemen mit einer hohen biologischen Diversität mehr CO_2 in Sauerstoff umwandeln als in Ökosystemen mit gleich hohen Individuen, aber geringeren Artenzahlen (Science, 1993, Vol. 262, S. 1511).

rungen, wie z.B. die Nutzung minderwertiger Rohstoffe oder vereinfachte und beschleunigte Produktion, die von klimatischen Parametern befreit ist, im Vordergrund. Diese Ziele stellen neue Anforderungen nicht an die Qualität von Nahrung, sondern an Konservierung, Lagerung, Prozeßsteuerung und auch an schnelle und einfache Zubereitung. Durch lange Transportwege, Produktion im Großmaßstab (Verkeimungsgefahren), Massentierhaltung und Monokulturen werden Probleme geschaffen, die u.a. mittels Gentechnik gelöst werden sollen. Problemorientiertes Vorgehen, das Ursachenbekämpfung und -erforschung miteinbezieht, wird weiterhin vernachlässigt.

Dazu ein Zitat aus »Perils admits the promise«, Union of concerned scientists, USA, Rissler und Mellon, 1993: »Auch wenn sich unsere Gesellschaft auf Risikofragen und Regulation konzentriert, sollten wir keinesfalls den weiteren Aspekt einer Debatte um Notwendigkeit und Alternativen zu einer Technologie aus den Augen verlieren.«

Beim täglichen Einkauf können zudem sensorische Anhaltspunkte für die Qualität von Lebensmitteln (z.B. Frische) verlorengehen, wenn Sinneswahrnehmungen durch den Einbau oder das Ausschalten von Genen manipulierbar sind. KonsumentInnen können z.B. exotische Früchte, wie Kiwis, als »neuartig« ohne weiteres identifizieren und, falls gewünscht oder bei AllergikerInnen erforderlich, meiden: bei transgenen Kartoffeln kann ohne deutliche Deklaration von dieser Wahlfreiheit nicht ausgegangen werden.

Fazit

- Mittels gentechnischer Methoden erzeugte Lebensmittel sind für eine gesunde und auch moderne Ernährung weder erforderlich noch wünschenswert.
- Gentechnik ignoriert das Gen im Verbund der Erbanlagen eines Organismus und den Organismus im Netzwerk komplexer Lebensgemeinschaften und deren Eigendynamik. Die Anwendung gentechnischer Verfahren zur Erzeugung und Veränderung von Lebensmitteln ist deshalb mit gentechnikspezifischen, gesundheitlichen und ökologischen Risiken verbunden. Diese können nicht umfassend prognostiziert, langfristig nicht kontrolliert und bilanziert werden.

- Es mangelt an Transparenz in den Bereichen Forschung, Produktion und Anwendung. Reduzierte Beteiligungsmöglichkeiten in Genehmigungsverfahren verhindern demokratische Meinungsbildung und Mitspracherechte. Mündigen BürgerInnen sollte die freie Entscheidung für oder gegen ein Produkt durch klare Deklaration, ausreichende und ausgewogene Information und einem umfassenden Angebot an Alternativen ermöglicht werden. Als Mindestforderung ist deshalb eine umfassende Kennzeichnung aller Produkte zu fordern, bei deren Erzeugung Gentechnik eine Rolle spielte.

Friedhelm Diel

Chemikalien und gefährliche Stoffe in Lebensmitteln – Wirkungen auf das Immunsystem

Das intakte Abwehrsystem ist die Voraussetzung für die Gesundheit des Menschen. Mit der zunehmenden Chemisierung in Umwelt und Ernährung stellt sich die Frage nach Wirkungen, die das Immunsystem schwächen oder krankmachend verändern.

Das menschliche Immunsystem

Die dramatisch zunehmenden Allergien, aber auch bestimmte Formen des Krebs und Autoimmunerkrankungen werden auf veränderte Umweltbedingungen zurückgeführt. Die mehr als 10 Millionen anthropogenen neuen Stoffe bedeuten eine nie dagewesene zusätzliche Belastung für das sich ständig adaptierende Immunsystem höherer Organismen. Die genetische Vorsorge als Voraussetzung für die adäquate Immunantwort wird dadurch erzielt, daß durch Zusammenfügen verschiedener Genorte, die für Zell-Rezeptoren und Antikörper codieren, die ausreichende Vielfalt aktivierter Lymphozyten entsteht. Dieser von Enzymen katalysierte Prozess findet in den Chromosomen an den DNS täglich statt und ist damit auf allen zellulären Reaktionsebenen »chemisch« beeinflußbar.

Die im Knochenmark gebildeten Stammzellen werden über Pro- und Prä-Formen im Thymus (T-Zellen) und in zahlreichen sekundären Lymphorganen wie Lymphknoten, Milz und Mandeln »ausdifferenziert« (B-Zellen). Dieser Mechanismus erfolgt über ständigem Zell-Zellkontakt durch Rezeptoren und Antikörper, die bei der sogenannten Selbsterkennung über das MHC-Protein (Haupthistokompatibilität) den Großteil der sich bildenden Lymphozyten absterben lassen. Nur ein ganz geringer Teil der ausgereiften B-Zellen kommt zum Zuge und kann wie bei Allergien Klone zur vermehrten IgE-Produktion bilden. Heute weiß man, daß die Antigen-Präsentation durch APC (Antigen präsentierende Zellen) entscheidend ist für die Weichenstellung »selbst« oder »fremd«. Häufig sind es dendritische Zellen, die Proteine,Viren oder Bakterien aufnehmen, in Peptide zerlegen und diese dann via MHC auf der Zelloberfläche der APC präsentieren.
Das andere (immer mehr erkannte) immunologische Regulativ sind die Interleukine. So stimuliert Interleukin 4 (IL-4) aus der Th2 (T-Helfer) -Linie die B-Zellaktivierung und die IgE-Biosynthese, während Interferon-gamma (IFN-g) aus der Th1-Linie hier eine hemmende Wirkung ausübt. (ROMAGNANI *et al.* 1989)
Am Ende dieses Mechanismus stehen bei allergischen Erkrankungen die Mediatorzellen (Mastzellen MC und Basophile Granulozyten BG), die an ihren Fc-Rezeptoren IgE aufnehmen. Wenn das Antigen (Ag) über APC wiedererkannt wird, kommt es zur bekanntermaßen explosionsartigen Degranulation und Histaminfreisetzung. Mediatorzellen setzen aber auch eine Reihe anderer die Entzündungsprozesse steuernden Faktoren frei, nicht zuletzt auch Interleukine mit einem biochemischen feed-back auf das Immunsystem (siehe Abbildung 1). Kompliziert wird die Angelegenheit, weil auch Stoffe oder physikalisch-chemische Einwirkungen ohne spezifische Interaktion mit den IgE – also an den Antikörpern (Ak) vorbei – zur Degranulation der Mediatorzellen beitragen können. Hier spricht man häufig von »pseudo-allergischen Reaktionen«. Auch Komplementfaktoren(enzyme) vermögen Mastzellen zu degranulieren. Ein besonderer Typ von Mucosa-Mastzellen (MMC) ist an den Schleimhäuten des Gastrointestinaltraktes angesiedelt. Bei ernährungsbedingten Überempfindlichkeitsreaktionen, aber auch allergischen Reaktionen des Gastrointestinaltraktes, ist der besondere Augenmerk auf die MMC zu legen.

Gefährliche Stoffe in Lebensmitteln

Gefährliche Stoffe in Lebensmitteln sind immunologisch wirksam, wenn sie als Proteine Ag-Charakter haben und ihre Eingangspforte (zumeist) über die Verdauungsorgane finden.

Abbildung 1
Schematische Übersicht der Mediatorzell (EC/MC)-Stimulation

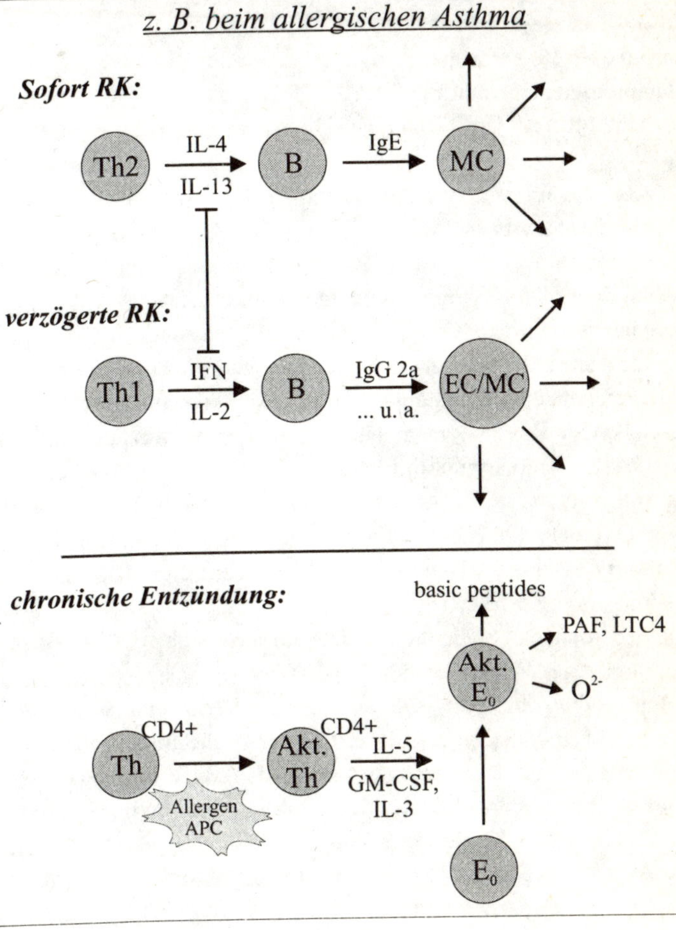

Spezifische Reaktionen z.B. auf Kuhmilch- oder Eiproteine sind die Folge (Sensibilisierung). Kleiner-molekulare Stoffe können in einer mehr *unspezifischen* Reaktion mit den o.a. Mediatorzellen (MMC) in Wechselwirkung treten.

Die heutzutage sehr große Palette von gefährlichen Lebensmittelinhaltsstoffen,

- Rückstände aus der landwirtschaftlichen Produktion
- Rückstände aus der industriellen Produktion
- Rückstände aus der Verpackung
- Lebensmittelzusätze
- Gefährliche Stoffe verdorbener oder ungeeignet zubereiteter Lebensmittel (Gentechnologie, Bestrahlung)
- Gefährliche Stoffe – von Natur aus in Lebensmitteln (Urtoxen),

Tabelle 1 zeigt auf allen Ebenen immunotoxische Wirksamkeit, wobei sich die struktur-wirkungsanalytische Prognose als sehr schwierig erweist. Sicherlich sind fettlösliche persistente Stoffe per se als immunotoxischer einzustufen – weil sie sich an dem lipophilen Lymphsystem anreichern können –, als hingegen die wasserlöslichen – häufig basischen Peptide und typischen MC-Degranulatoren (Histamin-Liberatoren). Die Immunotoxizität ist natürlich in erster Linie korreliert mit der unzureichenden Verdauung (Hydrolyse der Proteine bis zu Aminosäuren) und anschließender Resorption im Dünndarm. Darm-assoziiert sind die Peyer´schen Plaques, das sind Lymphfollikel, die für die immunologische Erkennung nutritiver Antigene von großer Bedeutung sind. Soweit durch Chemikalien Antigene gebildet werden, d.h. Epitope durch Haptenbildung an ansonsten nicht-allergenen (Träger-)Proteinen, ergibt sich bei der Lebensmittel-Kontamination ein originäres immunologisches Risiko.
Das würde bedeuten, daß bei jeglicher »Denaturierung« bzw. Speisenzubereitung ein immunologisches Risiko erzeugt wird. Wie wir heute wissen, ist das zwar theoretisch plausibel, aber praktisch von geringer Bedeutung. Vielmehr scheinen Chemikalien und gefährliche Stoffe an anderer Stelle im Organismus zu »Immunerkrankungen« zu führen. Besonders gefährlich sind die mutagenen Stoffe wie Radikalbildner (Radioisotope, Bestrahlung von Lebensmitteln etc.), Epoxide und Chlorierte Aromatische Kohlenwasserstoffe (Pestizide) oder oberflächenaktive Stoffe wie Asbest und Mineralfasern (in Luft und Wasser) oder Stoffe wie Isocyanate, aromatische Amine, Azo- und Nitroverbindungen (Farbstoffe, Aromazusät-

ze), speziell Aldehyde (Konservierungsstoffe), die mit basischen Seitenketten (Lys, Arg) reagieren und diese kovalent verändern

Tabelle 1 Gefährliche Stoffe in der Nahrung	
Rückstände aus landwirtschaftlicher Produktion	Pestizide, Düngemittel, Tierarznei
Rückstände aus industrieller Produktion	Radioisotope, Schwermetalle, PCB, HCB, Schwefeloxide
Rückstände aus der Verpackung	Monomere (HCHO, Phenole, Isocyanate), VC, Weichmacher (Diethylenglycol u. a.)
Lebensmittelzusätze	Konservierungsstoffe, Geschmacks- und Farbstoffe, NOx, Tenside, Stabilisatoren, Dickungsmittel
Gefährliche Stoffe in verdorbenen oder ungeeignet zubereiteten Lebensmitteln	Botulismusgift, Aflatoxine, Salmonellen, Benzpyrene, Radiolyseprodukte, Biogene, Amine, gentechnische Folgeprodukte
Gefährliche Stoffe, die von Natur aus in Nahrungsmitteln vorkommen	Blausäure, Oxalsäure, Solanin, Biogene, Amine (Histamin, Serotonin), Morphine, Alkaloide, etc.

Cytokine als immunologische Indikatoren der Schadstoffwirkung

Zum Schluß sei deshalb auf Experimente im eigenen Labor eingegangen, bei denen Formaldehyd (HCHO)- und Pentachlorphenyl (PCP)- Bela- stungen und ihre Wirkungen auf die lymphozytäre Interleukin-Sekretion gemessen wurden (WELL/DIEL 1993). Parallel dazu wurde im Histamin-Liberationstest (HLT) die Freisetzung des Histamins aus denselben Blutproben in vitro getestet. Das besondere Paradigma besteht darin, daß Atopiker empfindlicher auf Umweltgifte reagieren als nicht-prädisponierte Menschen. Und umgekehrt, nicht-familiär vorbelastete Menschen bei Aufnahme gefährlicher Stoffe zu einer erhöhten Sensibilität neigen.

Tabelle 2
Histamin und Interleukin-4 (IL-4) nach Pentachlorphenol (PCP) -Belastung

Probanden	PCP (mg/l)	Histamin* (ng/ml)	IL-4** (pg/ml)
Nicht-Allergiker:			
Familie H.H.			
Mutter	55	22	< 3
Tochter	62	43	< 3
Allergiker:			
Familie K.H.			
Tochter	30	110	8

* gemessen im Histamin-Liberations-Test

** nach 48 Stunden-Kultur (PBMNC) und Mitogen (PHA)-Stimulation

1. Eine über 4 Jahre u.a. Formaldehyd (HCHO)-/Pentachlorphenol (PCP)-belastete Familie leidet zunehmend unter ekzematösen Hauterscheinungen, Migräneanfällen, unerklärlicher Müdigkeit und erhöhter Infektanfälligkeit. Nach Verlassen der stark verseuchten Wohnung lassen die beklagten Symptome nach. Im Venenblut werden 0,05 mg/l PCP bei allen Familienmitgliedern bestimmt, ebenso werden erhöhte PCP-Werte in der Raumluft und in fetthaltigen Lebensmitteln nachgewiesen; bei einer Vergleichsfamilie mit allergischer Prädisposition werden ebenfalls schwach erhöhte PCP-Blutwerte, darüberhinaus vergleichsweise erhöhte Histaminsekretion in vitro und vergleichsweise verstärkte Interleukin (IL-4)-Sektretion nachgewiesen (Tab. II). In PBMNC (Peripheren Blut-Lymphocyten) werden in PHA-, PWM- (Lektine) und IL-2-stimulierten Kulturen nach mehr als 3 Tagen im Vergleich zu Kontrollpersonen erniedrigte IFN-g-Konzentrationen gemessen (Abb.2 folgende Seite).
2. In PHA stimulierten Kulturen wird nach ca. 2 Tagen eine maximale IL-4-Sekretion gemessen, die bei Atopikern leicht erhöht ist im Vergleich zu Normergikern. Auffällig ist, daß die IFN-g-Werte bei allen Probanden mit dem Lymphozyten-Wachstum korrelieren, das erst nach 2 Tagen in die exponentielle Phase übergeht (Abb.3).
3. HCHO und PCP alleine und HCHO/PCP in Kombination erzeugen bei allen Probanden eine erhöhte Stimulation des Lymphozyten-Wachstums in den ersten 2 bis 3 Tagen im MTT-Test nach MOSMANN (1983). Erst in späteren

Abbildung 2
Interleukin (IL-4) und Interferon-Gamma (IFN-g)-Sekretion

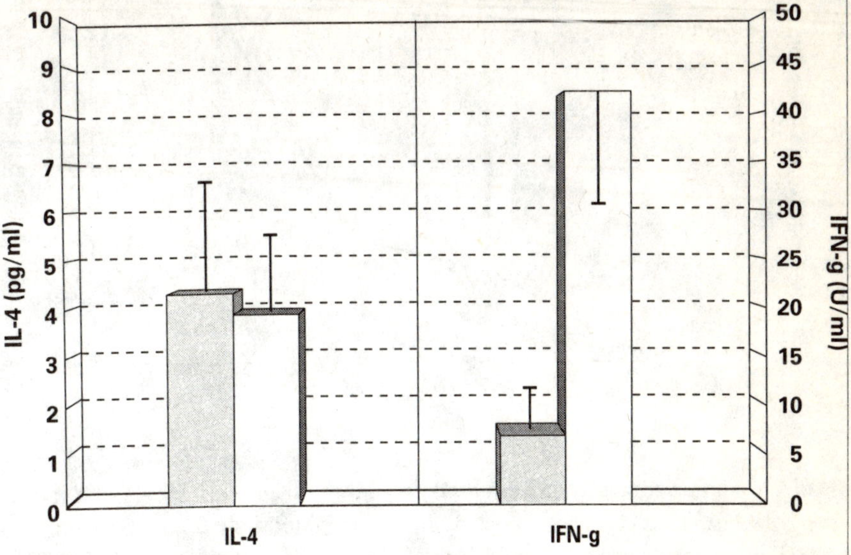

Kulturphasen >3 Tage ergibt sich eine dosisabhängige Hemmung des Zellwachstums (Abb.4, Gruppe N, n = 3). Das IL-4/IFN-g-Verhältnis ist bei unbelasteten Atopikern (Gruppe A, n = 3) und belasteten Normergikern (Gruppe BN, n = 2) weniger stark suprimierbar, als bei den unbelasteten Normergikern der Gruppe N (Abb. 4).

4. Das endokrinologisch allgemein hemmend wirkende Neuropeptid, Somatostatin (SS), regt ähnlich wie Formaldehyd das Lymphozytenwachstum während der ersten 2 bis 3 Kulturtage an. Bei Atopikern und Normergikern ist ene schwache Dosis-Wirkungs-Relation zu beobachten (Abb. 5).
5. HCHO und SS sind beide MC-Degranulatoren. Sie setzen in Basophilen-Inkubaten bei höheren Konzentrationen (10-5 M) Histamin frei. Dieser Effekt wird verstärkt in sensibilisierten Inkubaten von menschlichen Basophilen, wie auch bei peritonealen MC von Ratten beobachtet (Abb. 6).

Abbildung 3
Kinetik der Proliferation (Kurve)

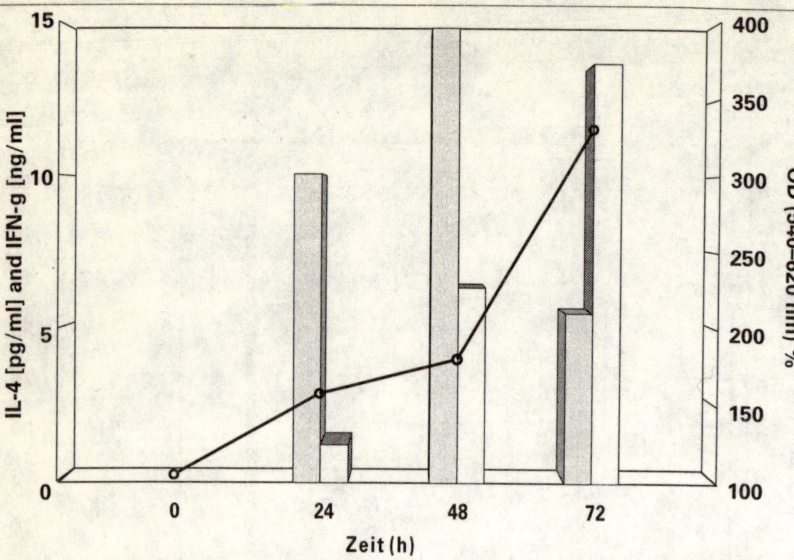

Damit kann für reduziertes SS ein Reaktionsmechanismus mit IgE-Antikörpern an der Zelloberfläche postuliert werden, der die erhöhte Mediatorzellaktivierung bei Atopikern nach Angriff unspezifischer (gefährlicher) Stoffe erklären hilft. In diesem Fall spalten die freien Thiolgruppen des »Pseudo-Allergens« die Dithiobrücken der Zelloberflächen-ständigen IgE und aktivieren durch Kopplung der nachbarständigen Antikörper die Mediatorzellen. Je höher der Sensibilisierungsgrad ist, desto mehr IgE-Antikörper befinden sich auf der Zelloberfläche, um so häufiger kann auch der unspezifische Angriff die spezifische Allergen-Antikörper-Reaktion simulieren. Ähnliche Mechanismen sind auch für Chemikalien und gefährliche Stoffe bei der Ernährung denkbar (Abb. 7).

Schlußbemerkung

Gefährliche Stoffe aus Umwelt und Ernährung wirken in vielfältiger Weise auf das menschliche Immunsystem. Die Lymphocyten-Proliferation (MTT) alleine ist keine geeignete *in vitro* -Testung der Immunotoxizität. Interleukine (IL-4/IFN-g)

Abbildung 4

IL-4/IFN-g -Verhältnis (Rauten) in PBMNC-Kulturen (Quadrate) im Vergleich zu der Zellproliferation

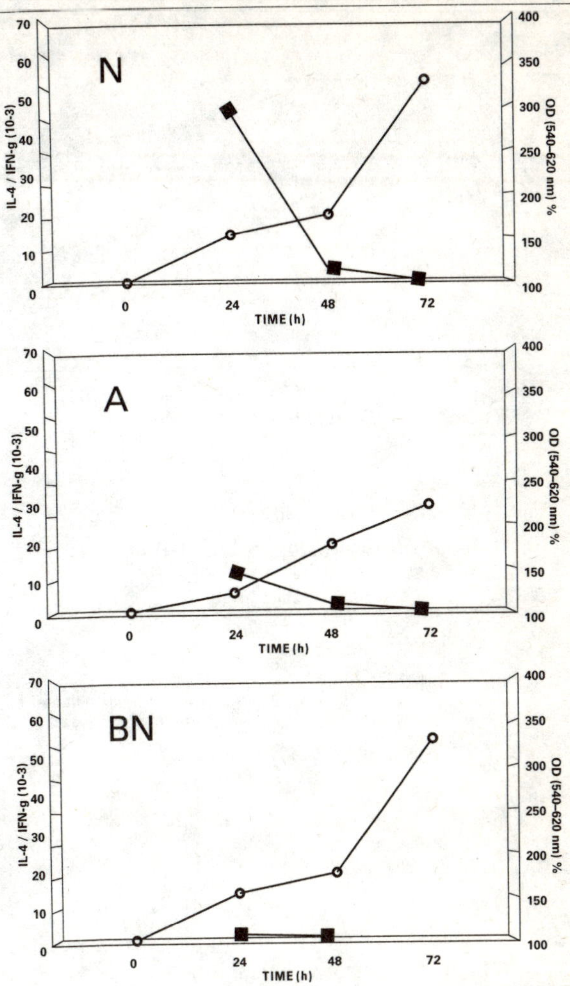

in MNC-Kulturen sowie der Histamin-Liberations-Test (HLT) für die Sofortreaktion sind sensible Indikatoren bei Normergikern und Allergikern.

Abbildung 5
Konzentrations-Wirkungs-Kurven von Somatostatin

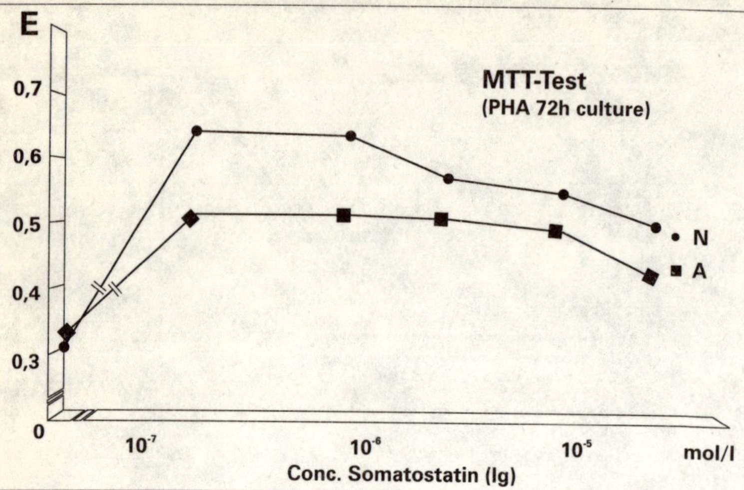

Abbildung 6
Unspezifische Histamin-Freisetzung

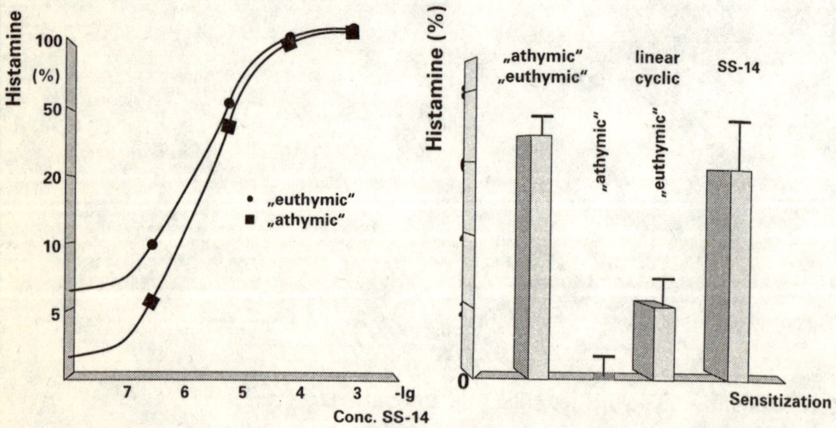

Abbildung 7
Kopplung oberflächenständiger IgE-Antikörper an der »sensibilierten« Mediazelle (MC)

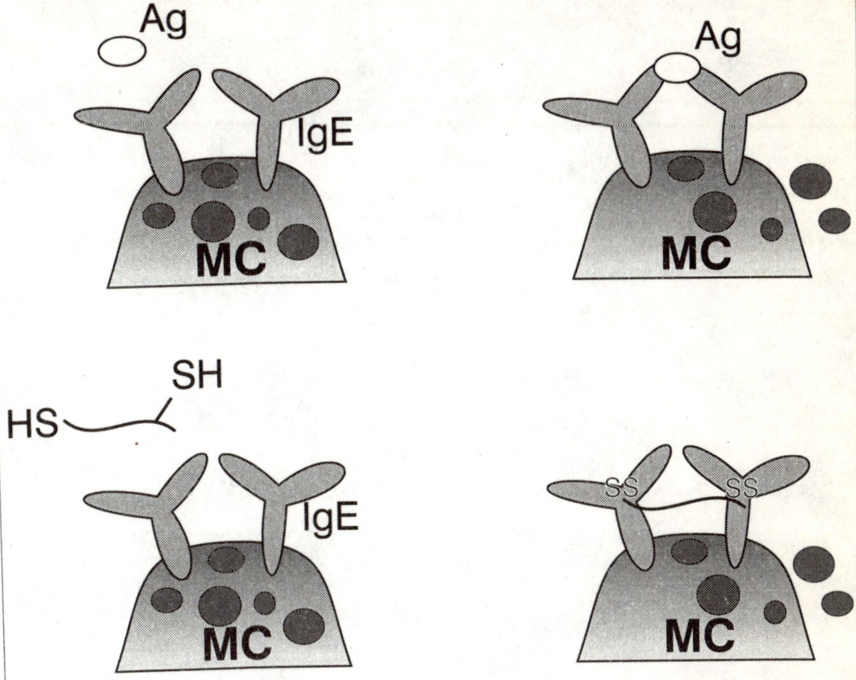

Gefährliche Stoffe können die Mediator-Zell-Aktivierung durch unspezifische Koppelung der Oberflächen-Antikörper (IgE) in Abhängigkeit vom Sensibilisierungsgrad stimulieren. Breit angelegte Versuchsreihen sind notwendig, um die Validität der vorgestellten allergotoxikologischen Nachweismethoden bei (Schadstoff-)belasteten Menschen zu ermitteln.

Konrad Pfeilsticker

Lebensmittelbestrahlung

Die Bestrahlung von Lebensmitteln ist ein Ergebnis des Programms »Atomkraft für den Frieden« des US-Präsidenten Eisenhower von 1953. Im Jahr 1964 etablierte die Internationale Atomenergiebehörde (IAEO) im Auftrag der Vereinigten Nationen (UNO) zusammen mit der Weltnährungsorganisation (FAO) und der Weltgesundheitsorganisation (WHO) eine gemeinsame Expertenkommission (Joint Expert Committees of Food Irradiation, JECFI). Speziell zur Erforschung und Durchsetzung der Lebensmittelbestrahlung wurde zur selben Zeit das Internationale Lebensmittel-Bestrahlungs-Projekt (International Food Irradiation Project, IFIP) mit Sitz in Karlsruhe (Kernforschungsanlage, Bundesrepublik Deutschland) gegründet, das zwischen 23 Staaten der Welt auf höchster politischer Ebene und mit größter finanzieller Unterstützung durchgeführt wurde.

Interessant dabei ist die Tatsache, daß die alle vier Jahre einberufenen »Gemeinsamen Expertenkommissionen für die Lebensmittelbestrahlung« von FAO/JAEA/WHO von 1965 bis 1977 die Bestrahlung mit ionisierenden Strahlen dem absichtlichen Zusatz von Stoffen gleichsetzten und wegen der ungeklärten Natur der radiolytisch erzeugten Stoffe nicht zu einer allgemeinen Befürwortung kamen. Diese Zurückhaltung wurde durch eine formale Änderung der Politik der FAO/JAEA/WHO von dem JECFI 1982 zum Abschluß des Projekts aufgegeben, indem man kurzerhand die Bestrahlung als physikalisches Verfahren definierte, bei dem ein chemischer Stoffumsatz praktisch nicht stattfinde.

Nach der Definition der Weltgesundheitsorganisation (WHO), der Internationalen Atomenergie-Organisation (IAEO), der Lebensmittel- und Landwirtschaft-Organisation (FAO) handelt es sich bei der Behandlung von Lebensmitteln mit ionisierenden Strahlen um eine Technik zur Erhaltung und Verbesserung der Sicherheit von Lebensmitteln. Sie stellt also ein Lebensmittel-Konservierungsverfahren dar, das den Anspruch stellt, Hygiene-Risiken bei fast allen Lebensmitteln (bis auf Milch, Eier, Wein) zu mindern.

Von größerer Bedeutung ist allerdings die gesundheitliche Bewertung der Lebensmittelbehandlung mit ionisierenden Strahlen. Dazu hat das JECFI 1982 festgestellt, daß alle möglichen bestrahlten Lebensmittel bis zu einer mittleren absorbierten Gesamtstrahlendosis von 10 kGy hygienisch sicher (engl.: safe) und gesund (engl.: wholesome) seien. (Dabei ist »1 Kilo-Gray« abgekürzt »1 kGy« = 1.000 Joule absorbierte Strahlungsenergie je kg Lebensmittel). In einem Bericht der WHO von 1992 (WHO/HPP/FOS/92.2) wurde diese Aussage eingeschränkt, indem »wholesome« durch »nutritional adequate« (»gesundheitlich ausreichend«) ersetzt wurde. Diese Feststellung ist umstritten. Wir werden nachfolgend darauf eingehen.

Den einleitenden Teil wollen wir abschließen mit der Feststellung, daß sich weltweit die betroffene Lebensmittelindustrie an der Forschung des Verfahrens bis heute finanziell nicht beteiligt hat und in weiten Teilen diesem Verfahren kritisch bis ablehend gegenübersteht.

Grundlagen der Bestrahlung

Das Prinzip einer Behandlung von Lebenmitteln mit ionisierenden Strahlen ist denkbar einfach. Das zu bestrahende, meist verpackte Gut wird – am Beispiel einer in der Praxis fast ausschließlich verwendeten Cobalt 60-Anlage – in Behälter gepackt und mit diesen nach einem bestimmten Schema so um die Strahlenquelle geführt, daß die Strahlung möglichst gleichmäßig auf das Gut verteilt wird.

Dies ist allerdings nach der Natur der Sache nur bedingt möglich. Der Computer der Anlage berechnet aus der Dosisleistung der Anlage, dem Abstand des Gutes von der Quelle und der Bestrahlungszeit unter Zuhilfenahme mehrerer Strahlendosimeter die»gesamte durchschnittliche Bestrahlungsdosis«. Dabei wird angenommen, daß die Dichte des Gutes gleich 1 und überall gleich groß sei. Diese Annahme ist in der Praxis keinesfalls gegeben. Bei der Dichte 1 sinkt die Strahlenintensität von Cobalt 60 auf einem Weg von 11 cm auf die Hälfte, bei der Dichte 0,5 erst nach 22 cm. Demzufolge ist die absorbierte Strahlung in einem Produkt

Abbildung 1

Prinzip einer Anlage zur Bestrahlung von Lebensmitteln

Quelle: »Bestrahlte Lebensmittel«, Verbraucher-Zentrale Hamburg e.V.

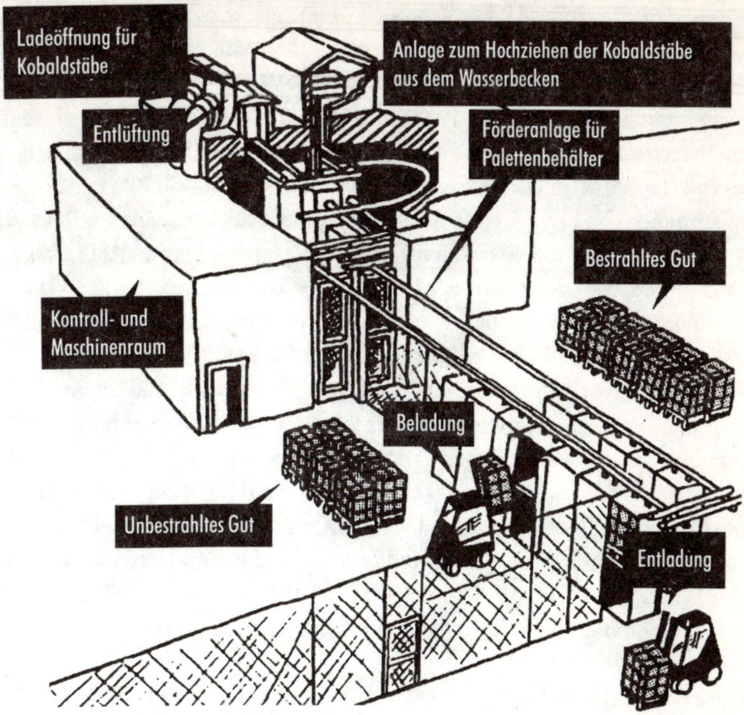

sehr inhomogen verteilt, entsprechend die Strahlenwirkung (Konservierungseffekt) sehr unterschiedlich!

Als Quellen ionisierender Strahlen dürfen nach einem Entwurf einer Richtlinie der EG verwendet werden:

- *Photonen-Strahl*en *(Gamma-Strahlen)* aus Radionukliden Co 60 (Kobalt, 1.17/1.33 MeV, Halbwertszeit T 1/2 = 5,27 Jahre) oder CS 137 (Cäsium, 0,66 MeV, T1/2 = 37 Jahre).
- *Röntgen-Strahlen* von Geräten mit einer Energie von bis zu 5 MeV
- *Elektronen-Strahlen* von Geräten mit einer Energie bis 10 MeV.

Die Energie der Strahlung ist von entscheidener Bedeutung: werden die angegebenen Grenzwerte (5 bzw. 10 MeV) überschritten, dann werden im Lebensmittel radioaktive Isotope erzeugt, das Lebensmittel würde radioaktiv (induzierte Radioaktivität). Bei einer Strahlungsenergie von 14 MeV und einer absorbierten Dosis von 10 kGy würde eine Radioaktivität von etwa 1000 Bq/kg Lebensmittel induziert, die nach zwei Stunden auf den zehnten Teil abgefallen wäre. Bei einer Energie von 10 MeV und 10 kGy liegt die induzierte Radioaktivität unter der Nachweisgrenze (von etwa 5.10-2 Bq/kg) im theoretisch berechneten Bereich von ca. 10-4 Bq/kg (69 Zn, nach wenigen Stunden zerfallen) bis ca. 10-3 Bq/kg (119 Sn, nach 6 Monaten). Die Gefahr der Induzierung von Radioaktivität ist bei Co 60 (1,17/1,33 MeV) und CS 137 praktisch ausgeschlossen. Alle Geräte und Anlagen müssen sorgfältig geprüft und laufend kontrolliert werden.

Weltweit gibt es etwa 135 Bestrahlungsanlagen (weitere 30 sind geplant oder im Bau), die aber nur in beschränktem Umfang für die Lebensmittelbestrahlung eingesetzt werden. Vorrang haben derzeit die Entkeimung von medizinischem Einweg-Material (Operationshandschuhe, Katheder) oder zur Nachbehandlung von Kunststoffartikeln. Entsprechendes gilt auch für die 17 Anlagen in den USA, für die zwei Anlagen in den Niederlanden bzw. in der Bundesrepublik Deutschland. Die Bestrahlungskapazität in der westlichen Welt beträgt nur etwa 60 000 t/Jahr. In der ehemaligen UdSSR besteht eine Anlage (Odessa) nur zur Entwesung von Getreide mit 400 000 t/Jahr.

Diese derzeitige Gesamtkapazität macht noch kein Hundertstel Prozent der Lebensmittel-Weltproduktion aus. Die Lebensmittelbestrahlung steckt also – trotz der vielen »Zulassungen« und der langjährigen Propagierung – noch in den allerersten Anfängen.

Die biologische Wirkung dieser »ionisierenden Strählen« geht aus Tabelle 1 hervor.

Man stellt fest, daß Organismen umso empfindlicher reagieren, je höher organisiert sie sind. Daraus ergeben sich einerseits ein enormes Gefahrenpotential aus der Handhabung der Radionuklide, andererseits auch die diskutierten Anwendungsbereiche einer Bestrahlung (Tab. 2).

Bis heute haben 32 Staaten dieser Erde die Bestrahlung bestimmter Lebensmittel in unterschiedlicher Weise zugelassen: teils vorläufig (Belgien, Bangla-Desh, Niederlande, Philippinen), meist zeitlich uneingeschränkt.

Tabelle 1 Tödliche Strahlendosis von Organismen (in KGy)	
Mensch	0,005 - 0,01
pflanzliche Samen	0,1 - 0,2
Insekten	0,2 - 1,0
Mikroorganismen	1,0 - 10,0
Bakteriensporen	10 - 70
Viren	100 - 150
Enzym-Inaktivierung	bis 1000

Tabelle 2 Anwendungsbereiche der Bestrahlung	
Bereich niedriger Dosis (bis 1kGy)	Keimungshemmung
	Insekten-Abtötung
	Reifungsverzögerung bei Früchten
Bereich mittlerer Dosis (1-10 kGy)	(Strahlen-Pasteurisation)
	Verminderung der Keimzahl
	Abtötung pathogener Keime
Bereich hoher Dosen (10-50 kGy)	Strahlen-Sterilisierung
	Viren-Abtötung
	Verbesserung technologischer Eigenschaften der bestrahlten LM

In Deutschland gilt ein Verbot unter Zulassungsvorbehalt. Auch Dänemark, Großbritannien und Japan sind der Bestrahlung gegenüber sehr zurückhaltend. Ebenso Schweden, Australien und Neuseeland, in denen eine Bestrahlung grundsätzlich verboten ist. Dies gilt auch für die restlichen ca. 125 Staaten dieser Erde. Viele Staaten mit begrenzten Zulassungen besitzen keine eigenen Bestrahlungsanlagen.

Greifen wir beispielhaft die geplanten Regelungen der EU heraus.

Tabelle 3 Für eine Bestrahlung zugelassende Lebensmittel und Strahlenhöchstdosen	
Lebensmittelgruppe	maximale durchschn. Gesamtdosis (kGy)
1. Hülsenfrüchte	1
2. Gemüse	10
3. Getreideflocken	1
4. Vorbehandelte Garnelen	0,2
5. Getrocknete Kräuter und Gewürze	10
6. Geflüglefleisch	7
7. Gummi arabicum	10
Quelle: Richtlinien-Entwurf der EG, 02.12.1988	

Nach dem Entwurf einer Richtlinie der EU sollen die in Tabellen zusammengestellten Produkte zur Bestrahlung zugelassen werden. Dieser aus 1988 stammende Entwurf hat bis heute keine Zustimmung und Rechtswirksamkeit gefunden. Deshalb müssen alle Lebensmittel, die in einem Land bestrahlt in den Verkehr kommen dürfen, wegen des Gebotes der Freizügigkeit des Warenhandels auch in den anderen Staaten der EU geduldet werden. Beachtenswert ist die Tatsache, daß das Europäische Parlament die Bestrahlung von Lebensmitteln (mit Ausnahme von Gewürzen) ablehnt. In Deutschland ist der Verkauf von bestrahlten Lebensmitteln z. Zt. ohne Ausnahme verboten. Jedoch dürfen Lebensmittel, die für den Export bestimmt sind, in Deutschland bestrahlt werden.

Wenn man die zeitliche Entwicklung weltweit betrachtet, dann sind die ersten Zulassungen in der Sowjetunion 1958, in Kanada 1960, in den USA 1963 mit der Keimungshemmung von Kartoffeln ergangen. Um 1970 sind Israel, Frankreich, Bulgarien, Italien und insbesondere die Niederlande gefolgt. Bis 1987 ist ein weiterer Schub von Zulassungen zu beobachten. Einige Länder haben Zulassungen wieder zurückgenommen.

Diese Daten über die Zulassung dürfen aber nicht darüber hinwegtäuschen, daß die tatsächlich bestrahlten Mengen von Lebensmitteln bis heute sehr gering geblieben sind: Nach Angaben der IAEO (1983) werden in der westlichen Welt etwa

65 000 t verschiedene Lebensmittel (hauptsächlich Gewürze, Meeresfrüchte, Zwiebeln), in der ehemaligen Sowjetunion angeblich 400 000 t Importgetreide jährlich bestrahlt. Das sind, gemessen an den Zahlen der jährlichen Gesamtproduktion, verschwindend geringe Mengen.

Radiochemie der Bestrahlung

Wenn ein Lebensmittel »mit 10 kGy bestrahlt wird«, dann hat es im Mittel pro kg 10 kJoule Energie aufgenommen; dieser Betrag ist dem physilogischen Brennwert von nur etwa 750 mg Protein äquivalent, also offenbar recht gering. Dementsprechend erhöht sich die Temperatur des Gutes während der Bestrahlung auch nur um 2 - 3 Grad Celsius. Das Verfahren ruft also keine thermischen Veränderungen, keine thermische Denaturierung der Lebensmittelinhaltsstoffe hervor, es beläßt augenscheinlich das Produkt weitgehend in seinem ursprünglichen, frischen Zustand. Man kann abschätzen, daß ungefähr 50 - 150 mg Substanz im Lebensmittel radiolytisch erzeugt worden sind.

Trotzdem wäre es unzulässig, die Bestrahlung mit den thermischen Konservierungsverfahren zu vergleichen und eine gesundheitliche Unbedenklichkeit von vorne herein anzunehmen, wie es immer wieder geschieht. Die Energieverteilung im Medium ist bei einer Bestrahlung grundsätzlich verschieden von einer thermischen Zustandsänderung. Bei der Bestrahlung werden trotz einer geringen »mittleren« Energieübertragung auf den Photonenbahnen (Spuren, engl. spurs) der Strahlen im molekularen Bereich hohe Energiebeträge umgesetzt, wie die folgende Überlegung zeigen soll: 1 Photon der Gamma-Strahlen von 60 Co entspricht einem Temperaturäquivalent von 10 Millionen Grad Kelvin! (entspricht Grad Celsius, aber Nullpunkt bei -273 Grad C). Die Energie eines mit der Materie wechselwirkenden Photons wird auf dem Weg durch das Medium (»auf der Spur«) schätzungsweise auf 100 000 Materieteilchen übertragen, so daß die Temperatur in der Spur, also in einem molekularen Bereich, etwa 100 000 Grad Kelvin entspricht. Dies erklärt die Abspaltung von Elektronen oder Molekül-Bruchstücken aus der Stoffmatrix und die Bildung chemisch äußerst reaktiver Radikale. Außerdem entstehen Sekundärstrahlen (Photo- und Compton-Elektronen, Paarteilchen, Rückstoßelektronen, Bremsstrahlungsphotonen). Die Summe der Vorgänge wird Radiolyse genannt. Sie unterscheidet sich grundsätzlich von dem chemischen Geschehen beim Erhitzen von wasserhaltigen Lebensmitteln in der Praxis.

Betrachten wir die wichtigsten radiochemischen Veränderungen wichtiger Lebensmittelinhaltsstoffe:

1. Sauerstoff

Bei der praxisüblichen Bestrahlung wird unter normaler Atmosphäre (mit 21 Vol. % Sauerstoff) gearbeitet. Auch verpackte Lebensmittel enthalten in der Regel noch Sauerstoff. Dieser wird teilweise in Atome gespalten, die sich mit molekularem Sauerstoff leicht unter Bildung von Ozon vereinigen, einem agressiven, bleichenden und»giftigen« Gas, das z. B. anstelle der Chlorung zur Desinfektion von Trinkwasser verwendet wird, aber zur Konservierung von Lebensmitteln verboten ist. Ozon ist ein starkes Oxidationsmittel; es bleicht Farben aus, zerstört Vitamine und verändert auch die Hauptnährstoffe in unerwünschter Weise.

$$\boxed{O_2 + \tfrac{1}{2} O_2 = O_3}$$

Jede Bestrahlungsanlage besitzt starke Ventilatoren, die das Ozon über das Dach blasen, damit der Raum nach der Bestrahlung überhaupt wieder betretbar wird. *Eine Bestrahlung ist also zunächst eine verbotene Ozon-Begasung.* Man muß annehmen, daß ein wesentlicher Teil der mikrobioziden Wirkung der Bestrahlung auf das stark mikrobiozide Ozon zurückzuführen ist!
Gelöster Sauerstoff in Zellen wirkt ähnlich. Seine radiolytischen Reaktionen laufen auf eine Erhöhung des biologischen Strahleneffektes hinaus (Sauerstoff als Sensibilisator). Der Multipikator liegt bei Gamma-Strahlen (mit ihrem niederen »Linear Energie Transfer«, LET, keV/mikro-m) im Bereich von 2 - 3 besonders hoch im Vergleich mit Strahlen hoher LET (Sauerstoffverstärkungsverhältnis, engl. oxygen enhancement ratio).

2. Wasser-Radiolyse

Neben dem Sauerstoff spielt das Wasser eine hervorgehobene Rolle bei den radiolytischen Vorgängen. Die meisten Lebensmittel sind wasserhaltig. Biologisches Material erhält um 70 % und trockenes Mehl noch 14 % Wasser. Wasser wird radiolytisch entweder ionisiert oder homolytisch gespalten:

a) $H_2O \Rightarrow H_2O^+ \ (träge) + e^- \ (Ionisation)$

b) $H_2O \Rightarrow OH^- + H^+ \ (Homolyse)$

Von Bedeutung sind vor allem die Radikale, die im Bereich von Pico-Sekunden weiterreagieren, insbesondere unter Bildung des starken *H*Oxidationsmittels Wasserstoffperoxid:

c) $HO + OH \Rightarrow H_2O_2 (Wasserstoffperoxid)$

d) $H + H \Rightarrow H_2 (Wasserstoff)$

Die Bestrahlung ist also auch eine indirekte Behandlung mit Wasserstoffperoxid, einem nicht zugelassenen Konservierungsstoff. Dies läßt sich indirekt nachweisen: bei Anwesenheit des Wasserstoffperoxid-Zersetzungskatalysators Katalase ist die »Strahlenwirkung« geringer als ohne (Strahlenempfindlichkeit von E. coli-Stämmen mit und ohne Katalase). Umgekehrt ist die Konzentration an Wasserstoffperoxid größer und nachweisbar bei Anwesenheit eines Zersetzungs-Inhibitors (z. B. Histidin) oder eines Katalase-Inhibitors (Benzoesäure). Wasserstoffperoxid ist ein nicht zugelassener Konservierungsstoff (Ausnahme: Bleichung von Heringsfilets bei der Herstellung marinierter Produkte).

3. Radiolyse der Nährstoffe

Die Aminosäuren und ihre Oligo- und Polymeren können eine Radiolyse erfahren im Sinne einer oxidativen Transaminierung unter Bildung der um ein C-Atom ärmeren Aldehyde:

$$R - CH.NH_2 - COOR \Rightarrow R - CHO + CO_2 + R - - NH_2$$

Aldehyd Amin

So nimmt der Gesamtaldehydgehalt (berechnet als Formaldehyd, Messungen von CORY(1993) aus unserer Arbeitsgruppe) bei Hühnchenbrust von durchschnittlich 7 mg/kg Frischgewicht bei 0 kGy linear auf rund 20 mg/kg bei 10 kGy zu (bei 3 kGy findet man immerhin nahezu eine Verdoppelung des Aldehydgehaltes). In Garnelen erhöht sich der Wert von anfangs 2 mg/kg (0 kGy) auf 4 mg/kg Frischgewicht bei 3 kGy. Gaschromatographische Untersuchungen an Hühnchenbrust zeigen (unsere Arbeitsgruppe ELSNER/1994), daß Pentanal aus Leucin mit steigender Bestrahlungsdosis entsteht: von 30 ppb bei 0 kGy auf etwa 173 ppb bei 5 kGy.

Auch die Reste R der Aminosäuren werden, wenn sie Heteroatome enthalten, radiolytisch angegriffen. Cystein wird entweder zu Cystin oxidiert oder H2S wird abgespalten. Wir finden bei Garnelen (mit 3 kGy bestrahlt) einen Verlust an SH-Gruppen von 17,5 % (unsere Arbeitsgruppe, CORY/1993.

Hauptkomponente der Gesamtaldehyde ist allerdings Hexanal (in einer Konzentration von 0,1-1,5 mg/kg Hühnchenbrust) neben Heptanal, Octanal, Nonanal, die offensichtlich nicht aus entsprechenden Aminosäuren gebildet sein können. Sie entstehen aus entsprechenden Fettsäuren nach folgendem Schema, das im wesentlichen mit der rein chemischen Autoxidation übereinstimmen dürfte. Es bildet sich dabei zunächst ein Peroxi-Radikal:

$$CH_3 - CH_2 - CH2 - CH_2 - CH_2 - CH = CH - (CH)_2 - (CH)_2 - (CG_2)_7 - COOR$$

18 17 16 15 14 13 Linolsäure

$$CH_3 - CH_2 - CH_2 - CH_2 - CH_2 - CHOHexanal + andere$$

Bei der wesentlich höheren Konzentration von Hexanal (0,1-1, 5 mg/kg Hühnchenbrust) gegenüber dem aus Leucin entstandenen Pentanal (0,02-0,25 mg/kg Hühnchenbrust) wird deutlich, daß die Radiolyse der Fette im Sinne eines oxidativen Fettverderbs weit dominiert. *Die Bestrahlung ist also eine Behandlung, die die Lebensmittel im Fett verdirbt.* Hier sind schon die genannten geringen Konzentrationen an Radiolyseprodukten qualitätsmindernd. Der Fettverderb begrenzt aus geschmacklich/geruchlichen Gründen auch wesentlich die mikrobiologisch gebotenen Bestrahlungsdosen und schränkt damit die Wirksamkeit maßgeblich ein.

Aus Kohlenhydraten, Fetten und Proteinen werden über Radikalmechanismen noch viele andere Verbindungen gebildet: neben den genannten flüchtigen Aldehyden (unter denen besonders auch Acetalhyd zu erwähnen ist) finden sich noch flüchtige Ketone (z.B. Aceton) und Kohlenwasserstoffe (Pentan, Heptan, Octan u.v.a.m.). Soweit sie flüchtig sind, tragen sie ab einer bestimmten Energiedosis zum qualitätsmindernden sogenannten »Strahlengeschmack« und »Strahlengeruch« bei. Die nicht flüchtigen Radiolyseprodukte dominieren diese bei weitem. So bestimmt man in Hühnchenbrust mit einer photometrischen Methode 5 - 30 mg/kg Gesamtaldehyde, also etwa das Vierfache der flüchtigen Komponenten.

4. Radiolyse der Vitamine

Besonders empfindlich gegenüber ionisierender Strahlung sind die Vitamine (durchschnittliche Verluste in Klammern und %) in Abhängigkeit vom Lebensmittel, seiner Beschaffenheit und der Bestrahlungsdosis, wobei im allgemeinen native Erzeugnisse stabiler sind als verarbeitete: L-Ascorbinsäure (15 - 70), Thiamin (20-86), B_{12} (um 30), A (2-78), E (7-60-100) und K (keine Angaben); empfindlich sind: Pyridoxin (3-48), Niacin (15-33), ß-Carotin (keine Angaben) und Nicotinsäure (keine Angaben). Es fehlen leider systematische Untersuchungen zum Abbau der Vitamine unter praxisnahen Bedingungen! Bei den genannten Vitaminverlusten und der heute schon beobachteten Unterversorgung bestimmter Bevölkerungsgruppen ist eine Bestrahlung der Lebensmittel abzulehnen, umsomehr als die ernährungsphysiologischen Untersuchungen völlig unzureichend sind.

5. Radiolyse der DNA

Eine Bestrahlung soll neben der mikrobiziden Wirkung auch Reifungsvorgänge verzögern oder Parasiten und Insekten abtöten. In diesem Zusammenhang interessiert die Radiolyse DNA. Wir finden (unsere Arbeitsgruppe, CORY/1993, THRUN-HARZ/1992 eine Abnahme des nativen DNA-Gehaltes:

Garnelen -16 bis -34 % (3 kGy), Forellen-Filet -17 bis -37 % (3 kGy), -42 % (5 kGy), Kabeljau -20 bis -40 % (3 kGy), Schweineleber -11 % (5 kGy); Zwiebeln -49 % (0,5 kGy), Hühnchenbrust -67 % (3 kGy). Bei der Radiolyse reiner DNA hat man etwa 25 Artefakte gefunden, von denen einige als carcinogen, das Thymin-Hydroperoxid als mutagen eingestuft wurden (WARD, J, F zit. PFEILSTICKER 1985).

Gesundheitliche Beurteilung der Bestrahlung

Die Radiolyseprodukte sind nur in wenigen Untersuchungen toxikologisch tierexperimentell untersucht worden. So wurden aus Rinderfett, mit 60 kGy bestrahlt, 22 mg Radiolyseprodukte je 100 g isoliert und an drei Generationen von Mäusen (Gruppen von je 15 männlichen und weiblichen Tieren) gefüttert mit Anteilen von 5,5 %, 1,8 % und 0,55 % im Futter. Die F3-Generation zeigt bei der Entwöhnung eine geringere Überlebensfähigkeit und eine geringere Gewichtszunahme gegenüber den Kontrollen. Histopathologisch wurden hepatische Läsionen beobachtet. Wurde aus dem Gesamtgemisch der Radiolyseprodukte die Fraktion der C_{13}-, C_{14}- und C_{17}-1-Alkene isoliert und mit 3,82 % im Futter verabreicht, »so führte dies zu einer erheblichen reproduktiven Toxizität, die sich in Unfruchtbarkeit, verstärkter Sterblichkeit der Jungen und dem Fehlen von Würfen in der 2. Generaton zeigte« (EG-Bericht 1986, S 41a).
Wegen der geringen Konzentrationen der Radiolyseprodukte im verzehrbaren Lebensmittel ist die Untersuchung isolierter Radiolyseprodukte nur bedingt für die Beurteilung eines bestrahlten Lebensmittels brauchbar.
Die IFIP hat etwa 400 toxikologische Tierversuche mit bestrahlten Lebensmitteln und mit isolierten Radiolyseprodukte durchgeführt. Die meisten dieser Untersuchungen sind für eine gesundheitliche Beurteilung nicht brauchbar, weil der Anteil bestrahlter Nahrung im Tierfutter und die Bestrahlungsdosis zu klein gewählt wurden. 70 % der Untersuchungen verwenden Lebensmittel, die nur eine Bestrahlung mit einer Dosis zwischen 0,2 bis 2 kGy erhalten haben und deren Anteil im Tierfutter zwischen meist 3 % bis sehr selten 75 % beträgt.
Hier können die Untersuchungen mit bestrahltem Tierfutter weiterhelfen. Es finden sich in der Literatur etwa acht gründliche, einwandfreie toxikologische Untersu-

chungen mit den Versuchstieren Ratte, Maus und Küken. Man findet folgende Effekte:

Tabelle 4
Toxikologische Effekte im Tierversuch bei Fütterung mit bestrahlter Standard Nahrung (Lit. zit. PFEILSTICKER 1985) (Zahlen=Dosis in kGy)

Effekt	Tierart	Strahlungsdosis
Gewichtszunahme vermindert	Ratte F1 w/Küken	50/20
Futteraufnahme vermindert	Küken	47/60
Futterverwertung vermindert	Küken	6/30/60
Verdaulichkeit vermindert »Dilatation des Dündarms und der Leber« Organgewichte Leber, Pankreas, Thymus erhöht	Küken	47 (nur 11 Tage)
Verminderung Lymphozyten 7-15-20%	Ratte (5 Mon.)	6/30/60/90
Erhöhung der neutrophilen Leukozyten	Schwein	11.-23. Monat; Langzeit
proliferative Glomerulitis	Ratte	0,5/5/56 Langzeit
Dystrophie Tubularepithel »verminderte Reaktion des Immunsystems« mutagene Aktivität	Maus (A) intraperitonale	ab 15 Tendenz ab 30 signifikant

Die zitierten Untersuchungen zeigen, daß bereits im Bereich zwischen 0,5 bis 6 kGy gesamtbestrahlte Nahrung im Tierversuch gewisse Schäden auftreten, insbesondere auch der Verdacht auf Mutagenität, der in anderen Versuchen mit Extrakten aus bestrahlten Lebensmitteln bestätigt wurde (EG-Bericht 1986). Die Mutagenität ist im allgemeinen nur bei frisch bestrahltem Material nachweisbar und sie wird auf das Wasserstoffperoxid zurückgeführt.
Unklar ist auch noch die Carcinogenität bestrahlter Nahrung. In einem Tierversuch (EG-Bericht 1986, S. 47ff) wurde Mäusen (CD-1,) bestrahltes Hühnerfleisch (59 kGy) und Standardfutter gegeben. Die Ergebnisse sind in der folgenden Tabelle zusammengestellt:

Tabelle 5 Zahl der Zwischenzell-Tumore der Hoden von CD-1 Mäusen		
a) Originalauswertung: b) Nach Prüfung durch das US-FDS-Centre (EG-Bericht 1986, S. 47b)		
Futter	Zahl der Tumore	Zahl der Tiere
	a/b	a/b
normales Futter	0/1	107/105
tiefgekühltes Hühnerfleisch	1/2	162/159
therm. sterilisiertes Hühnerfleisch	0/1	111/109
Hühnerfleisch Gamma-bestrahlt	4/3	109/107
Hühnerfleisch, Elektronen-Bestrahlung	4$4	107/106

Zwischen dem tiefgekühlten Hühnerfleisch und dem Gamma-bestrahlten Futter besteht nach den Autoren (a) ein signifikanter Unterschied p=0,03), der nach Korrektur (b) nicht mehr gegeben ist (p ¤ 0,05). Weitere Befunde (unilaterales Auftreten, keine anderen Läsionen, keine Hyperplasien) führten die FDA zu der Feststellung, daß eine »kanzerogene Reaktion nicht nachzuweisen sei«. Der Verdacht bleibt bestehen. Eine Wiederholung solcher Versuche wäre vor der Einführung der Bestrahlung dringend erforderlich.

Nehmen wir also an, Mutagenität und Cancerogenität der Bestrahlung seien nicht nachgewiesen. Dann haben wir nach der üblichen Praxis des ADI-Systems zu fragen, welche Bestrahlungsdosis der Gesamtnahrung von Versuchstieren ohne Effekt bleibt. Aus der obigen Zusammenstellung ergibt sich ein Bereich von 0,5-6 kGy. Für die Übertragung der Tierversuche auf den Menschen haben wir einen Sicherheitsfaktor von in der Regel 100 zu berücksichtigen. Das bedeutet, daß unsere Gesamtnahrung nach diesem Schema mit 0,005-0,06 kGy bestrahlt sein könnte. Die Aussage des JECFI, daß alle Lebensmittel mit 10 kGy noch gesundheitlich annehmbar (nutritional adequate) oder gar gesund (wholesome) seien, ist toxikologisch nicht haltbar.

Notwendigkeit und Mängel

Für jedes lebensmitteltechnologische Problem, auch für die Konservierung der verschiedensten Produkte gibt es Alternativen; auch für die Bestrahlung. Stellen wir dazu kurz die Bestrahlung in den Rahmen der heute üblichen Konservierungsverfahren.

- Salzen
- Einkochen
- Pasteurisieren
- Räuchern
- Kühlen und Gefrieren
- Marinieren
- Einsäuern

Wir haben zwei Gruppen auseinander zu halten: diejenigen, die die äußere Beschaffenheit nur unwesentlich verändern, das Produkt also frisch erhalten (Kühl-, Gefrierverfahren, Bestrahlung) und den anderen, die das Produkt erkennbar umwandeln, oft erst verzehrbar machen, die also auch den Charakter eines Gar-Verfahrens aufweisen (Salzen, Trocknen, Räuchern, Marinieren, Erhitzungsverfahren allgemein).
Die Hygienerisiken, d. h. die Gesundheitsgefährdung des Verbrauchers durch den Verzehr von Lebensmitteln, sind unter den heutigen, liberalisierten Bedingungen eines weltweiten Marktes zweifellos vielfältig. Sie können gegeben sein durch:.

- Chemische Stoffe: Pilz-, Fischgifte, Pestizide, Zusatzstoffe
- Lebensmittelinfektionen: Campylobacter jejuni, Salmonella typhi, Tuberkulose, Cholera
- Lebensmittelintoxikationen: Staphylococcus aureus, Salmonella sp., Clostridium botulinum, Aspergillus flavus,
- Mechanische Bestandteile: Glassplitter, Metallteile u.v.a.m.

Diese Risiken werden vor allem durch gute Herstellungspraxis in Verbindung mit den klassischen, insbesondere den thermischen Konservierungsverfahren beherrscht. Es stellt sich also die Frage, ob die Bestrahlung technisch notwendig und

hinreichend wirksam ist. Wir wollen hier nur einige wenige aktuelle Beispiele herausgreifen.
Stark diskutiert wird die Bestrahlung von Geflügelfleisch (bis 7 kGy).
Die dramatische Zunahme von Salmonellosen wird zu einem guten Teil dem stark verseuchten Geflügelfleisch zugeschrieben. Andere pathogene Keime, die zu Durchfällen führen und bei Geflügel häufig vorkommen, sind Campylobacter, Staphylococcus aureus, Clostridium perfringens, Yersinia enterocolitica und Listeria monocytogenes. Eine Bestrahlung soll diese Keime abtöten. Eine Dosis von 3-4 kGy soll die pathogenen Keime inaktivieren (US-FDA 1990). Allerdings werden dadurch die sporenbildenden Clostridien und der Botulismus nur reduziert, nicht hinreichend ausgeschaltet. Es ergibt sich eine Haltbarkeitsverlängerung von ein bis zwei Wochen (dabei liegen die Kosten bei DM 0,30-0,90 je kg des Produktes (2-3 DM/10 kGy/kg)). Die Maßnahme entspricht nicht den klassischen, vorbeugenden Hygienemaßnahmen. Auch muß man davon ausgehen, daß sich im Verlauf der Zeit strahlenresistente Stämme entwickeln, wie dies im Falle der Cholera in Südamerika (Chlorwasser anstelle vorbeugender Hygiene) oder den invasiven Stämmen der Salmonellen der Fall sein dürfte. Diese Problemfälle sind »hausgemacht«. Die Bestrahlung als extrem mutagenes Verfahren ist sehr fragwürdig. Außerdem leidet die Qualität der Produkte. Als nachhaltige und vorbeugende Alternativen werden von den Hygienikern genannt:

- Sanierung der Elterntiere für die Aufzucht der Mastküken durch das Aussondern kranker Tiere und durch Impfung,
- Sterilisation des Futters,
- Optimierung nicht Maximierung der Massentierhaltung,
- Verbesserung der Schlachtung,
- Oberflächendekontaminierung der Schlachttierkörper durch Heißdampf oder notfalls durch Wasserstoffperoxid,
- aseptische Verpackung.

Die moderne Lebensmitteltechnologie hat heute Wege gefunden (aseptische Verpackung, biologische Konservierung, Schutzkulturen) um beispielweise nicht konservierte Fleischsalate herzustellen. Sie ist auch in der Lage, ohne Bestrahlung, durch hygienische Optimierung anstelle einer maximierten Rationalisierung (Gewinnmaximierung) einwandfreies Geflügelfleich auf den Markt zu bringen. Der gegenwärtige Zustand ist durch einen mangelnden Willen zur hygienischen Qualität selbst verursacht.

Die Bestrahlung von Geflügelfleisch ist technisch nicht notwendig. Es läßt sich nachweisen, daß dies auch für alle anderen Fälle gilt. Die Bestrahlung ist ein wenig intelligentes Verfahren, das im speziellen Falle auch durch eine bisher verbotene Ozonbegasung (mit Kohlendioxid) oder durch eine Oberflächen-Dekontaminierung mit Heißdampf oder Wasserstoffperoxid- bzw. Chlorwasser-Lösung toxikologisch übersichtlicher ersetzt werden könnte. Dabei haben diese Alternativen den Vorteil, technisch einfacher und preiswerter durchführbar zu sein.

Ingrid Gerhard

Unfruchtbarkeit durch Umweltgifte

Schadstoffe können die Fertilität auf sämtlichen Ebenen der Reproduktion beeinflussen. Durch Neurotransmitterveränderung im Gehirn kann die pulsatile Ausschüttung von Gonadotropin-Releasing-Hormon (GnRH) beeinträchtigt sein. Zahlreiche Schadstoffe werden in der Hypophyse gespeichert (z. B. Quecksilber, chlororganische Verbindung), wo sie verschiedene Enzymsysteme blockieren und damit sowohl Hyperandrogenämien als auch partielle Nebennierenrindeninsuffizienzen verursachen (3, 4). Eine Schilddrüsenüber- oder -unterfunktion kann durch Dioxine, polychlorierte Biphenyle, Kadmium bzw. Blei hervorgerufen werden (5, 6, 7). Auf diesem Wege kann die hypothalamisch-hypophysäre-ovarielle Achse nicht nur direkt durch Schadstoffe beeinträchtigt werden, sondern auch indirekt über Veränderungen der Prolaktinsekretion, der Nebennierenrindensteroide und der Schilddrüsenhormone.

Im Ovar selbst kann eine Konzentration von Schadstoffen die Östradiol- und Progesteronproduktion beeinflussen. Gifte können die regelrechte Entwicklung der Oozyte beeinträchtigen und unter Umständen Chromosomenstörungen hervorrufen (8, 9). Zahlreiche Schadstoffe haben auch einen ungünstigen Einfluß auf die Samenzellproduktion des Mannes. Dies kann sich äußern in einem Mangel an normalbeweglichen Spermien, in einer herabgesetzten Befruchtungsfähigkeit der Samenfäden und in morphologisch und chromosomal veränderten Samenzellen, die nach erfolgter Befruchtung Aborte, Totgeburten und Mißbildungen hervorrufen können (10, 11).

Tritt eine Konzeption trotz erhöhter Schadstoffbelastung ein, so sind diese Schwangerschaften vermehrt durch Aborte, Mißbildungen, Plazentainsuffizienz und Frühgeburtlichkeit gefährdet (12, 13, 14, 15, 16, 17, 18, 19).

Schwermetalle

Die Bedeutung von Schwermetallen für die menschliche Fertilität konnte bisher nur durch Vergiftungsfälle im Ausland (Japan, UdSSR, Irak) bewiesen werden (20, 21, 22). Die Mehrzahl der Ergebnisse resultiert jedoch aus Tierversuchen, da Tiere mit definierten Mengen von einzelnen Schwermetallen auch in subtoxischen Konzentrationen belastet werden können. Wird Blei, Kadmium oder Quecksilber an männliche Tiere (z. B. Ratten, Kaninchen) verfüttert, so bleiben häufig die Spermiogramme unverändert. Allerdings ist die Befruchtungsfähigkeit der Spermien reduziert, die männlichen Hormone und Gonadotropine sind erniedrigt, die Fruchtanlagen der Weibchen degenerieren häufiger (23, 5, 10, 24, 25). Bei Blei wurden besonders auch Chromatidveränderungen der Spermien und Chromosomenaberrationen der Lymphozyten beschrieben (9). Werden schwangere Tiere mit Schwermetallen belastet, so nimmt die Abort- und Totgeburtenrate zu, Wachstumsretardierungen treten ein, Frühgeburten und Mißbildungen (8, 14). Auch über eine Erhöhung der Anzahl zerebraler Störungen bei den Nachkommen wurde berichtet. Wichtige Ergebnisse liegen von Blei dahingehend vor, daß nicht nur die toxisch belastete Generation Vergiftungserscheinungen zeigte, sondern daß noch bei den Nachkommen hormonelle und immunologische Veränderungen nachweisbar waren (26, 27, 28, 29). So traten bei den Weibchen vermehrt Hormon- und Zyklusstörungen auf, es fehlten Östrogenrezeptoren im Uterus, die Gonadotropin-Rezeptorbindung war vermindert, in den Keimzellen häuften sich Chromatidveränderungen. Die Jungtiere wiesen erhebliche EEG-Veränderungen, Verhaltensstörungen und Intelligenzdefizite auf (30, 31). Auch bei Kindern konnten erhöhte Bleikonzentrationen mit Verhaltensstörungen in Verbindung gebracht werden. Zusätzlich zu den schon beschriebenen Veränderungen, die praktisch durch alle Schwermetalle verursacht werden können, bestehen bei Quecksilber noch besondere Wirkungen: Neben ausgeprägten zentralnervösen Störungen induziert Quecksilber Autoimmunerkrankungen und Immunopathien (32, 33). Auch Alopezien treten bei Quecksilberbelastung gehäuft auf (34, 35). Um die Bedeutung der Schwermetallbelastungen bei Frauen mit hormonellen Störungen zu überprüfen, wurden von 1987 bis 1989 an der Universitäts-Frauenklinik Heidelberg 419 Schwermetallausschwemmtests durchgeführt. Mit dem Chelatbildner Dimerkaptopropionsulfonsäure (DMPS) gelingt es, Schwermetalle wie Quecksilber, Blei, Kadmium, Arsen, Kupfer u. a. aus den Körperdepots zu lösen und im Urin auszuschwemmen, wobei die Ausscheidung direkt proportinal zur Gesamtkörperbelastung ist (36). Der nüchternen Patientin werden 10 mg/kg Körpergewicht DMPS peroral verabreicht. Vorher und zwei Stunden danach werden jeweils 10x20 ml Urin in getrennten Röhrchen aufgefangen. Seit Oktober 1991 ist DMPS auch zur intravenösen Injektion erhältlich. In diesem Fall braucht die Patientin nicht nüchtern zu sein. Man injiziert eine Ampulle á 250 mg DMPS i. v. und läßt Urin vorher und 45 Minuten nach der Injektion abgeben. In den einzelnen Urinproben werden neben dem Kreatinin die Konzentrationen von Quecksilber, Kadmium, Blei, Arsen, Zinn, Kupfer usw. mit der Atomabsorptionsspketrometrie bestimmt (37). Bei der Auswertung der Ergebnisse ist jedoch zu berücksichtigen, daß die Metalle eine unterschiedliche Affinität zum DMPS haben. Sie werden in folgender Reihenfolge gebunden: Zink, Kupfer, Arsen, Quecksilber, Blei, Eisen, Kadmium, Nickel, Chrom (38). Die mengenmäßig größte Ausscheidung konnte bei allen Frauen für Quecksilber nachgewiesen werden (Tabelle I). Die Hälfte der Patientinnen hatte eine maximale Quecksilberausscheidung von über 50 µg/g Kreatinin. Die höchsten von uns gemessenen Werte betrugen 36 000 pg/g Kreatinin. Nur in vereinzelten Fällen konnten Hausstaubuntersuchungen bei beruflich exponierten Frauen eine erhöhte Aufnahme von anorganischen oder metallischen Quecksilber nahelegen (z. B. eine Grafikerin, die offenbar quecksilberhaltige Farben benutzte, zwei Zahnarzthelferinnen und drei Frauen aus Arztpraxen, wo vor längerer Zeit Fieberthermometer zerbrochen waren).

Da fast alle unsere Patientinnen Amalgamfüllungen in den Zähnen hatten (Amalgam ist eine Legierung, die aus unterschiedlichen Anteilen von Quecksilber, Zinn, Kupfer und Silber besteht), überprüften wir im sogenannten Kaugummitest die Quecksilberfreisetzung aus den Zahnplomben. Die nüchterne Patientin mußte 5 ml Speichel in ein Röhrchen asservieren. Anschließend kaute sie 10 Minuten lang ein zuckerfreies Kaugummi und sammelte während dieser Zeit Speichel in einem zweiten Röhrchen. In dem Speichel wurden die Konzentrationen von Quecksilber, Kupfer, Zinn und Silber bestimmt. Während bei einem Teil der Patientinnen bereits vor dem Kauen erhöhte Quecksilberwerte nachweisbar waren, stieg jedoch bei der Mehrzahl der Fälle die Quecksilberfreisetzung erst durch das Kauen deutlich an. Die Quecksilberkonzentration nahm mit der Anzahl der Füllungen zu. Während von der WHO für das Trinkwasser 1 µg/l Quecksilber als oberste Grenze festgesetzt ist, maßen wir bei unseren Patientinnen bis zu800 µg/l Quecksilber im Speichel beim Kaugummitest. Mit zunehmender Zahl der Amalgamfüllungen nahm sowohl die Quecksilberfreisetzung beim Kauen zu (Abbildung 1) als auch die Quecksilberausscheidung im Urin nach DMPS-Belastung (Abbildung 2).Silber bestimmt. Während bei einem Teil der Patientinnen bereits vor dem Kauen erhöhte Quecksilberwerte nachweisbar waren, stieg jedoch bei der Mehrzahl der Fälle die Quecksilberfreisetzung erst durch das Kauen deutlich an. Die Quecksilberkonzentration nahm mit der Anzahl der Füllungen zu. Während von der WHO für das Trinkwasser 1 µg/l Quecksilber als oberste Grenze festgesetzt ist, maßen wir bei unseren Patientinnen bis zu 800 µg/l Quecksilber im Speichel beim Kaugummitest. Mit zunehmender Zahl der Amalgamfüllungen nahm sowohl die Quecksilberfreisetzung beim Kauen zu (Abbildung 1) als auch die Quecksilberausscheidung im Urin nach DMPS-Belastung (Abbildung 2). 800 µg/l Quecksilber im Speichel beim Kaugummitest. Mit zunehmender Zahl der Amalgamfüllungen nahm sowohl die Quecksilberfreisetzung beim Kauen zu (Abbildung 1) als auch die Quecksilberausscheidung im Urin nach DMPS-Belastung (Abbildung 2). Silber bestimmt. Während bei einem Teil der Patientinnen bereits vor dem Kauen erhöhte Quecksilberwerte nachweisbar waren, stieg jedoch bei der Mehrzahl der Fälle die Quecksilberfreisetzung erst durch das Kauen deutlich an. Die Quecksilberkonzentration nahm mit der Anzahl der Füllungen zu. Während von der WHO für das Trinkwasser 1 µg/l Quecksilber als oberste Grenze festgesetzt ist, maßen wir bei unseren Patientinnen bis zu 800 µg/l Quecksilber im Speichel beim Kaugummitest. Mit zunehmender Zahl der Amalgamfüllungen nahm sowohl die Quecksilberfreisetzung beim Kauen zu (Abbildung 1) als auch die Quecksilberausscheidung im Urin nach DMPS-Belastung (Abbildung 2). Vergleicht man die Zahl der Amalgamfüllungen und die Menge des Quecksilbers im Speichel bei den Patientinnen mit stark erhöhter Quecksilberausscheidung im Urin (< 75. Perzentile), mit denen, die weniger Quecksilber im Urin ausgeschieden hatten (≥ 75. Perzentile), so war bei ersteren die Hg-Freisetzung im Speichel im Kaugummitest 5-fach höher als bei letzteren (Abbildung 3).

Allerdings ließ sich allein aufgrund der Tatsache, daß Amalgamfüllungen vorhanden waren, keine Aussage über die mögliche Quecksilberfreisetzung im Speichel machen. Es ist anzunehmen, daß die unterschiedliche Qualität der Amalgame, die Sorgfalt beim Legen der Füllungen (Unterfüllung, Polierung) und Ernährungsgewohnheiten (vermehrtes Freisetzen von Quecksilber durch Rauchen, Kaffee, Konsumierung saurer Getränke) eine entscheidende Rolle für den Ausfall des Kaugummitestes spielen. Erste statistische Analysen zeigten, daß Frauen mit Allergien, Frauen mit Alopezie und Frauen mit polyzystischen Ovarien bzw. Hyperandrogenämie signifikant höhere Quecksilberausscheidungen im Urin hatten als Frauen ohne diese Symptome.

Wie oben beschrieben, konnte durch DMPS auch eine vermehrte Bleifreisetzung im Urin nachgewiesen werden. Die Hälfte der Frauen schied mehr als 30 µg Blei/g Kreatinin aus. Es bestand kaum eine Korrelation mit den Basalwerten (Korrelationskoeffizient 0,24j). Die höchste von uns gefundene Ausscheidung betrug 900 µg/g Kreatinin. Nur bei einem Teil der Patientinnen konnte die vermehrte Bleibelastung mit einer beruflichen Kontamination in Verbindung gebracht werden (Treibstoff, Druckerei, Farben). Relativ häufig mußte angenommen werden, daß die Bleiquelle im Haushalt zu suchen war (Keramikgeschirr, Bleiglas) bzw. eine inhalative Aufnahme über Abgase durch Arbeiten oder Wohnen an einer stark befahrenen Straße bestand. Die Bleibelastung korrelierte positiv mit dem Körpergewicht. Frauen mit primärer Sterilität hatten höhere Werte als Frauen mit sekundärer Sterilität. Frauen mit pathologischem Tubenfaktor schieden signifikant weniger Blei nach DMPS aus, als Frauen mit hormonell oder idiopathisch bedingter Sterilität.

Abbildung 1

Hg-Werte im Speichel (Kaugummitest) in Abhängigkeit von der Zahl der Amalgamfüllungen. Anteil der Patientinnen mit Hg-Anstieg beim Kauen.

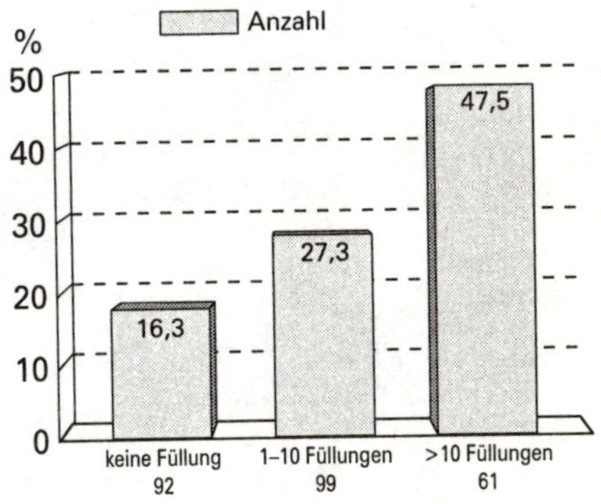

Abbildung 2

Hg-Freisetzung im DMPS-Test in Abhängigkeit von der Zahl der Amalgamfüllungen.

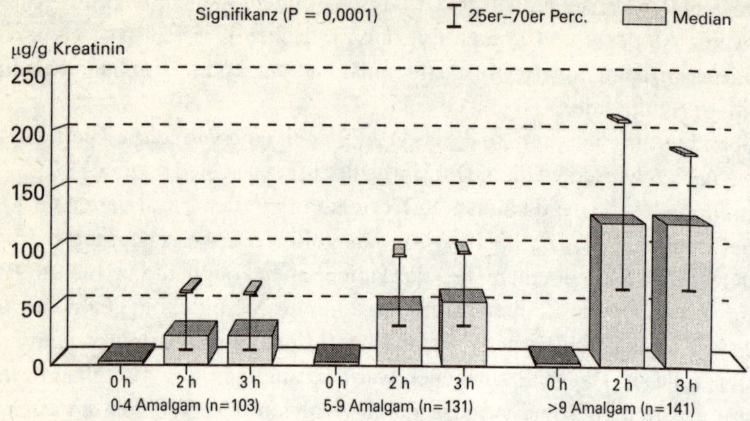

Abbildung 3

Zusammenhang erhöhter Hg-Ausscheidung im Urin nach DPMS mit Amalgamfüllungen und Quecksilberfreisetzung im Kaugummitest.

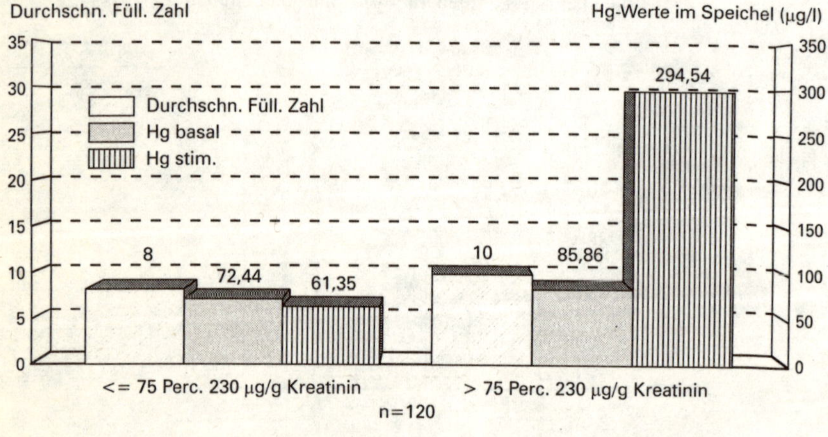

Auch die Ausscheidung von Kadmium gelang durch DMPS-Stimulation. Sie war jedoch im Vergleich zur Quecksilber- und Bleiausscheidung am geringsten. Es ist bekannt, daß normalerweise nur bis zu 0,1 % des aufgenommenen Kadmiums wieder ausgeschieden werden. Jährlich steigt die Kadmiumaufnahme durch die Nahrung um 0,5-2 % an, so daß die Gesamtbelastung für langlebige Säugetiere und damit den Menschen kritisch wird (39). Im Vergleich zu den anderen Schwermetallen wirkt Kadmium bereits in geringen Konzentrationen wesentlich toxischer. Die höchsten von uns gefundenen Kadmiumkonzentrationen betrugen 25 µg/g Kreatinin. Erste statistische Auswertungen gaben Hinweise dafür, daß folgende Patientengruppen höhere Kadmiumbelastungen haben als die übrigen Frauen: Frauen in technischen Berufen, Frauen mit Schilddrüsenfunktionsstörungen, Frauen mit habituellen Aborten, Frauen mit Uterus myomatosus (Abbildung 4 siehe folgende Seite) und Frauen mit klimakterischen Störungen.

Pestizide

Im Rahmen der Reproduktion haben Pestizide verschiedene Wirkungen, die überwiegend im Tierversuch nachgewiesen wurden: Verschlechterung der Spermienqualität, die Eier der Weibchen sind schlechter fertilisierbar (40, 11). Es treten vermehrt Aborte, Frühgeburten und fetale Wachstumsretardierungen auf (19, 41, 42, 43, 44). Aufgrund eigener Untersuchungen und Mitteilungen aus der Literatur müssen bei einer chronischen Pestizidbelastung folgende Wirkungen befürchtet werden: Veränderungen des Immunsystems (3, 45, 46, 47, 48, 49), der Nebennierenrinden- und Schilddrüsenfunktion (50), Beeinflussung der Hypothalamus-Hypophysen-Ovar-Achse (51), Wirkungen auf das Ovar, die Spermien (52, 53, 54, 55) und den Embryo bzw. Fetus.

In einer eigenen Untersuchung überprüften wir bei 486 Frauen mit hormonellen Störungen in den Jahren 1988-1989 die Blutkonzentrationen verschiedener polychlorierter Biphenyle (PCBs), der drei Isomere des Hexachlorcyclohexans (a-, ß- und y-HCH), Pentachlorphenol (PCP), Hexachlorbenzol (HCB), Dichlordiphenyltrichlorethan (DDT), DDD und DDE. Alle Bestimmungen wurden in einem Labor mit einer Kombination aus Kapillarchromatographie und Massenspektroskopie nach verschiedenen Reinigungsschritten durchgeführt.

Die Häufigkeit der erhöhten Pestizidwerte im Blut im Vergleich zum vorgegebe-

nen Referenzwert ist in Tabelle II zusammengestellt. Etwa 8 % der Frauen wiesen erhöhte PCB-Konzentrationen auf. Die hochchlorierten Kongenere des PCB waren bei Frauen mit Endometriose häufiger erhöht als bei Frauen ohne Endometriose (Abbildung 5 siehe Seite 124). Auch bei Frauen mit Nachweis von Schilddrüsenantikörpern und bei Frauen mit erhöhter Allergiebereitschaft waren diese Organochlorverbindungen erhöht.
In der DDD-DDT-DDE-Gruppe war DDE, die Speicherform dieser Substanzgruppe, am höchsten und wirkte sich am ausgeprägtesten auf die Summe aus, deren Referenz bei 4000 µg/l liegt.

Abbildung 4

Basale Kadmiumausscheidung im Urin bei Frauen mit und ohne Uterus myomatosus

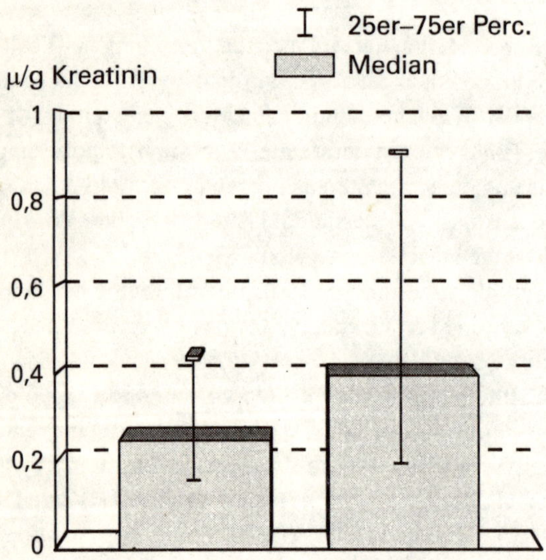

In folgenden Patientengruppen fanden sich signifikant erhöhte Werte im Vergleich zu den restlichen Patientinnen; bei Frauen mit habituellen Fehlgeburten, mit Akne, mit Schilddrüsenantikörpern und bei Frauen, die trotz therapeutischer Bemühungen im Beobachtungszeitraum nicht konzipierten (Abbildung 6 siehe Seite 125).
Das HCB, dessen Referenz bei 1000 µg/l liegt, war bei 6,6 % der Frauen erhöht. Frauen mit Hyperprolaktinämie und Frauen mit Hausstauballergien wiesen besonders hohe Konzentrationen auf, dagegen fanden sich erhöhte Werte bei Frauen mit Hyperandrogenämie signifikant seltener als bei anderen Hormonstörungen.
Bei HCH wurden die höchsten Konzentrationen des ß-Isomers (bei 9 % der Patientinnen) gefunden, da es überwiegend durch tierische Nahrung aufgenommen wird. Frauen mit Adipositias und Abortanamnese wiesen die höchsten Konzentrationen auf. Über die Wirkung von a-HCH auf die Fertilität konnten die Autoren in der Literatur bisher nichts finden. 15 % der Patientinnen wiesen erhöhte Werte auf. Signifikant erhöhte Konzentrationen fanden sich bei Frauen mit Uterus myomatosus (Abbildung 7 siehe Seite 125), mit Schilddrüsenantikörpern, mit Lutealinsuffizienz und mit einer erhöhten Allergiebereitschaft. y-HCH, das als Lindan in zahlreichen Holzschutzmitteln benutzt wurde, war bei 7 % der Patientinnen erhöht. Bei den bisherigen Auswertungen konnten keine Zusammenhänge mit Fertilitätsparametern gefunden werden. Aus eigenen Bobachtungen wissen wir lediglich, daß die chronische Vergiftung mit y-HCH zu Depressionen, Schlafstörungen, Krämpfen und immunologischen Veränderungen führt, was auch in der Literatur beschrieben wurde (56, 57, 58, 59).
PCP war mengenmäßig in den höchsten Konzentrationen nachweisbar. Als Referenz wurde aufgrund neuerer Untersuchungen 25 µg/l gewählt (60). Damit hatten 21 % der Frauen erhöhte Pentachlorphenolwerte. Frauen mit primärer Sterilität und Frauen mit Alopezie wiesen signifikant erhöhte Konzentrationen von PCP auf. Trat während der Beobachtungszeit bei einer PCP-Belastung eine Schwangerschaft ein, so endete sie bei Werten unter 6 µg/l in 14 %, bei Werten von 6-12 µg/l in 23 % und bei Werten über 12 µg/l in 50 % in einem Abort (Abbildung 8 siehe Seite 126) (61).
Auf die zahlreichen immunologischen und hormonellen Störungen, die durch eine chronische Belastung mit Organochlorverbindungen hervorgerufen werden können, kann in diesem Rahmen nicht eingegangen werden. In Tabelle III sollen lediglich die Ergebnisse von 22 mit Holzschutzmitteln belasteten Patientinnen dargestellt werden, bei denen sich sehr häufig Störungen des Immunsystems, der Nebennierenrindenfunktion und der Schilddrüse fanden (62).

Abbildung 5

Konzentrationen einiger polychlorierter Biphenyle im Vollblut von Frauen mit und ohne Endometriose

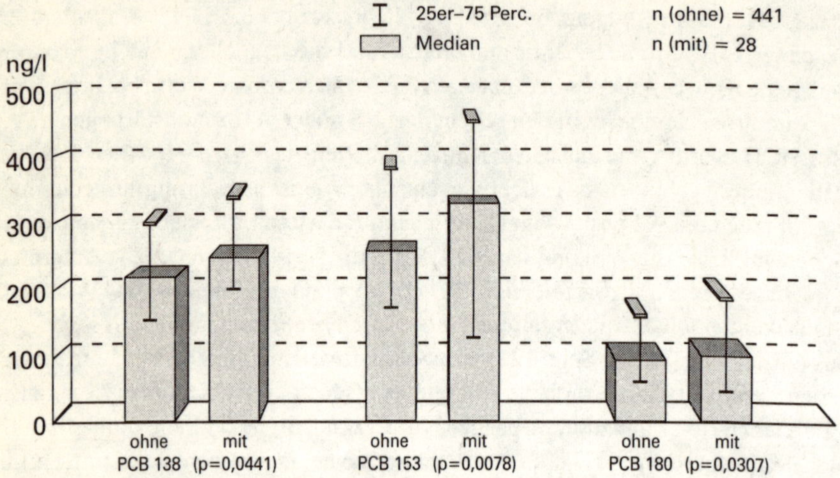

Weitere statistische Auswertungen des vorhandenen Materials werden klären müssen, welche Interaktion zwischen Pestiziden und Schwermetallen in bezug auf die Fertilität besteht, inwieweit Nationalität, Alter, Ernährungs- und Rauchgewohnheiten zusätzliche beeinflussende Faktoren sind (63, 64, 65). So konnten wir z. B. feststellen, daß die Gesamtbelastung mit Chlorkohlenwasserstoffen mit zunehmendem Alter signifikant zunimmt, daß jedoch bei ausländischen Frauen bereits in jüngeren Jahren (25-35) erhöhte Belastungen bestehen, die über die der deutschen Population hinausgehen (Abbildung 9 siehe Seite 126).
Dadurch könnte erklärbar sein, daß die Schwangerschaftsrate bei infertilen Ausländerinnen trotz gezielter Therapie deutlich niedriger liegt als bei deutschen Frauen, wie wir in einer früheren Untersuchung zeigen konnten (66, 67). Durch Summations- und Potenzierungseffekte von Schadstoffen ist bereits dann mit ungünstigen Wirkungen auf die Fortpflanzung zu rechnen, wenn einzelne Substanzen nur im Niedrigdosisbereich meßbar sind.

Abbildung 6

Schwangerschaftseintritt und Abortrate bei Frauen mit Sterilität in Zusammenhang mit der Höhe der DDT/DDD/DDE-Spiegel im Vollblut

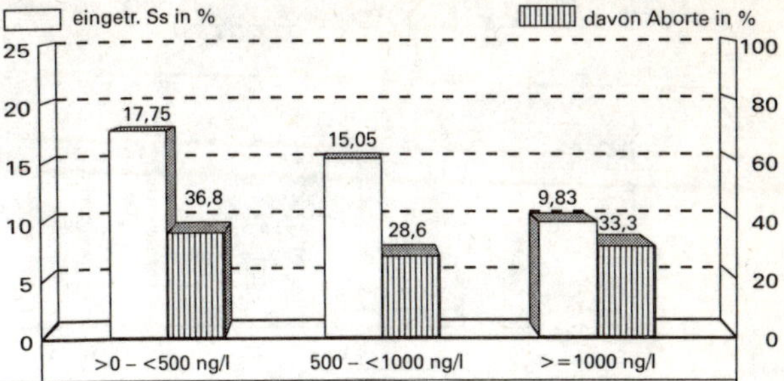

	>0 – <500 ng/l	500 – <1000 ng/l	>=1000 ng/l
n =	107	93	122
eingetr. Ss:	19	14	12
davon Aborte:	7	4	4

n = 322 untersuchte Patienten

Abbildung 7

Belastung mit a-Hexachlorcyclohexan (HCH) bei Frauen mit und ohne Uterus myomatosus

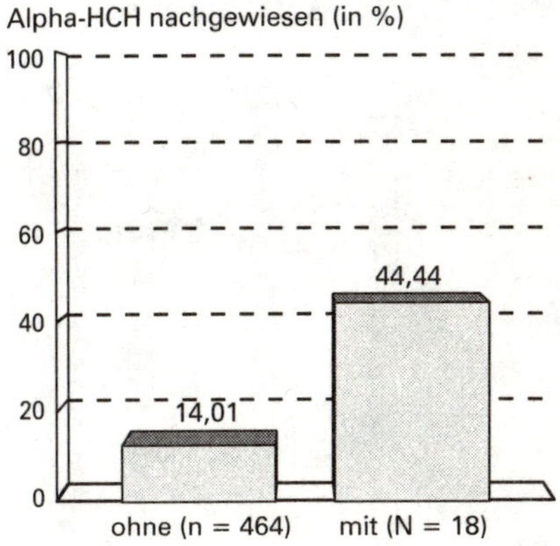

Abbildung 8

Schwangerschafts- und Abortrate von sterilen Frauen im Zusammenhang mit den Pentachlorphenol (PCP)-Konzentrationen im Vollblut

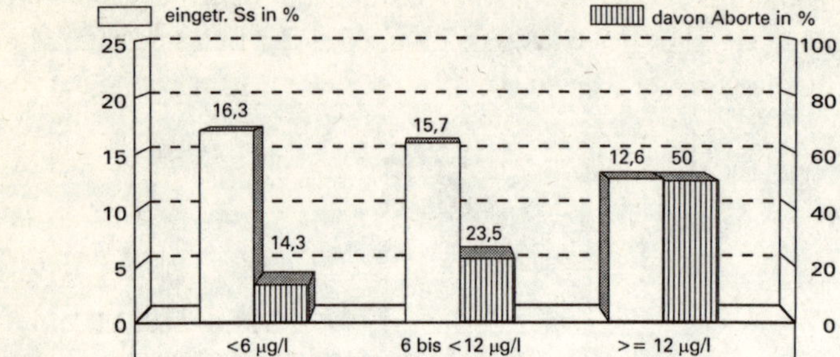

	<6 µg/l	6 bis <12 µg/l	>= 12 µg/l
n =	43	108	174
eingetr. Ss:	7	17	22
davon Aborte:	1	4	11

nur Patienten mit Kinderwunsch (n = 325)

Abbildung 9

Abhängigkeit der Belastung mit Chlorkohlenwasserstoffen vom Alter und der Nationalität

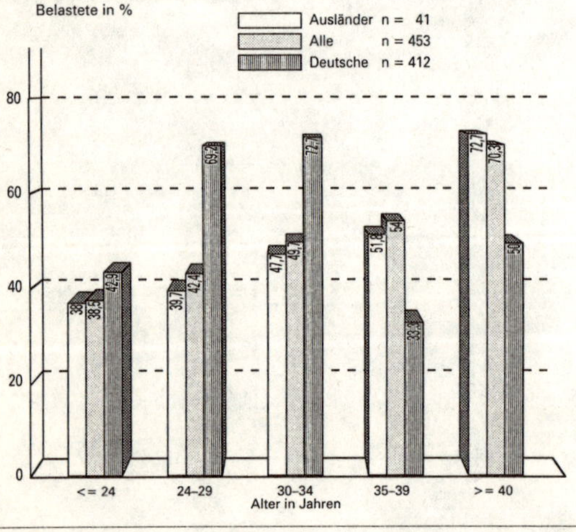

Therapieansätze

Ist eine Schadstoffbelastung nachgewiesen, so muß versucht werden, zur Verbesserung der Fertilitätschancen diese zu eliminieren (Tabelle 4). Die Giftausschwemmung gelingt nur bei der Schwermetallbelastung mit Sicherheit, während es bisher keine Medikamente mit gesicherter Wirkung bei der Belastung mit chlororganischen Verbindungen gibt. Da wir davon ausgehen müssen, daß in der Regel nicht eine Noxe allein die Reparationsfähigkeit des Organismus einschränkt, sondern daß sich verschiedene ungünstige Einflüsse summieren oder potenzieren, sollte auch nach weiteren belastenden Faktoren gesucht werden, wie z. B. chronischen Entzündungsherden im Zahn-, Kiefer- und Nasennebenhöhlenbereich. Für die Entgiftung benötigt der Organismus verschiedene Vitamine und Spurenelemente, mit denen umweltgeschädigte Patienten häufig nur mangelhaft versorgt sind, so daß eine gezielte Supplementierung sinnvoll ist. Bei fast allen Patientinnen mit umweltbedingten Störungen ist die Darmflora gestört, was zu Meteorismus, Verdauungsstörungen, Resorptionsstörungen von Vitaminen und Spurenelementen und immunologischen Störungen führt. Deshalb ist eine Darmsanierung in jedem Falle angebracht. Die Stimulation des Immunsystems sollte individuell erfolgen, verschiedene Präparate eignen sich dafür (z. B. Eigenblutinjektionen, Thymusextrakte, verschiedene Phytopharmaka). Sehr wichtig ist bei Patienten, die sich der Umweltbelastung bewußt sind, eine psychotherapeutische Begleittherapie, damit die Gefährlichkeit der Umweltbelastung nicht überschätzt wird und Wege zum eigenverantwortlichen Umgang mit der Gesundheit aufgezeigt werden können.
Als unterstützende Behandlung hat sich in den letzten Monaten bei uns die in Tabelle V zusammengestellte Substitionstherapie bewährt, die nicht nur bei der Schwermetallbelastung, sondern auch bei pestizidbelasteten Patientinnen zu einer deutlichen Verbesserung der Gesundheit geführt hat. Bei der Bleibelastung liegt der Schwerpunkt auf der Kalzium- und der Vitamin-C-Gabe (68), während Kadmium nur durch Zink vermehrt ausgeschieden werden kann (25). Quecksilber läßt sich durch Selen, Zink und DMPS entgiften, wobei Kombinationsbehandlungen den raschesten Erfolg versprechen. Diese Therapie sollte individuell ergänzt werden durch die Vitamine oder Spurenelemente, deren Mangel biochemisch nachgewiesen wurde, wie z.B. Folsäure, Vitamin B12 u.ä. Nach drei Monaten empfiehlt sich eine Dauerprophylaxe mit 100 µg Selen morgens, 20 mg Zinkorotrat mittags und abends und 2- bis 5mal täglich einem halben Teelöffel Askorbinsäure.

Unsere Ergebnisse geben erste Hinweise dafür, daß Schwermetall- und Pestizidbelastungen ursächlich für endokrine Störungen mit nachfolgender Einschränkung der Fertilität verantwortlich sein können. Die anschließende ätiologisch orientierte Thearapie verspricht eine Verbesserung der Fertilitätsprognose bei Frauen mit primärer und sekundärer Sterilität. Während in den Jahren 1982-1986 von den im Rahmen der Sterilitätssprechstunde erzielten Schwangerschaften ein Drittel spontan d. h. unabhängig von einer hormonellen Therapie eintraten (67), waren dies im vergangenen Jahr, in dem wir Umweltbelastungen erkennen und behandeln konnten, 70 %. Diese Ergebnisse lassen die Grenze der Hormonsubstition bei Fertilitätsstörungen in einem neuen Licht erscheinen.

Danksagung:
Für die finanzielle Unterstützung der statistischen Auswertung möchten wir uns bei der Rut-und Klaus-Bahlsen-Stiftung herzlich bedanken.

Tabellensammlung (Tabellen 1-5)

Tabelle 1
Schwermetallausscheidung im oralen DMPS-Test
bei 474 Frauen mit hormonellen Störungen.
Der höchste Wert nach zwei oder drei Stunden wurde berücksichtigt.

Percentile mg/g Kreatinin (Urin)								
		MW	Min	10	50	75	90	Max.
Quecksilber	basal	2,4	0,2	0,5	1,3	2,1	3,7	63
	stim.	109,0	0,3	10,0	46,0	101,0	221,0	36 000
Blei	basal	2,9	0,5	1,0	2,1	3,5	5,3	28,7
	stim.	32,0	1,0	12,0	28,0	41,0	55,0	195,0
Kadmium	basal	0,4	0,02	0,1	0,3	0,4	0,8	3,5
	stim.	0,7	0,03	0,2	0,5	0,7	1,2	13,4
Kupfer	basal	39	2	17	31	44	58	739
	stim.	1 378	21	572	1 307	1 189	2 110	16 836
Arsen	basal	3,4	0,3	1,0	2,7	4,2	6,5	33
	stim.	14,0	0,6	4,0	10,0	17,0	27,0	148

Tabelle 2 **Organochlorverbindungen im Blut** von 485 Frauen mit hormonellen und/oder Fertilitätsstörungen					
	Referenz, ng/l	Anz. Pat.	Belastete n	%	Mittelwert, ng/l
Polychlorierte Biphenyle (PCB)					
PCB 28	< 20	469	11	2,34	1,38
PCB 52	< 40	469	4	0,85	2,76
PCB 101	< 100	469	16	3,41	43,84
PCB 138	< 800	469	12	2,55	261,83
PCB 153	< 1 200	469	3	0,63	313,57
PCB 180	< 400	4 69	13	2,77	141,27
Summe		469	38	8,12	764,65
DDD, DDT, DDE					
DDE		467			966,21
DDD 2,4		458			1,30
DDD 4,4		458			3,32
DDT 2,4		464			9,97
DDT 4,4		464			32,36
Summe DDD+DDT+DDE	< 4 000	458	8	1,74	1 015,31
HCH					
g-HCH	< 100	486	33	6,79	54,58
b-HCH	< 600	483	45	9,31	297,58
a-HCH	< 10	482	73	15,14	3,04
Summe		481	123	25,60	355,73
HCB, PCP					
HCB	< 1 000	465	31	6,66	464,00
PCP	< 25 mg/l	479	99	20,66	19,99 mg/l

Tabelle 3

Immunologische und hormonelle Veränderungen

bei 22 Frauen mit chronischer Holzschutzmittelbelastung (PCP und Lindan).

Zellulärer Immungdefekt	15 von 21 (71 %)	>77%
Hyperandrogenämie	von 22 (36 %)	
Part. NNR-Insuffizienz	9 von 22 (41 %)	
Hyperthyreose	1 von 22 (5 %)	>27%
Hypothyreose	5 von 22 (23 %)	
Total	21 von 22 (95 %)	

Tabelle 4

Therapie umweltbedingter toxischer Schäden

1	Elimination der Expositionsquelle
2	Giftauschwemmung mit homöopathischen oder allopathischen Substanzen
3	Störfeldsanierung (Tonsillen, Gebiß etc.)
4	Darmsanierung
5	Substitution von Mangelzuständen (Vitamine, Mineralstoffe, Spurenelemente)
6	Stimulation des Immungsystems
7	Psychische Stabilisierung

Tabelle 5 Vorschlag einer Substitionstherapie bei Frauen mit chronischer Schwermetall- und Pestizidbelastung (individuelle Ergänzungen erforderlich)		
1	Selen	200 μg/die (z. B. Selenase Trinkamp. 2 x 1)
2	Zinkorotrat	80 mg/die (oder Zinkaspartat 100 mg/die)
3	Kalzium	500-1000 mg jeden 2. Tag
4	Vitamin C	2 g/die
5	Vitamin E	300 mg/die (z. B. Ephynal Kaudragee 3 x 1)
6	Knoblauchpillen	z. B. Kyolic 2 x 1
7	evtl. Vitamin B6	200 mg/die (z. B. Bonasanit, Benadon, Hexobion)
8	evtl. Provitamin A	50 mg/die (z. B. Carotaben)

Irene Witte

Toxische Kombinationswirkungen von Umweltchemikalien

Die Diskussion um Kombinationswirkungen chemischer Schadstoffe nimmt in der Toxikologie zunehmend Raum ein, nicht zuletzt weil sie die realen Verhältnisse der Schadstoffexposition des Menschen und seiner Umwelt widerspiegelt. Vorhandenes Wissen über die Toxizität von Schadstoffen beschränkt sich dennoch fast ausschließlich auf deren Einzelwirkungen. Die Frage, ob ein Gemisch andere quantitative und/oder qualitative toxische Eigenschaften besitzt als die sie enthaltenden Einzelsubstanzen kann nicht verallgemeinernd beantwortet werden.
Toxische Kombinationswirkungen sind auf verschiedenen Ebenen denkbar, angefangen auf der Molekülebene (z.B. kooperative Angriffe von Mutagenen auf die DNA) über die Zellebene (z.B. erhöhte Aufnahme einer Substanz nach Membranschädigung durch eine andere Substanz) und Organebene (z. B. Beeinflussung verschiedener organspezifischer Metabolisierungssysteme) bis hin zum ganzen Organismus (z.B. Beeinflussung der Aufnahme, Pharmakokinetik und Exkretion).

In der Toxikologie wird zwischen additiven, antagonistischen (= weniger als additiv) und synergistischen (= mehr als additiv) Kombinationswirkungen unterschieden. Additive Wirkungen werden allgemein als Resultat voneinander unabhängiger, »gleich wirkender« Noxen beschrieben, wobei der Begriff »gleich wirkend« nicht näher definiert ist (siehe unten). Antagonistische und synergistische Kombinationswirkungen können aufgrund verschiedener sogenannter interaktiver

Mechanismen zustandekommen:

1. Substanz A verändert eine Zell- bzw. Organfunktion derart, daß das toxische Potential von Substanz B verstärkt oder vermindert zum Tragen kommt.
2. Substanz A reagiert mit Substanz B, die daraus resultierende Substanz C wirkt toxischer oder untoxischer als A und B zusammen.

Im folgenden wird anhand einzelner Beispiele auf verschiedene zyto- und genotoxische interaktive Kombinationswirkungen und deren Mechanismen eingegangen. Dabei wird zwischen Kombinationswirkungen von Umweltchemikalien, die nicht miteinander reagieren und solchen, die chemische Reaktionen eingehen, unterschieden.

Kombinationswirkungen durch Chemikalien, die nicht miteinander reagieren

Kombinationswirkungen durch Hemmung/ Induktion des Xenobiotika-Metabolismus

Fast jeder resorbierte Fremdstoff unterliegt im Organismus gezielten Stoffwechselreaktionen, die dem Fremdstoffmolekül hydrophile Eigenschaften verleihen. Diese Stoffwechselvorgänge sind notwendig, um eine Kumulation körperfremder Substanzen im Organismus zu verhindern. Der Fremdstoffmetabolismus wird in Phase I- und Phase II-Metabolismus unterteilt. Zu den Reaktionen der Phase I zählen Hydrolyse, Oxidation und Reduktion. Hierbei werden funktionelle (hydrophile) Gruppen eingeführt, die nachfolgend im Phase II-Metabolismus mit körpereigenen hydrophilen Molekülen gekoppelt werden. Die so gebildeten Konjugate können im Gegensatz zu den lipophilen Ausgangsverbindungen vom Organismus über den Harn ausgeschieden werden.
Obwohl die beschleunigte Exkretion von Schadstoffen in der Regel eine Verringerung der toxischen Wirkung dieser Xenobiotika zur Folge hat, entstehen häufig sowohl über den Phase I- als auch über den Phase II-Metabolismus reaktive hochtoxische Zwischenprodukte. Die meisten Kanzerogene (z. B. polyzyklische

Kohlenwasserstoffe, *N*-Nitrosamine, aromatische Amine) wirken erst aufgrund ihrer Metabolisierung zu »ultimaten« elektrophilen Verbindungen krebserregend. Phase I- (insbesondere Cytochrom P450) und Phase II-Enzyme des Schadstoffmetabolismus können chemisch induziert oder gehemmt werden. Hieraus lassen sich mögliche interaktive Kombinationswirkungen von Xenobiotika ableiten. Sie können durch Einwirkung einer Substanz A auf Metabolisierungssysteme, die für die Verstoffwechselung einer Substanz B verantwortlich sind, auftreten. Eine Beschleunigung oder Hemmung des Stoffwechsels wird Folgen für die toxische Wirkung der Substanz B zeigen. Eine allgemeine Vorhersage über Toxifizierung oder Detoxifizierung durch Induktion oder Hemmung des Fremdstoffmetabolismus kann nicht gemacht werden, auch deshalb nicht, weil bei der Metabolisierung von Xenobiotika häufig mehrere (giftende und entgiftende) Stoffwechselwege zur Verfügung stehen.

Als mit Abstand stärkster Induktor des Cytochrom P450 Enzymsystems (Phase I) gilt 2,3,7,8-Tetrachlorbenz-*p*-dioxin (ZAKRZEWSKI, 1991). Aber auch andere planare, chlorierte Kohlenwasserstoffe wie zum Beispiel polychlorierte Biphenyle wurden als Induktoren des Cytochrom P450-Systems in Säugerzellen nachgewiesen (RYAN *et al.*, 1977). Es wurde gezeigt, daß durch Aroclor 1254 – einem Gemisch aus chlorierten Biphenylen – mikrosomale Rattenleberenzyme induziert werden und dadurch z. B. chlorierte Phenole wie Pentachlorphenol (PCP), oder Trichlorphenole verstärkt zu Dihydroxybenzolderivaten metabolisiert werden (JUHL *et al.*, 1985; JUHL *et al.*, 1989; JUHL *et al.*, 1991). In diesen Untersuchungen erhöhten sich die Metabolisierungsraten im Vergleich zu nicht induzierten Rattenleberenzymen um einen Faktor bis zu 40. Durch die Aroclor-Einwirkung wurden verstärkt DNA-schädigende Metaboliten der chlorierten Phenole gebildet.

Es wurde nicht nur eine quantitative, sondern auch eine qualitative Veränderung der Metabolisierung durch die Enzyminduktion mit Aroclor 1254 gemessen (JUHL *et al.*, 1991). Zusätzlich wurde ein Dioxin (Hydroxyhexachlordioxin) bzw. ein chloriertes Diphenochinon als Metabolit nachgewiesen (BUTTE *et al.*, 1988).

Die untersuchten chlorierten Phenole wirken auch selbst auf die Metabolisierungsenzyme. Insbesondere werden das Phase II-Enzym Sulfotransferase (MULDER und MEERMAN, 1978) und das Cytochrom P450-System (ARRHENIUS *et al.*, 1977) gehemmt. Durch die Hemmung seiner eigenen Metabolisierung konnte erklärt werden, daß die Metabolisierungsrate von PCP bei kleinen Ausgangskonzentrationen höher war als bei hohen (WITTE, 1987; JUHL *et al.*, 1985). Die Metabolisierungsrate einer 10 μmolaren PCP-Lösung lag um den Faktor 1000 höher als die einer 1 µmolaren PCP-Lösung (JUHL *et al.*, 1985). Damit besitzen kleinere Mengen an vom Organismus aufgenommenem PCP ein stärkeres DNA-schädigendes und zytotoxisches Potential als größere Mengen.

Kombinationswirkungen über erhöhte Schadstoffaufnahme in die Zelle aufgrund von Membranschädigung

Entscheidend für die Umsetzung des toxischen Potentials eines Schadstoffes ist die Frage, inwieweit dieser Schadstoff überhaupt seinen Wirkort in der Zelle erreicht. Mit der Zellmembran besitzt die Zelle eine wirksame Barriere gegenüber vielen Xenobiotika. Geladene und stark polare Verbindungen sind kaum in der Lage, die Lipidbilayer-Membran zu durchdringen, es sei denn sie können vorhandene aktive Transportmechanismen (mit)benutzen.
Chrom(III), das als hochtoxisches Agens gilt, wirkt auf Zellkulturen gegeben völlig untoxisch, da die Zellmembran für Cr(III)-Salze kaum oder nicht permeabel ist. Wird jedoch Cr(III) innerhalb der Zelle aus membrangängigen Chromverbindungen gebildet, so wirkt Cr(III) stark zytotoxisch.
Eine Schädigung der Zellmembran sollte also eine erhöhte Aufnahme von Noxen, die durch eine intakte Membran nicht diffundieren können, zur Folge haben. Dies bedeutet, daß die Kombination von membranschädigenden Agenzien (Tenside, Schwermetalle, lipophile Verbindungen) und schwer membrangängigen Substanzen (geladene und andere hydrophile Verbindungen) interaktiv synergistisch wirken sollten. Auf diese Ausgangshypothese aufbauend wurde mit Hilfe von Zellkulturen ein hochempfindliches Verfahren entwickelt, das zytotoxische Kombinationswirkungen im Niedrig-Konzentrationsbereich erfaßt (WITTE *et al.*, eingereicht a). Da membranschädigende Wirkungen in weitaus geringeren Konzentrationen (bis zu 1/80) als zytotoxische Wirkungen nachgewiesen wurden (WITTE und JACOBI, 1993), sollten auch subtoxische Konzentrationen des Membranschädigers ausreichen, um die Toxizität eines schwer membrangängigen Schadstoffes synergistisch zu verstärken. In der Tat zeigte sich, daß nahezu alle eingesetzten Substanzen in Konzentrationen, die selbst gerade noch keine toxische Wirkung hervorriefen (NOEC = **n**o **o**bserved **e**ffect **c**oncentration), die toxische Wirkung der hydrophilen Modellsubstanz 2,4-D(ichlorphenoxyessigsäure) synergistisch erhöhten, bzw. untoxische 2,4-D-Konzentrationen im Kombinationsexperi-

ment toxisch wirkten (WITTE *et al.*, eingereicht b). Dabei korrelierten die für den synergistischen Effekt benötigten Konzentrationen der Membranschädiger mit deren Lipophilität. Während für lipophile Substanzen (log POW: 4-6) µmolare Konzentrationen ausreichten, um die Toxizität von 2,4-D synergistisch zu verstärken, wurden für hydrophile Substanzen (log POW <1) mmolare Konzentrationen benötigt (WITTE *et al.*, eingereicht b).

Da Umweltchemikalien in komplexen Gemischen häufig in subtoxischen Konzentrationen der Einzelkomponenten auftreten, stellt sich die Frage, ob die Toxizität des Gemisches von der Anzahl der sie enthaltenden Komponenten abhängt. Dies würde bedeuten, je mehr Substanzen ein Gemisch enthält, desto geringere Konzentrationen der Einzelsubstanzen werden benötigt, um eine toxische Gesamtwirkung hervorzurufen. Diese Frage muß aufgrund eigener (JACOBI und WITTE, im Druck) und Ergebnissen anderer Autoren (Übersicht: ALTENBURGER *et al.*, 1993) wahrscheinlich bejaht werden. Ein ternäres Gemisch in Konzentrationen von je 1/3 NOEC der drei Einzelkomponenten hemmte das Wachstum menschlicher Fibroblasten (JACOBI und WITTE, im Druck). Ökotoxikologische Befunde liegen für komplexe Gemische aus bis zu 50 Einzelkomponenten vor (ALTENBURGER *et al.*, 1993). Zur Erreichung einer toxischen Wirkung verringerten sich auch hier die Konzentrationen der Einzelkomponenten in Abhängigkeit der Substanzzahl im Gemisch (KÖNEMANN, 1980; KÖNEMANN, 1981; HERMENS und LEEUWANG, 1982; HERMENS *et al.*, 1984).

TAKAYAMA *et al.* (1989) wiesen additive bis synergistische krebserzeugende Kombinationswirkungen in einem Gemisch aus 40 hydrophoben und hydrophilen Umweltkanzerogenen im Niedrig-Konzentrationsbereich nach. In diesem Fall ist jedoch zu vermuten, daß die Kombinationswirkung nicht allein auf eine erhöhte Aufnahme der einzelnen kanzerogenen Komponenten zurückzuführen ist, da die Krebsentstehung ein so komplexes Reaktionsgeschehen darstellt, daß eine Vielzahl an Möglichkeiten interaktiver Wechselwirkungen besteht.

Aus den genannten Ergebnissen können allgemeine Schlüsse auf Kombinationswirkungen von – in der Regel unspezifisch toxisch wirkenden – Umweltchemikalien gezogen werden:

1. Hydrophobe und hydrophile Verbindungen in einem Gemisch verstärken sich synergistisch in ihrer Toxizität.
2. Subtoxische Konzentrationen der einzelnen Komponenten können im Gemisch zu einer toxischen Gesamtwirkung führen.

Chemische Reaktionen zwischen Schadstoffen können zu Produkten mit geringerer oder höherer Toxizität als ihre Ausgangsverbindungen führen. Aufgrund der veränderten chemischen Eigenschaften sollten die Produkte auch andere Schäden in der Zelle hervorrufen als die Ausgangsverbindungen.

Ein bekannter und gut untersuchter chemischer Reaktionsmechanismus zwischen Xenobiotika stellt die Nitrosierung von sekundären Aminen mit Hilfe von Nitrit im sauren Milieu des Magens dar (EISENBRAND, 1981). Die vergleichsweise untoxischen Ausgangsverbindungen Nitrat und Amin werden mit der Nahrung aufgenommen. Nitrat wird von Bakterien im Speichel reduziert. Unter sauren Bedingungen findet dann die Nitrosierung der Amine zu hochtoxischen und kanzerogenen Nitrosaminen statt.

Eine erst in den Anfängen untersuchte, aber möglicherweise bedeutsame Kombinationswirkung von Umweltchemikalien stellen Oxidationsreaktionen mit Kupfer dar. Das Übergangsmetall Kupfer kann als Cu(II)-Ion ein Elektron aufnehmen. Es wurde nachgewiesen, daß Cu(II) insbesondere sauerstoffhaltige organische Verbindungen zu oxidieren vermag und die daraus resultierenden Cu(I)-Moleküle mit Luftsauerstoff Folgereaktionen auslösen (LI und TRUSH, 1993; BUSCHFORT und WITTE, 1994; JACOBI *et al.*, 1992; BECKER *et al.*, 1993). Dabei entstehen reaktive Sauerstoffspezies (ROS) wie H_2O_2, O_2- und $^{\cdot}OH$-Radikale, die aufgrund ihrer hohen Reaktivität mit vielen Molekülen ihrer unmittelbaren Umgebung reagieren. In der Zelle treten dabei Membranschädigungen (Lipidperoxidation), Protein- und insbesondere DNA-Schäden mit zytotoxischen, mutagenen und kanzerogenen Folgen auf.

Es wurde in meiner Arbeitsgruppe gezeigt, daß neben Hydrochinonen auch organische Säuren (JACOBI und WITTE, 1991; JACOBI *et al.*, 1992), Aldehyde (BECKER *et al.*, eingereicht) und schwefelhaltige Verbindungen wie Thiocarbamate und Thiole (WITTE, unveröffentlicht) durch Cu(II) oxidiert werden und zu DNA-schädigenden, cyto- und genotoxischen Wirkungen führen, die für die Einzelsubstanzen nicht nachweisbar waren. Untersuchungen zu den jeweiligen Reaktionsmechanismen lassen vermuten, daß neben ROS zum Teil auch andere DNA-schädigende reaktive Zwischenprodukte entstehen (BECKER *et al.*, eingereicht).

In komplexen Naturstoff- und Biozidmolekülen liegen häufig mehrere oxidierbare funktionelle Gruppen vor. So wurden z. B. für µmolare Konzentrationen an Tetracyclin (BUSCHFORT und WITTE, 1994), Propylgallat (BECKER *et al.*, 1993) oder dem Pestizid Zineb (WITTE, unveröffentlicht) in Kombination mit Cu(II) DNA Einzel- und Doppelstrangbrüche nachgewiesen, während die Ausgangsverbindungen keine DNA schädigende Wirkung zeigten. Auf menschliche Fibroblasten wirkten diese Kombinationen ebenfalls synergistisch toxisch, nachgewiesen als Wachstumshemmung und/oder akute Toxizität.

Die Bedeutung Cu(II) katalysierter Oxidationen hinsichtlich ihrer zytotoxischen, mutagenen und kanzerogenen Folgen für Mensch und Umwelt kann noch nicht abgeschätzt werden. Der Anteil an Cu(II)-oxidierbaren Xenobiotika ist groß. Der Mensch nimmt sowohl in Form von Naturstoffen als auch von Bioziden und Additiven in Lebensmitteln oder als Pharmaka eine Vielzahl von Cu(II) oxidierbaren Verbindungen auf. Es gibt Hinweise, daß eine Form der frühkindlichen Leberzirrhose mit tödlichen Folgen (German Childhood Cirrhosis) auf synergistische Wirkungen zwischen Kupfer und Umweltchemikalien zurückzuführen sind (DIETER, 1995). Für die BRD wurde in umfangreichen epidemiologischen Untersuchungen in diesen Fällen als gemeinsamer, aber ursächlich nicht ausreichender Faktor die Trinkwasserversorgung über Kupferleitungen aus Eigenbrunnen ermittelt (SCHIMMELPFENNIG und DIETER, 1995). Für das (ehemalige) BGA »liegt es deshalb vorerst nahe, einen Zusatzfaktor x, der mit Kupfer synergistisch wirken könnte, zu postulieren« (DIETER, 1995). Die dargestellten Ergebnisse über Kupfer-Synergismen (z. B. mit Pestiziden) könnten hier einen Anhaltspunkt für die »Kombinationsfaktoren x« liefern.

Das toxische Potential aus radikalischen Kupfer-Redoxreaktionen erscheint aus verschiedenen Gründen hoch:

1. Durch die beschriebenen Cu(II)-bedingten Redoxreaktionen treten neben DNA-Einzelstrangbrüchen auch Doppelstrangbrüche auf. Doppelstrangbrüche sind für die Zelle weit schwieriger zu reparieren als Einzelstrangbrüche und somit sind auch die toxischen Folgen weit größer.
2. In der Kanzerogenese werden mehrere Teilschritte unterschieden, die notwendig sind, um Krebs auszubilden. Hierzu gehören die Initiation, die durch einen Initiator (= Krebs erzeugender Stoff) zunächst ohne Folgen für den Organismus ausgelöst wird, und die Promotion, die durch einen Promotor (= bedingt Krebs erzeugender Stoff) zur Krebs-entwicklung führt. Durch die beschriebenen Reaktionen mit Cu(II) entstehen sowohl Promotoren (ROS) als auch mit den vermuteten, bzw. nachgewiesenen Kohlenstofragmenten Initiatoren. Mit der gleichzeitigen Initiator- und Promotorwirkung liegen somit Kombinationen vor, von denen eine komplette krebserzeugende Wirkung erwartet werden kann.

Schlußfolgerungen

Die Möglichkeiten einer Toxifizierung durch Kombinationen erscheinen im Vergleich zu einer Detoxifizierung häufiger und von allgemeinerer Bedeutung. Insbesondere die synergistisch toxische Wirkung von Gemischen aus polaren und apolaren Komponenten aufgrund einer erhöhten Schadstoffaufnahme in die Zelle wird ein häufig auftretendes Phänomen darstellen.
Die erhöhte Aufnahme von Schadstoffen nach Vorschädigung der Zellmembran führt nicht nur zu einer verstärkten Zytotoxizität. Auch für Mehrstufenprozesse wie die Kanzerogenese (siehe oben) und die Mutagenese können sich schwerwiegende Folgen zeigen, wenn in einem Gemisch gleichzeitig Initiator und Promotor oder Mutagen und DNA-Reparatur Hemmstoff vorliegen. In diesem Fall wird es sinnlos, zwischen den jeweiligen Eigenschaften zu unterscheiden. In der Kombination trägt ein Promotor bzw. ein Hemmstoff der DNA-Reparatur ebenso zur Krebsentstehung oder Mutationsauslösung bei wie das Kanzerogen oder das Mutagen selbst. Gesetzlich berücksichtigt werden bis heute aber ausschließlich Gefähr- dungen durch Kanzerogene (Initiatoren) und Mutagene. Faktoren, die diese Prozesse verstärken, bleiben bislang unberücksichtigt.
Während Synergismen als weit verbreitete Phänomene einzustufen sind, scheinen antagonistische Kombinationswirkungen sich auf spezielle Wechselwirkungen zwischen zwei Molekülen sowie auf einige wenige Stoffklassen zu beschränken. Von besonderer Bedeutung sei die Klasse der Antioxidantien genannt, wobei die Vitamine C und E eine herausragende Rolle in der effizienten Verhinderung von Strahlen- und ROS bedingten Schäden spielen. Auch einige Phenolabkömmlinge haben eine antioxidative Wirkung (KAHL, 1984; EMERIT *et al.*, 1990) und werden in dieser Funktion Lebensmitteln zugesetzt. Antioxidantien besitzen jedoch häufig auch eine prooxidative und somit toxifizierende Wirkung (KAHL *et al., 1990;* KAHL, 1991) wie durch uns am Beispiel des antioxidativen Lebensmittelzusatzstoffes Propylgallat gezeigt wurde (BECKER *et al.*, 1993). Antagonistische Wirkungen, die im Fall von genotoxischen Verbindungen auch zu antimutagenen und antikanzerogenen Wirkungen führen, kommen entweder durch Verhinderung des Auftretens toxischer Spezies zustande oder durch deren Inaktivierung. In beiden Fällen sind spezifische Reaktionen nötig, die nicht für die Mehrzahl der Umweltchemikalien zutreffen.
In der Gesetzgebung bleiben in der Regel Kombinationswirkungen von Schadstoffgemischen unberücksichtigt. In wenigen Fällen wird unter der Bedingung, daß

es sich um »gleich« oder »ähnlich« wirkende Substanzen im Gemisch handelt, eine Additivität der Einzelwirkungen angenommen (ALTENBURGER *et al.*, 1993, KÜHN-BIRETT, 1989). Hierbei ist jedoch nicht definiert, was unter »gleich« oder »ähnlich« zu verstehen ist. Auch wird die Additivitätsannahme nur umgesetzt, wenn Grenzwerte für die einzelnen Stoffe existieren und ihre biologische Wirkung bekannt ist (KÜHN-BIRETT, 1989). In manchen Fällen wird ein willkürlicher Grenzwert für die Summe aller im Gemisch enthaltenden Einzelsubstanzen einer Schadstoffklasse angegeben, wie er bislang von der EG mit 0,5 µg/l Pestizide im Trinkwasser festgelegt worden war (ALTENBURGER *et al.*, 1993), nun aber wieder ersatzlos gestrichen werden soll.

Für die Grenzwertbetrachtung spielen synergistische Kombinationswirkungen eine entscheidende Rolle. Synergismen (wie auch Additionswirkungen) können zu toxischen Kombinationseffekten führen, auch wenn die Einzelkomponenten in der im Gemisch vorliegenden Konzentrationen selbst keine toxische Wirkung zeigen. Aus heutiger wissenschaftlicher Sicht muß deshalb die Beurteilung von Stoffgemischen qualitativ und quantitativ losgelöst von der Einzelstoffbetrachtung erfolgen:

1. Die zytotoxische Kombinationswirkung in Gemischen aus hydrophilen Komponenten und zumindest einer hydrophoben Verbindung sollte als synergistisch beurteilt werden, wobei jede Komponente zur Toxizität beiträgt.
2. Faktoren, die die kanzerogene, mutagene oder teratogene Wirkung einer Noxe im Gemisch verstärken, müssen in gleicher Weise berücksichtigt werden wie das Kanzerogen, Mutagen oder Teratogen selbst.
3. Grenzwerte für einzelne Stoffe (z. B. Cu (II)), von denen bekannt ist, daß sie mit einer Vielzahl anderer Xenobiotika eine erhöhte toxische und/oder genotoxische Kombinationswirkung ausüben, sollten – unabhängig von ihren Kombinationspartnern – entsprechend dem wissenschaftlichen Erkenntnisstand herabgesetzt werden.

Roland Scholz

Umwelt als Krankheitsursache: Biochemische Wirkungsmechanismen

Über biochemische Wirkungsmechanismen von Umweltnoxen (Noxe = krankheitserregende Ursache) ist wenig bekannt. Zwar gibt es gesicherte Vorstellungen über die Wirkungsweise von Schadstoffen, wenn sie in hoher Dosierung verabreicht werden; jedoch für das Entstehen chronischer Schäden, die oft erst nach jahrelanger Einwirkung in minimalen Mengen, zusammen mit einer Unzahl anderer Schadstoffe, auftreten, kann der Biochemiker – wenn überhaupt – nur Hypothesen anbieten.

Bei umweltbedingten Krankheiten denkt man zunächst an Krebs und Leukämie – einmal, weil die Statistiker eindeutige Diagnosen, möglichst auf Totenscheinen, für ihre Zählungen verlangen und sich schwer tun mit bloßen Befindlichkeitsstörungen. Hinzu kommt, daß der Pathomechanismus der Krebsentstehung in Grundzügen verstanden ist, was die Akzeptanz einer Kausalität erleichtert.

Es ist aber nicht nur die Zunahme der Krebserkankungen und das Vorrücken des Krebsalters. Ebenso bedrohlich sind die Anzeichen von Störungen des Immunsystems. Längst überwunden geglaubte Infektionskrankheiten tauchen wieder auf. Die Gesundheitsämter registrieren vermehrt Neuerkrankungen an Tuberkulose. (Aus Belorußland wird berichtet, daß in den durch den Tschernobyl-Fallout belasteten Bezirken die Tuberkulose-Meldungen ansteigen und inzwischen zehnfach über den Zahlen vor 1986 liegen.) Die Häufung allergischer Reaktionen ist unübersehbar. Zum Beispiel litt in den 20er Jahren in der Schweiz weniger als 1% der Bevölkerung an Heuschnupfen, mehr in städtischen als in ländlichen Regionen. Sechs Jahrzehnte später sind es bereits 10 bis 15%, vorwiegend Kinder und junge Erwachsene, ohne Unterschied zwischen Stadt und Land. Allergisches Bronchialasthma und atopisches Ekzem nehmen ebenfalls zu; eine Prävalenz von 3 bis 10% für Asthma bzw. 10 bis 15% für Ekzeme im Kindesalter wird als realistisch angesehen. Dies alles ist schwerlich nur mit einer Vermehrung von outdoor- (Pollen) und indoor-Allergenen (Milben, Haustiere, Schimmelpilz) oder mit einer Änderung ihrer antigenen Eigenschaften zu erklären, wie oft versucht wird. Viel wahrscheinlicher – auch wenn die Ursache im Dunkeln liegt – ist eine grundlegende Störung des Immunsystems. Die Zunahme der Pollinosis wäre dafür ein Indikator.

Angeblich werden immer mehr Autoimmunkrankheiten diagnostiziert. Ist dies die Folge fortschreitender Erkenntnisse in der Krankheitslehre, also bloß eine Neubenennung alter Krankheitsbilder? Oder ist hier tatsächlich eine Zunahme zu verzeichnen?

Daneben treten neue Krankheitsbilder auf, die in keinem Lehrbuch beschrieben sind. Wir Ärzte stehen ihnen hilflos gegenüber. Weil die somatischen Beschwerden diffus sind, sich mit unserem diagnostischen Rüstzeug kaum fassen lassen und zudem von psychischen Absonderlichkeiten überlagert sind, wird den Patienten oft Unrecht getan. Die Holzschutzmittelgeschädigten, zum Beispiel, werden immer wieder als Querulanten abqualifiziert. Das querulatorische Potential der Bevölkerung, so hört man, suche sich als Vehikel, was gerade Mode ist – derzeit sei es die Innenraumluft. Könnte das querulatorische Erscheinungsbild dieser Patienten aber nicht ein Symptom ihrer Erkrankung sein und kein genuines Persönlichkeitsmerkmal?

Immunsystem und Krebs sind Indikatoren für unsere Auseinandersetzung mit der Umwelt. Die Zunahme von allergischen Reaktionen, chronischen Infektionen und Autoimmunkrankheiten sowie das Vorrücken der Krebskrankheit in jüngere Altersklassen zeigen an, daß das biologische Gleichgewicht von Schadenssetzung und Schadensbewältigung gestört ist.

Natürliche und anthropogene Noxen

Leben hat sich entwickelt in einer lebensfeindlichen Umwelt. Zu den Noxen physikalischer Art (Strahlung) und chemischer Art (Radikale des Sauerstoffs, Schwermetalle u. a.) kamen im Laufe der Evolution die von den Lebewesen selbst erzeugten Gifte (Toxine). Leben konnte sich nur erhalten bei gleichzeitiger Entwicklung einer Gegenwehr. Beispiele sind das Glutathionsystem zur Beseitigung von Sauerstoff-Radikalen oder die Enzymsysteme zur Reparatur von Mutationen oder das Immunsystem zur Abwehr eiweißartiger Makromoleküle oder das Cytochrom-P450-System zur Beseitigung von hydrophoben Minimolekülen. Ständig wird ein biologisches Gleichgewicht zwischen Schadenshäufigkeit und der Fähigkeit zur Gegenwehr angestrebt, indem die nicht ausreichend angepaßten Individuen eliminiert werden und die besser angepaßten sich vermehren. Jede Zunahme der Schadenshäufigkeit trifft zwangsläufig diejenigen Individuen, deren Fähigkeit zur Gegenwehr bislang gerade noch ausreichte, die jedoch in der neuen Situation überfordert sind. Dieses Grundprinzip der Evolution muß bedacht werden, wenn wir unseren Lebensraum mit Schadstoffen unentwegt anreichern. Mit anthropogenen Noxen lösen wir einen Selektionsprozeß aus, der zwar auf lange Sicht arterhaltend wirkt, der aber – mit Blick auf die jetzt lebenden Individuen bzw. auf nur wenige Generationen – Leiden und vorzeitigen Tod bedeutet.

Bei den Noxen aus der chemischen und metallverarbeitenden Industrie, aus dem Verkehr, aus der Nutzung der Atomenergie, aus Müllverbrennungsanlagen handelt es sich zunächst um eine Erhöhung der natürlichen Schadenshäufigkeit. Neben dem quantitativen Aspekt gibt es aber auch neue Schadensqualitäten. Zum Beispiel ist die energiereiche Strahlung, der die Bevölkerung durch Atomkraftwerke und Wiederaufbereitungsanlagen ausgesetzt ist, vorwiegend eine Teilchenstrahlung aus inkorporierten Radionukliden, vergleichbar dem natürlichen Kalium-40. Neu sind Organspezifität und Akkumulation (z.B. in Schilddrüse und Knochen durch Radioisotope des Jods, Tellurs bzw. des Strontiums, Bariums u.a.). Dadurch ist eine neuartige Gefährdung gegeben.

Ein anderes Beispiel: hydrophobe Minimoleküle sind im Pflanzenreich weit verbreitet; sie könnten den Tieren gefährlich werden, wenn jene nicht die Fähigkeit zur Umwandlung in wasserlösliche Stoffe (mit Hilfe des Cytochrom-P450-Systems) und damit zur Ausscheidung hätten.

Neu ist die Halogenierung von Kohlenwasserstoffverbindungen, wodurch extrem hydrophobe und stabile Stoffe entstehen, die außerdem kaum enzymatisch abbaubar sind. Die Folge ist eine lange Verweilzeit in der Biosphäre mit Akkumulation in allen Lipidphasen.

Aus gutem Grund scheint die Natur die Kohlenstoff-Halogen-Bindung (C-F, C-Cl, C-Br, C-J) vermieden zu haben. Bei Säugetieren taucht sie m.W. nur als Kohlenstoff-Jod-Bindung im Schilddrüsenhormon auf; als Kohlenstoff-Chlor-Bindung ist sie in etlichen Pilzgiften enthalten; insgesamt aber eine Rarität. Jedoch nicht bei den Produkten der Großchemie! Die deutsche Jahresproduktion an Chlorgas beträgt 4 Millionen Tonnen, überwiegend für die Synthese von chlorierten Kohlenwasserstoffen bestimmt. Ein Teil erscheint zudem in einer Vielzahl von Verbrennungsprodukten. Die Bioakkumulation dieser hydrophoben Minimoleküle in der Nahrungskette und im Menschen ist eine Errungenschaft der Chlorchemie! Chlorierte, bromierte und fluorierte Kohlenwasserstoffe sind qualitativ neue Noxen, die es vor 100 Jahren praktisch nicht gab, die heute ubiquitär sind und gegen die keine Gegenwehr entwickelt wurde.

Biochemische Wirkungsmechanismen von Umweltnoxen

In der traditionellen Medizin wird versucht, möglichst alle Lebensvorgänge auf Vorgänge auf der molekularen Ebene zurückzuführen. (Ob das der einzig richtige Weg ist, Leben zu begreifen, bleibe dahingestellt.) Wie ist mit diesem Denkansatz zu verstehen, daß Energie (Strahlung) oder Materie (Schadstoffe) in Intensitäten, die mit den Sinnen nicht wahrgenommen werden und oft an der Nachweisgrenze empfindlicher Meßgeräte liegen, nach Jahren zu Gesundheitsstörungen führen? Wie ist zu verstehen, daß inerte Stoffe, die nicht mit Biomolekülen reagieren, nach jahrelanger Einwirkung in winzigsten Mengen plötzlich Befindlichkeitsstörungen von Krankheitswert auslösen können?

Gesundheitsstörungen, die Umweltnoxen zugeschrieben werden, betreffen meist das Immunsystem, das Nervensystem und Gewebe mit hoher Zellteilungsrate (blutbildendes Organ, Haut und Schleimhäute, exokrine Drüsen). Dazu gehört auch die Entstehung von Krebs und Leukämie. Was macht gerade diese Zellen bzw. ihre Funktionen so empfindlich gegenüber Attacken aus der Umwelt? Welche Eigenschaften von Umweltnoxen sind es, die – auf molekularer Ebene – kritische Strukturen oder Funktionen tangieren?

Informationsschäden und Akkumulationsschäden

Zwei Mechanismen sind denkbar:
Erstens, »nadelstichartig« wird die »Blaupause« zur Steuerung der Lebensvorgänge verändert. Es werden *Informationsschäden* gesetzt, bei denen der materielle Schaden winzig ist, während die Folgen gewaltig sein können. Mutationen der Nukleinsäuren sind das materielle Korrelat solcher Informationsschäden; Krebs und Leukämie, vielleicht auch Störungen des Immunsystems, sind die Folgen.
Zweitens, Stoffe reichern sich im Organismus an und erreichen schließlich Konzentrationen (oder eine Schadensdichte), die zu Störungen führen können. Winzigste Konzentrationen in der Umwelt (Luft, Wasser, Nahrung), die bei kurzfristiger Exposition belanglos sind, können sich nach langer Expositionszeit zu *Akkumulationsschäden* führen.
Voraussetzung ist, daß ein Schadstoff aufgrund seiner Löslichkeit speicherbar ist (d.h. er muß fettlöslich sein) oder in Strukturen eingebaut werden kann. Kandidaten für Akkumulationsschäden sind hydrophobe Minimoleküle und knochensuchende Schwermetalle.

Informationsschäden durch Radioaktivität und alkylierende Agentien

Mit dem Konzept des Informationsschadens läßt sich erklären, warum winzige Energieeinträge oder Stoffmengen nach langer Latenz die Entwicklung von Krebs und Leukämie auslösen können. Nicht die Funktionsträger der Zelle (Enzyme, Membranen, Rezeptoren u.a.) werden primär geschädigt, sondern die Träger der Information (Nukleinsäuren im Kern). Bei geringer Intensität der Noxe ist zum Beispiel die Zahl geschädigter Enzymmoleküle gering und für das Funktionieren der Zelle belanglos. Für jedes ausgefallene Enzym stehen Zehntausende anderer zur Verfügung, die seine Funktion übernehmen. Anders ist es bei den Nukleinsäuren, von denen die Zelle jeweils nur zwei enthält. Auf ihnen ist die genetische Information zur Synthese von Funktionsträgern (Proteine) codiert. Ein Informationsschaden ist in der Regel erst dann gegeben, wenn auch das zweite Nukleinsäuremolekül an korrespondierender Stelle (alleles Gen) verändert wird. Da die

Zufallswahrscheinlichkeiten der Mutationen voneinander unabhängig sind, führt der Informationsschaden erst mit Verzögerung zu einer Funktionsstörung. Krebs und Leukämie entstehen, wenn ein Gen, dessen Genprodukt an der Kontrolle von Zellteilung, Wachstum oder Differenzierung beteiligt ist, eine Mutation erfährt. (Aus einem Protooncogen wird ein Oncogen.) Unkontrolliertes Wachstum läßt dann aus einer einzigen Zelle eine Zellwucherung entstehen. Mutationen von Genen für andere Funktionsträger führen in der Regel zum Zelltod und eliminieren damit den Informationsschaden. Denkbar ist aber auch, daß Gene für Rezeptormoleküle mutieren, z.B. im Immunsystem die Rezeptoren für Antigene (Immunglobuline, T-Zell-Antigen-Rezeptoren) oder für Hormone der interzellulären Kommunikation (Interleukine). Es könnten dann Zell-Linien mit veränderter Affinität zu Antigenen oder mit veränderter Kommunikationsfähigkeit entstehen. Nicht Leukämie wäre jetzt die Folge des Informationsschadens, sondern Immunschwäche und Allergie.

Radioaktivität

Energiereiche Strahlung (Photonen- oder Teilchenstrahlung) ist die Noxe, deren gefährliche Wirkung auf einen lebenden Organismus über Informationsschäden vermittelt wird. Es ist meist nicht die direkte Energieabgabe an das Nukleinsäuremolekül, das die Mutation bewirkt, sondern die Reaktion mit Radiolyseprodukten des Wassers. (70% des Körpers besteht aus Wasser; weniger als 1% sind Nukleinsäuren. Dementsprechend wird Strahlungsenergie vorwiegend an Wasser abgegeben. Bei der Radiolyse des Wassers entstehen hochreaktive reduzierende und oxidierende Radikale.) Durch radikalische Reaktionen kann die Polarität von Basen geändert werden, so daß falsche Basenpaarungen bei der Replikation (Genom-Verdopplung vor der nächsten Zellteilung) möglich sind. In der Information für das betreffende Genprodukt steckt dann die Codierung für eine falsche Aminosäure, was weitreichende Konsequenzen haben kann.

Alkylierende Agentien

Der gleiche Mechanismus kann für eine Vielzahl alkylierender Agentien angenommen werden. Typische Vertreter sind dic Lost-Verbindungen und die ubiquitären Nitrosamine; sie alkylieren Nukleinsäurebasen an nukleophilen Positionen mit der Folge, daß Basenpaarungen verfälscht oder sogar verhindert werden. Während die Lost-Verbindungen direkt alkylieren und sofort wirken (deshalb auch die Verwendung als militärische Kampfgase, z.B. Gelbkreuz oder Yperit, 1917 erstmals bei Ypern eingesetzt), müssen die Nitrosamine zuerst durch einen enzymatischen Prozeß (Hydroxylierung durch das Cytochrom-P450-System) zum Alkyl-Kation aktiviert werden, bevor sie sich einer Base anlagern können und damit eine Mutation erzeugen.

Halogenierte Kohlenwasserstoffe: hydrophobe und persistente Minimoleküle als neuartige chemische Noxe

Die halogenierten Kohlenwasserstoffe, denen wir uns permanent – gewollt oder ungewollt – aussetzen, sind Produkte der Chlorchemie. Es sind neuartige Noxen, vom Menschen in jüngster Zeit erfunden. Mit jährlich steigenden Zuwachsraten werden sie produziert und in die Umwelt freigesetzt. Die anfängliche Euphorie, Produkte geschaffen zu haben, die besser sind als die der Natur (weil inerter, stabiler, hydrophober, persistenter, weniger enzymatisch abbaubar), weicht allmählich einem Katzenjammer; denn gerade diese wunderbaren neuen Eigenschaften machen Probleme.

Akkumulation hydrophober Minimoleküle in Membranen

Die Natur hat bei ihren Produkten und deren Erprobung über viele Millionen Jahre hinweg die Chlor-Kohlenstoff-Bindung weitgehend vermieden. Es bestand deshalb in der Phylogenese kein Bedarf, die Cytochrom-P450-Systeme darauf zu spezialisieren, daß sie auch aromatische Polyzyklen mit der störenden Chlor-Kohlenstoff-Bindung enzymatisch hydroxylieren. Wenn chlorierte Kohlenwasserstoffe über Atemluft, Trinkwasser und Nahrung aufgenommen werden, können sie nicht rasch genug in hydrophile, über die Nieren ausscheidbare Verbindungen umgewandelt werden. Sie reichern sich im Körperfett an. Halbwertzeiten von 10 Jahren für das Verbleiben im Körper sind die Regel. Winzigste, in Luft und Wasser kaum nachweisbare Konzentrationen können sich somit über Jahre hinweg zu beträchtlichen Körpergehalten aufschaukeln. Zum Beispiel liegt die tägliche Aufnahme der inzwischen ubiquitär vorhandenen chlorierten Dioxine im Pico(10^{-12})-gramm-Bereich (pro kg Körpergewicht); ihr Körpergehalt liegt bei Erwachsenen im Nano(10^{-9})-gramm-, bei stark Exponierten sogar im Mikro(10^{-6})-gramm-Bereich.

Der Akkumulationsfaktor in der Nahrungskette – zum Beispiel von der Konzentration im Meereswasser über Gehalte im Plankton bis hin zu Säugetieren – kann viele Zehnerpotenzen betragen. (1989 mußten die Opfer des Robbensterbens in der Nordsee als Sondermüll »entsorgt« werden!) Auch der Mensch steht am Ende einer langen Nahrungskette.

Wie gefährlich ist die Akkumulation der chlorierten Kohlenwasserstoffe im Fettgewebe? Sind die Robben gestorben, weil die Fett-Tröpfchen in den Zellen und die Lipoprotein-Komplexe im Blutplasma beträchtliche Mengen an polychlorierten Benzolen, Phenolen, Biphenylen, Dioxinen, Furanen etc. etc. enthielten? Sicherlich nicht! Es war eine Epidemie mit dem Hunde-Staupe-Virus, so heißt es, – und wir sind beruhigt! Aber warum hat eine Virusinfektion, die sicherlich nicht das erste Mal die Robben heimsuchte, plötzlich die Population in der Nordsee dezimiert, – so als wenn bei einer Grippe-Epidemie in Mitteleuropa viele Millionen Menschen sterben würden?

Membranen

Gefährlich sind die hydrophoben Minimoleküle – nicht, weil sie sich in den Fett-Tröpfchen anreichern, sondern weil sie auch in der Lipidphase der Membranen stecken. Lebensvorgänge sind an Membranen gebunden: Die Plasmamembran schirmt den Innenraum der Zelle von der »Umwelt« ab; sie ist verantwortlich für den selektiven Austausch von Stoffen (Nährsubstrate, Schlacken) und Informationen (Hormone). Der Innenraum einer Zelle ist vielfältig gekammert. Neben der Aufrechterhaltung der intrazellulären Ordnung sind die trennenden Membranen die Träger von Multienzymkomplexen, die die Prozesse der Energiegewinnung, Proteinsynthese, Entgiftung etc. katalysieren. Ohne intakte Membranen ist Leben nicht möglich!

Biologische Membranen sind aufgebaut aus Phospho- und Glykolipiden, deren gemeinsames Merkmal zwei hydrophobe Schwänze und ein hydrophiler Kopf ist. 10^8 bis 10^9 solcher Bausteine sind in der Plasmamembran einer einzigen Zelle enthalten. In der charakteristischen Doppelschicht- oder Sandwich-Struktur bilden die hydrophoben Schwänze innen die Lipidphase, gewissermaßen einen Ölfilm; die hydrophilen Köpfe bilden die beiden Außenseiten. Der Ölfilm hat eine Dicke von 4 bis 5 nm. In ihm können sich hydrophobe Moleküle lösen, sofern sie deutlich kleiner sind. Das chlorierte Dioxin-Molekül hat eine Größe von 0,8 x 1,6 nm; Chloroform ist nur 0,4 x 0,5 nm groß. Beide können sich also gut in Membranen lösen, wobei das kleinere Chloroform leichter wieder heraus diffundiert als das größere Dioxin; aufgrund stärkerer hydrophober Wechselwirkungen werden Dioxin und ähnliche Moleküle von der Membran festgehalten. Wesentlich größere polyzyklische Verbindungen, wie z.B. Benzpyren, dringen dagegen weniger gut in Membranen ein, sehr große überhaupt nicht, weil die Schichtdicke des Ölfilms zum Lösen nicht ausreicht. Zusammengefaßt: Die problematischen Minimoleküle aus den Familien der Benzole, Phenole, Biphenyle, Dioxine und Furane haben die ideale Größe, um sich dauerhaft in biologischen Membranen einzunisten.

In den Membranen »schwimmen« Funktionsproteine. Sie bilden Kanäle für den Durchtritt von Wasser und Ionen; sie sind Carrier für den Stofftransport, Rezeptoren für Signale (Hormone), Haftstellen für Zell-Zell-Kontakte und vieles andere. Meist bestehen sie aus mehreren Komponenten, die weiträumig herumschwimmen (wie Korken auf dem Wasser, die mit langen Fäden verbunden sind) und die erst nach Aktivierung (z.B. durch Bindung eines Hormons) zu einer funktionellen Einheit zusammentreten, (so als wenn eine ordnende Hand die Fäden zusammenfaßt und die Korken daraufhin aufeinanderzu schwimmen und sich aneinander lagern). Man kann sich leicht vorstellen, daß allzu viele Fremdmoleküle in einer Membran die Bewegungen und damit die Funktion der Membranproteine behindern, (so als wenn unter der Wasseroberfläche Teerklumpen treiben, die den Korken beim gerichteten Schwimmen im Wege sind).

Bei einem Gehalt von 1 ng an chlorierten Dioxinen pro kg Körpergewicht wären es zwischen 100 und 1000 Dioxin-Moleküle, die sich in den Membranen einer einzigen Zell einnisten. Laut Bundesgesundheitsamt soll der Gehalt sämtlicher Dioxine und Furane bei »normal« belasteten Personen im Mittel 300 ng/kg betragen. Hinzu kommen die übrigen Stoff-Familien, von denen PCB mengenmäßig den weitaus größten Beitrag liefert. Bei einem Gesamtkörpergehalt im mikrogramm-Bereich können es also eine Million und mehr dieser hydrophoben Minimoleküle pro Zelle sein. Auf 1000 (vielleicht sogar nur auf 100 oder weniger) normale Lipidbausteine käme dann ein »Teerklumpen«. Und das Verhältnis wird ständig ungünstiger, je länger wir den Produkten der Chlorchemie ausgesetzt sind! Das kann nicht ohne Folgen bleiben!

Immunsystem und Nervensystem: hohe Empfindlichkeit gegenüber Membranschäden

Die Struktur von Membranen bedingt ihre Funktion. Es liegt deshalb nahe, daß Zellen, die ganz besonders auf Informationsaustausch über die Plasmamembran angewiesen sind, höchst empfindlich auf Membranschäden reagieren. Das ist der Fall bei den Zellen des Immun- und Nervensystems, deren Oberfläche dicht mit Rezeptoren und Signalübertragungsproteinen besetzt sind. In der Tat, im Vordergrund stehen Beschwerden, die auf Störungen von Immun- und Nervensystem zurückzuführen sind. In allen Kasuistiken, z.B. bei den Holzschutzmittelgeschädigten, liest man von häufigen Infektionen, schlecht heilenden Wunden und allergischen Reaktionen sowie von Neuropathien, Koordinationsstörungen und Verwirrtheitszuständen.

Immunsystem

Das Immunsystem besteht aus einer Vielzahl unterschiedlicher, hochdifferenzierter Zellen, verteilt über den ganzen Körper, die bei jeder noch so banalen Abwehrreaktion zu einer konzertierten Aktion zusammengefaßt werden müssen. Die verschiedenen Zellen kommunizieren über Hormone (Interleukine), von denen in jüngster Zeit ständig neue identifiziert werden. Inzwischen zählen wir mehr als ein Dutzend Interleukine und ebenso viele der ihnen verwandten Wachstumsfaktoren. Sie wirken nicht nur auf Zellen des Immunsystems, sondern gleichfalls auf Gehirn, Leber und andere Organe. Im Gehirn, zum Beispiel, wird durch sie der Thermostat heraufgestellt und Fieber ausgelöst; in der Leber wird u.a. die Produktion derjeni-

gen Plasmaproteine angeregt, die den Organismus vor den eiweißspaltenden Enzymen schützen, welche die weißen Blutkörperchen beim Abwehrkampf zwangsläufig freisetzen. Die Abwehr lokaler bakterieller Entzündungen, systemischer viraler Infektionen oder entarteter Zellen wird damit zu einem Prozeß, an dem der ganze Organismus beteiligt ist.
Die Kontakte immunkompetenter Zellen mit Antigenen, das »Präsentieren« aufbereiteter Antigene, die spezifische Sekretion von Interleukinen, das Wahrnehmen der Interleukin-Signale durch spezifische Rezeptor-Bindung und die Übertragung von Informationen in das Zellinnere, das alles sind Vorgänge, die eine ungestörte Plamamembran voraussetzen. Es liegt also nahe, daß Membranschäden infolge Akkumulation hydrophober Minimoleküle frühzeitig das Immunsystem beeinträchtigen.

Nervensystem

Gleiches gilt für das Nervensystem. Die Übertragung nervaler (elektrischer) Impulse von Zelle zu Zelle geschieht durch eine Vielzahl von Überträgerstoffen. Ihre präsynaptische Sekretion und postsynaptische Bindung sind membrangebundene Vorgänge. Hinzu kommen die hormonalen Impulse, z.B. von Hormonen des Gastrointestinaltraktes, für die es auf bestimmten Zellen im ZNS spezifische Rezeptoren gibt. Soweit deren Strukturen aufgeklärt sind, trifft auf sie das Bild von den schwimmenden, durch Fäden verbundenen Korken zu, die mit ordnender Hand zusammengeführt werden. Denkbar ist, daß hydrophobe Moleküle, die sich in der Membran eingenistet haben, Rezeptoraktivierung und Informationsübertragung behindern.
Letztlich ist diese Hypothese nicht originell, denn so stellt man sich die Wirkung der Narkosegase vor. Eine massive Einlagerung von hydrophoben Minimolekülen aus der Familie der halogenierten aliphatischen Kohlenwasserstoffe (Chloroform, Halothan u.a.) führt zu Funktionsstörungen im Nervensystem (und anderswo). Als zeitlich begrenzte narkotische Wirkung sind sie erwünscht. Damit die Narkose – letztlich Ausdruck einer hochgradigen Störung des ZNS – rasch eintritt, sind hohe Konzentrationen erforderlich, viele Zehnerpotenzen höher als die, die bei Umweltgiften zur Diskussion stehen. Von Vorteil ist, daß Narkosegase abgeatmet werden und sich nicht in Membranen akkumulieren (Verteilungskoeffizient Öl/Wasser für

Halothan etwa 100, für chlorierte aromatische Kohlenwasserstoffe sehr viel größer).
Es steht außer Frage, daß nur bei extrem hohen Konzentrationen so viele Minimoleküle in Membranen eingelagert werden, daß es akut zu massiven Funktionsstörungen kommt (siehe Narkose). Daß derartige Konzentrationen im Körper auch nach Akkumulation bei Langzeitexposition nicht zu erwarten sind, steht ebenfalls außer Frage. Das Konzentrationsargument widerlegt m.E. aber nicht die hier skizzierte Hypothese eines Membranschadens; denn die chronischen Funktionsstörungen, z.B. eines Holzschutzmittelgeschädigten, kommen im Schweregrad bei weitem nicht an eine Narkose heran. Außerdem können minimale Störungen, die kurzzeitig belanglos sind, sich allmählich aufschaukeln.
Das klinische Bild der Betroffenen (Holzschutzmittelgeschädigte, Chemiearbeiter, Lösungsmittelexponierte) ist diffus und wechselhaft. Das ist verständlich; denn die Akkumulation ist sicherlich nicht spezifisch für bestimmte ZNS-Areale sowie nicht überall und jederzeit gleich stark ausgeprägt. Schließlich wird eine Störung immer erst dann sichtbar, wenn irgendwo »ein letzter Tropfen das Faß zum Überlaufen bringt«.

Nicht »die Dosis allein macht das Gift«, sondern Dosis und Einwirkungsdauer

Paracelsus wird der Satz zugeschrieben, daß es von der Dosis abhängt, ob ein Stoff Gift oder Heilmittel ist. Umwelttoxikologisch muß es heißen: Die Dosis (Konzentration in Wasser und Luft, Menge der täglichen Aufnahme mit der Nahrung) multipliziert mit der Expositionszeit entscheidet, ob ein potentieller Schadstoff einen Schaden setzt und – bei deterministischen Schäden – wie groß das Ausmaß des Schadens ist. Man wird hierbei an das makabre Haber'sche Letalitätsprodukt (Konzentration mal Zeit) für die Wirkung von Kampfgasen erinnert, mit dem 1915 eine menschenverachtende Kriegsführung wissenschaftlich verbrämt wurde.
Umwelttoxikologie erschöpft sich meist in Umweltanalytik. Hilft es aber weiter, wenn mit immer feineren Methoden immer geringere Schadstoffkonzentrationen erfaßt werden? Mit Nano-, Pico- und Femto-Gramm, mit ppm, ppb und ppt lassen wir uns Unbedenklichkeiten suggerieren. (»ppt, das ist so, als wenn man 1 g Gift im Bodensee gleichmäßig verteilt.«) Die Konzentration ist bloß einer von vielen

Parametern, und oft nicht der wichtigste. Wenn die Emissionen bei der Bewertung von Umweltschadstoffen im Mittelpunkt stehen, wie es üblicherweise geschieht, dann bleibt außer acht, erstens, daß Gifte sich ihr Ziel suchen, zweitens, daß die Expositionszeiten lang sind, bei den Kindern lebenslang, und drittens, daß es sich immer um Schadstoffgemische handelt, von denen viele Komponenten sowie deren Interaktionen unbekannt sind. Die Rolle der Analytik bei der Aufklärung umweltbedingter Gesundheitsstörungen wird m.E. weit überschätzt.
Dasselbe gilt für Grenzwerte, die als aktuelle Konzentrationen oder Mengen (Aktivitäten), bezogen auf einen begrenzten Zeitraum, definiert sind. Grenzwerte berücksichtigen in der Regel nur akute toxische Wirkungen. Nur im Hinblick auf Frühschäden geben sie die Grenze an, bis zu der ein Schadstoff unbedenklich ist. Sie garantieren keinen Schutz vor möglichen Spätschäden (stochastische Informationsschäden, deterministische Akkumulationsschäden). Zumindestens bei Schadstoffen, die sich im Körper akkumulieren, sollte die zu erwartende Expositionszeit (für Kinder lang, für ältere Erwachsene kurz) in die Grenzwerte eingebaut werden.

Dioxin

Seit dem ICMESA-Unfall 1976 in Seveso, bei dem eine dichtbesiedelte Region im Norden Mailands mit 2 kg 2,3,7,8-Tetrachlor-Dioxin großräumig verseucht wurde, stehen die Dioxine im Zentrum des umwelttoxikologischen Interesses. In der kontroversen Diskussion über die Gefahren der Müllverbrennung geht es meist nur um diese Stoffklasse; das ebenso brisante Problem der Schwermetalle in den Feinststäuben kommt dabei zu kurz. Ebenfalls vernachlässigt wird die Tatsache, daß eine Vielzahl anderer halogenierter zyklischer Kohlenwasserstoffe freigesetzt werden, die zwar eine wesentlich geringere akute Toxizität haben als das Seveso-Dioxin, die jedoch in tausendfach größeren Mengen dem Schornstein entweichen.
Anmerkung: Bei allen Verbrennungsprozessen werden Kohlenwasserstoffe zu CO_2 und oxidiert. (Beispiel: für 14 g $(CH_2)_n$ werden 48 g O_2 verbraucht; es entstehen 44 g CO_2 und 18 g H_2O.) Sauerstoff ist in der Flamme aber nicht überall ausreichend vorhanden. Wo O_2 die Oxidation limitiert, addieren sich Kohlenstoff-Radikale zu zyklischen aromatischen Verbindungen, die weniger Wasserstoff zum Abdecken freier Valenzen benötigen als aliphatische (kettenförmige) Kohlenwasserstoffe. (Aus 14 g $(CH_2)_n$ könnten 13 g Anthracen und 11 g H_20 entstehen - unter

Verbrauch von nur 10 g O_2, statt 48 g bei vollständiger Oxidation). Benzol, Phenole, Dioxine, Furane, Biphenyle, Naphthaline u.a. sind typische Produkte einer unvollständigen Kohlenstoffoxidation. Auf sie hat der Mensch sich leidlich eingestellt, so lange er mit dem Feuer umgeht, - dagegen nicht auf ihre halogenierten Derivate. Die entstehen, wenn das Verbrennungsgut bereits Kohlenstoff-Halogen-Bindungen enthält, – und das ist in wesentlichen Mengen erst seit Beginn der Chlorchemie der Fall.

Seveso-Dioxin: das »Ultragift«

2,3,7,8-Tetrachlor-Dioxin gilt als das Ultragift. In der Tat, es ist keine anthropogene Noxe mit geringerer tödlicher Dosis bekannt. Für Säugetiere liegt sie im Bereich von 1 mikrogramm (pro kg Körpergewicht, bei einmaliger Gabe). Nur die teuflischen Nervengifte auf der Basis der Alkylphosphate (VX, Sarin) kommen in ihrer akuten Toxizität dem Seveso-Dioxin nahe. (Bei bakteriellen Toxinen gibt es allerdings noch niedrigere LD_{50}-Werte, zum Teil bis zu mehrere Zehnerpotenzen niedriger.) Außer bei Unfällen in der Chemischen Industrie, unmittelbar am Unfallort, ist jedoch keine Situation denkbar, in der das Ultragift als solches wirksam wird. Die alltägliche Aufnahme liegt bei einem Millionstel der akut-toxischen Dosis. Das Argument »Ultragift« ist deshalb nicht stimmig, wenn es um die Dioxin-Gefährdung aus Verkehr, Müllverbrennungsanlagen, Zellstoffindustrie u.a. geht.

Akute Toxizität: Die Symptome einer schweren Dioxin-Vergiftung (Chemie-Unfälle 1958 in Ludwigshafen, 1976 in Seveso) werden als »wasting syndrom« beschrieben. Die Vergifteten nehmen rapide an Gewicht ab; sie produzieren mehr Wärme, als zur Aufrechterhaltung der Körpertemperatur erforderlich ist. »Der Körper verbrennt sich selbst!« Biochemisch gesehen läuft der energieliefernde Stoffwechsel auf höchsten Touren, aber mit geringem Wirkungsgrad; es wird mehr Nährsubstrat verbrannt als Arbeit geleistet; die freigesetzte Energie muß als Wärme abgeführt werden. Dic oxidative Phosphorylierung der Atmungskette ist, direkt oder indirekt, entkoppelt (vergleichbar einer Entkopplung durch Dinitrophenol). Der daraus resultierende Mangel an ATP führt zum Tod infolge zerebraler Schäden oder Herz-Kreislaufversagen.

Diese und andere Symptome der akuten Dioxin-Vergiftung erinnern an Hyperthyreosen. Tatsächlich hat das Seveso-Dioxin gewisse Strukturähnlichkeiten mit dem Schilddrüsenhormon. Eine Wirkung als Thyroxin-Agonist wäre somit denkbar. Zum Beispiel würde eine feste Bindung am Hormon-Rezeptor diesen permanent stimulieren und eine hochgradige Schilddrüsenüberfunktion simulieren. Angenommen, das symmetrische, vierfach chlorierte Dioxin hätte eine größere Affinität zum Rezeptor als die asymmetrisch chlorierten und höher chlorierten (Hexa-, Octa-Chlor) Dioxine, dann ließen sich damit die beträchtlichen Unterschiede in der akuten Toxizität erklären.

Toxische Dioxin-Äquivalente

Bei der Vielzahl von Dioxinen mit unterschiedlicher Toxizität ist es verständlich, wenn Behördenvertreter eine gemeinsame Bewertung verlangen. Ausgehend von der akuten Toxizität im Tierexperiment wurden deshalb Äquivalenzfaktoren festgelegt (von 0,01 bis 1; bezogen auf Seveso-Dioxin = 1), mit denen die gemessenen Gehalte der verschiedenen Dioxine multipliziert werden. 3 ng/kg 2,3,7,8-Tetrachlor-Dioxin plus 200 ng/kg anders chlorierte Dioxine und Furane im Milchfett der Frauenmilch hätten dann eine Gesamttoxizität, die 26 ng Seveso-Dioxin entsprächen.

Ob dies sinnvoll ist, möchte ich bezweifeln; denn die »Gleichmacherei« bezieht sich nur auf die akute Toxizität, - ein Parameter, der umwelttoxikologisch wenig relevant ist. Die Unterschiede, die bei einmaliger Gabe einer hohen Dosis beobachtet werden, müssen nicht unbedingt auch für andere Expositionsweisen und Wirkmechanismen gelten. Es ist zum Beispiel unwahrscheinlich, daß sich vierfach chloriertes Dioxin hundertmal besser in Membranen einnistet als siebenfach chloriertes; (die Äquivalenzfaktoren für Tetrachlor- bzw. Heptachlor-Dioxine sind 1 bzw. 0,01). Wenn überhaupt Unterschiede, dann eher in umgekehrter Richtung.

Für die Bewertung der chronischen Toxizität - und die könnte, wie oben ausgeführt wurde, durch die Akkumulation in Membranen bedingt sein - sind deshalb weniger die »toxischen Äquivalente«, sondern mehr der Gesamtgehalt aller halogenierter Dioxine, Furane, Biphenyle etc. maßgeblich. Den Verursachern kommt die Umrechnerei in »toxische Äquivalente« allerdings entgegen: die kleineren Zahlen suggerieren eine geringere Belastung!

Das Cytochrom-P450-System: »Giftung« auf dem Wege zur Entgiftung

Im letzten Jahrzehnt hat sich herauskristallisiert, daß Säugetiere gewissermaßen über ein »zweites Immunsystem« verfügen. Es ist der Multienzymkomplex in den Membranen des endoplasmatischen Retikulums, der Cytochrom-P450 als Sauerstoff-aktivierende Komponente enthält. Seine Funktion ist die Hydroxylierung von relativ hydrophoben Stoffen, sowohl körpereigene (z.B. Steroidhormone) als auch körperfremde (z.B. Terpene und andere aromatische Öle aus der Pflanzenwelt). Die Stoffe werden dadurch weniger hydrophob und auch weniger inert. Sie können jetzt mit anderen Stoffen reagieren (z.B. Konjugation mit Glucuronsäure) und in eine ausscheidbare Form überführt werden. Cytochrom-P450-Enzyme sind typische Vertreter von Proteinen, die nur bei Bedarf synthetisiert werden. Ihre Synthese wird durch Substrate, induziert, - oftmals auch durch Stoffe, die keinen erkennbaren Bezug zum Substrat haben.

Inzwischen sind mehrere hundert Subspezies bekannt, die sich in Substratspezifität und Induzierbarkeit unterscheiden. Zum Beispiel wird durch Alkoholkonsum die Subspezies IIE1 induziert, die eine hohe Spezifität für Nitrosamine hat. Aus diesem Carcinogen wird nach Hydroxylierung ein Alkyl-Kation, das Biomoleküle alkylieren kann. Sind es Nukleinsäuren, dann werden bevorzugt die Purinbasen (am C-Atom 8) alkyliert, was bei der nächsten Zellteilung zu falschen Basenpaarungen führen kann. Sitzt solch eine Mutation im Bereich eines Protooncogens, so kann sie der Initialschaden einer späteren Krebskrankheit sein. Die höhere Krebshäufigkeit bei Alkoholikern läßt sich u.a. damit erklären, daß die ubiquitären Nitrosamine mit größerer Geschwindigkeit zu den eigentlichen (»ultimalen«) Carcinogenen umgewandelt werden.

Aryl-Hydroxylase: Eine andere Subspezies (Cytochrom-P450-IA2 oder Aryl-Hydroxylase) ist spezialisiert auf die Hydroxylierung von polyzyklischen aromatischen Kohlenwasserstoffen. Ein typisches Substrat ist Benzpyren aus dem Tabakrauch, das selbst ein inertes Molekül ist. Erst durch schrittweise Hydroxylierung wird es so reaktionsfähig, daß die Derivate mit Hilfe von Zuckerresten (Konjugation mit Glucuronsäure) in eine wasserlösliche Form gebracht werden, die dann über die Nieren ausgeschieden werden kann. Andererseits können die reaktiven Kohlenwasserstoffe nun auch mit zahlreichen Biomolekülen reagieren und gegebenenfalls Funktionsschäden verursachen. Eine bestimmte Zwischenstufe hat als »ultimales« Carcinogen eine besondere Neigung zur Anlagerung an Nukleinsäuren

und kann dadurch die Replikation stören und Mutationen bewirken (Informationsschäden).
Benzpyren und Nitrosamine sind Beispiele für unzählige natürliche und anthropogene Stoffe, die – nachgewiesen oder vermutet - Krebs auslösen können. Jedoch nicht sie selbst sind das Carcinogen, sondern ein reaktives Zwischenprodukt auf dem Wege zur Entgiftung bzw. Ausscheidung. Die cancerogene Potenz solcher Stoffe hängt also nicht nur von ihrer Anwesenheit (Konzentration in Wasser, Luft und Nahrung bzw. Höhe der täglichen Aufnahme) ab, sondern auch von der individuellen Fähigkeit des menschlichen Organismus, diese Stoffe zu aktivieren (sie zu »entgiften«). Außer der genetischen Veranlagung ist dabei entscheidend, wie stark der betreffende Mensch mit induzierend wirkenden Schadstoffen vorbelastet ist, also wo er wohnt, was er ißt und trinkt.

Dioxin: ein Enzym-Induktor oder »Dioxin macht Gifte giftiger«

Die bislang einzige, auf molekularer Ebene nachgewiesene Wirkung der chlorierten Dioxine ist die eines Induktors für ein bestimmtes Cytochrom-P450, und zwar die Subspezies IA2 (Aryl-Hydroxylase). In der Regel sind es Hormone, die der Zelle den Bedarf für ein Enzym signalisieren und dessen Synthese »induzieren«, gelegentlich auch Stoffe, die von dem betreffenden Enzym umgesetzt werden. Induktoren binden an ein spezifisches zelluläres Rezeptorprotein, das daraufhin im Zellkern mit dem Ablesen der Information die Synthese des fraglichen Enzymproteins einleitet. Chlorierte Dioxine sind aber weder Stoffe mit Hormoncharakter, noch Substrate des induzierten Enzyms.
Im Tierexperiment wird Cytochrom-P450-IA2, das u.a. für die Entgiftung (bei gleichzeitiger »Giftung«) des Benzpyrens verantwortlich ist, bereits bei Dioxin-Konzentrationen um 0,01 nanomolar halbmaximal induziert. Das sind Konzentrationen, die bei Chemiearbeitern gefunden wurden. Der spezifische Rezeptor, der die Induktion vermittelt (AH-Rezeptor), wird durch zahlreiche, auch natürlicherweise vorkommende Stoffe aktiviert; seine höchste Affinität zeigt er jedoch gegenüber den chlorierten Dioxinen.
Diese Eigenschaft der Dioxine kann einerseits dazu führen, daß potentielle Carcinogene rascher entgiftet und ausgeschieden werden; andererseits können die

reaktiven Zwischenprodukte, wenn sie beschleunigt entstehen, sich anreichern und vermehrt Mutationen setzen. In der Abluftfahne einer Müllverbrennungsanlage wäre somit theoretisch beides möglich: eine erhöhte, aber auch eine verminderte Krebshäufigkeit bei Rauchern.

Synergismen: additive und synergistische Wirkungen von chemischen und physikalischen Noxen

Erste Hinweise für ein Zusammenwirken verschiedener Umweltnoxen, die gemeinsam gefährlicher sind als einzeln, kamen aus epidemiologischen Untersuchungen bei Uranminenarbeitern und Rauchern. Rauchende Bergarbeiter haben ein wesentlich größeres Risiko, an Lungenkrebs zu sterben, als nichtrauchende Bergarbeiter und rauchende Übertagearbeiter. Dabei sind die Effekte von Radioaktivität (Radon) und den chemischen Noxen im Tabakrauch (Benzpyren u.a.) mehr als additiv. Zu einem ähnlichen Ergebnis kommt der Vergleich des Krebsrisikos bei skandinavischen Rauchern, die in Häusern aus Holz oder Naturstein lebten.

Additive oder synergistische Effekte von Radioaktivität und chemischen Giften liegen nahe, wenn man bedenkt, erstens, daß für die Transformation zur Krebszelle mindestens eine weitere Punktmutation auf dem korrespondierenden (väterlichen oder mütterlichen) Gen erfolgen muß und, zweitens, daß Punktmutationen durch Basenänderung meist in Reaktionen gesetzt werden, die bei physikalischen und chemischen Noxen gleichartig sind. Es ist im Prinzip gleich, ob eine Nukleinsäure-Base durch Hydroxylierung oder Alkylierung verändert wird (Hydroxylierung z.B. durch ein Hydroxylradikal, entstanden bei strahleninduzierter Radiolyse des Wassers; Alkylierung z.B. durch ein Alkyl-Kation, entstanden aus einem Nitrosamin). Das Ergebnis ist in beiden Fällen eine gestörte Basenpaarung bei der nachfolgenden Replikation. In ihrer mutagenen Wirkung sind derartige Noxen additiv. Es ist grundsätzlich auch gleich, von wem der Initialschaden ausgeht, von der Strahlung oder vom chemischen Schadstoff. Das Risiko, aufgrund einer bestimmten Strahlendosis vorzeitig an Krebs zu erkranken, ist folglich umso größer, je stärker die Umwelt mit mutagenen Schadstoffen belastetet ist. Die Sorge, daß langfristig die Radioaktivität aus Tschernobyl relativ folgenreicher sein könnte als die aus den oberirdischen Atombombenversuchen vor 30 Jahren, ist deshalb berechtigt; denn damals war die Welt noch nicht in dem Maße mit chemischen Schadstoffen verseucht wie heute.

Eine Vielzahl natürlicher und anthropogener Stoffe kann in vitro die Enzymsysteme hemmen, die im Zellkern Mutationen reparieren. Theoretisch wäre es möglich, daß Mutationen in Anwesenheit derartiger Inhibitoren weniger rasch bzw. unvollständig repariert werden und somit die Häufigkeit von stochastischen Spätschäden (Krebs, Leukämie) steigt. Cadmium ist ein solcher in vitro Hemmstoff. Die Wirkungen von Radioaktivität (z.B. aus einem Atomkraftwerk) und Cadmium (z.B. aus einer Müllverbrennungsanlage) zusammen wären synergistisch.

Emissionen aus Atomkraftwerken und Müllverbrennungsanlagen, womöglich noch in einer Region mit intensiver landwirtschaftlicher Nutzung, durchzogen von hochfrequentierten Autobahnen, in der Nähe einer Hausmülldeponie, Kokerei oder Großlackiererei, – das ergibt einen gefährlichen Cocktail, auch wenn die Einzelbewertung der Noxen Unbedenklichkeit suggeriert. »Der Gesamteffekt von vielen, weit verbreiteten, minimalen Risiken, von denen jedes als trivial angesehen wird, kann für das Individuum sehr groß sein, – bis hin zum vorzeitigen Tod,« (JOHN W. GOFMAN, 1981 in »Radiation and Human Health«).

Sigrun Preuss

Psychopathologie der Umweltverschmutzung

Bedrohung durch Umweltbelastungen

Wir alle leben in einer Zeit, die durch die zunehmende Zerstörung unserer Umweltbedingungen und damit unserer Lebensgrundlagen gekennzeichnet ist. Die Bedrohungen, denen wir ausgesetzt sind, charakterisieren sich durch verschiedene Qualitäten. Hier sind vor allem zwei Ebenen zu unterscheiden.

Die *Bedrohung erster Art* bezieht sich auf die *schadstoffbedingten* Auswirkungen. Diese Effekte können als unmittelbar bezeichnet werden. Sie bestehen in tatsächlichen Immissionen auf den Menschen. Zu registrieren sind hier Veränderungen und gesundheitliche Schäden sowohl im somatischen als auch im psychischen Bereich. Als Beispiele seien Schadstoffe in Nahrung und Atemluft oder die Einflüsse von Lärm und elektromagnetischen Feldern genannt. Hier wissen wir, daß bei bestimmten Expositionsbedingungen mit körperlichen und mentalen Folgen zu rechnen ist.

Die *Bedrohung zweiter Art* betrifft die *erlebensbedingten* Auswirkungen von Umweltbelastungen. Diese Auswirkungen sind als mittelbar zu betrachten. Sie lassen sich nicht einem bestimmten Schadstoff und einem konkreten Dosis-Wirkungszusammenhang zuordnen. Diese erlebensbedingten Auswirkungen sind vielmehr zusammenfassende generalisierende Reaktionen auf angenommene Belastungen. Sie entstehen durch persönliche Erfahrungen und Perzeptionen, durch

Wissen und Annahmen über die Bedrohung erster Art. Hierher gehören nicht nur fundierte Kenntnisse, sondern auch Befürchtungen und Phantasien über bereits erfolgte, gegenwärtige oder zukünftige Expositionen, die real oder auch nur potentiell sein können. Diese Bedrohung zweiter Art bedeutet in jedem Fall eine erhebliche Streßbelastung mit den entsprechenden Parametern. Sie muß als längerfristig gesundheitsgefährdender Faktor gelten, der das Individuum schwächt und im Sinne eines Promotors die Anfälligkeit für manifeste Erkrankungen, aber auch für schadstoffbedingte Beschwerden erhöht.
Beide Arten der Bedrohung können einzeln existieren oder eine Kombinationswirkung entfalten. Gesundheitliche Auswirkungen infolge von Schadstoffbelastungen ereignen sich einerseits unabhängig von Wahrnehmung und Wissen seitens der Betroffenen. Andererseits vermag allein die Annahme einer Schadstoffbelastung ohne reale Grundlage, beispielsweise aufgrund einer Falschinformation, im Rahmen eines Toxikopiegeschehens erhebliche Beschwerden zu evozieren (vgl. KOFLER 1993). Beide Wirkungen können auch zusammentreffen und eine synergetische Wirkung produzieren: Schadstoffbedingte und erlebensbedingte Beschwerden ergänzen und steigern sich dann.

Erlebensbedingte Auswirkungen von Schadstoffbelastungen

In der folgenden Erörterung sollen die erlebensmäßigen Auswirkungen angesichts von Umweltbelastungen näher untersucht werden. Eine Darstellung schadstoffbedingter psychovegetativer Beschwerden erfolgt an anderer Stelle (vgl. PREUSS 1995).
Das Ausmaß und die Qualität von Schadstoffeinwirkungen provoziert eine psychische Situation, die durch *hochgradige Unsicherheit* charakterisiert ist. Wir stehen vor einem Phänomen, das wir nicht adäquat verarbeiten können. Gravierende psychologische Barrieren blockieren die angemessene Beschäftigung mit dem Thema (vgl. PREUSS 1991).
Zuerst stoßen wir auf die Wahrnehmungsbarriere. Schadstoffbelastungen vollziehen sich oftmals jenseits der sinnlichen Erfaßbarkeit. Schwermetalle und Radioaktivität können wir nicht sehen, riechen, schmecken, hören oder anfassen. Die Exposition erfolgt für das Individuum oftmals unbemerkt. Die Folgen der Schädigung unterliegen einer großen Erfahrungsdistanz. Zwischen Ursache und Wirkung

liegen meist erhebliche zeitliche Verzögerungen und eine Reihe vermittelnder körperlicher Prozesse.
Diese Verarbeitungsschwierigkeiten setzen sich an der Bewertungsbarriere fort. Logische Fehler und falsche Schlußfolgerungen sind angesichts kleiner Schadstoffmengen naheliegend. Im Alltag fehlen uns die Bezugsgrößen, um zu einer adäquaten Beurteilung zu kommen.
Schließlich tun sich erhebliche Schwierigkeiten an der Verhaltensbarriere auf. In unseren Alltagsabläufen tragen wir häufig zur eigenen Schadstoffbelastung bei, indem wir gedankenlos an eingeschliffenen Gewohnheiten festhalten. Umlernen ist mühsam und störanfällig.

Schadstoffbelastungen und Angstüberflutung

Vor diesem Hintergrund entstehen massive emotionale Prozesse. Die Beschäftigung mit möglichen Schadstoffbelastungen wird zu einer Gefühlsbelastung. Sie mündet in eine Erlebniskatastrophe (vgl. MITSCHERLICH 1966). Ihr Hauptmerkmal ist Angstüberflutung.

Existenzangst

An erster Stelle melden sich angesichts der tiefgreifenden Umweltzerstörung massive Existenzängste. In diesem Blickwinkel erleben wir uns in der Position als *Opfer*. Umweltbelastungen bedeuten eine nachhaltige Gefahr für Gesundheit und Leben. Wir verfügen zwar über eine hohe durchschnittliche Lebenserwartung, aber die notwendigen Lebensgrundlagen sind für die Zukunft nicht unbedingt gesichert. Atemluft und Nahrung sind zunehmend schadstoffbelastet. Angesichts der möglichen Gesundheitsschäden sinkt unsere Lebensqualität erheblich. Die Wahrscheinlichkeiten für Erkrankungsraten steigen.
In dieser Situation ist es durchaus angebracht, Besorgnis und Angst zu spüren. Insofern handelt es sich um Realangst. Allerdings besteht die Möglichkeit, daß sich hier auch neurotische Angstanteile ankoppeln. Damit entsteht das Problem, beide Arten der Angst zu differenzieren. Dieses Unterfangen beinhaltet in gewisser Weise willkürliche Elemente; denn es fehlt ein eindeutig objektives Kriterium für

die Zukunftseinschätzung. Je nach wissenschaftlicher Ausrichtung divergieren die Aussagen erheblich.

Der Angstanteil, der als Realangst zu betrachten ist, verdient in jedem Falle Wertschätzung und Anerkennung. Schließlich handelt es sich um ein Motiv der Lebenserhaltung, das sich von der Evolution her als angemessen und nützlich erwiesen hat. Hier muß die Angstlosigkeit als neurotisch gelten.

Existenzängste angesichts der Bedrohung unserer Lebensgrundlagen beinhalten eine narzißtische Kränkung. Wir sind damit konfrontiert, daß wir als Menschen letztlich klein und machtlos gegen die Kräfte der Natur sind. Es wird uns vor Augen geführt, daß wir nicht Herrscher über das Dasein, sondern unvollkommen und endlich sind. Damit ist eine menschliche Grunderfahrung angesprochen. Sie ist in gewisser Weise archaisch. Wir werden erinnert an Ausgeliefertsein, einen Zustand, den wir Menschen in der Evolution im Kollektiv, und individuell als Säugling erfahren haben.

In vielen Bereichen fehlen uns wirkungsvolle Handlungsstrategien. Umweltzerstörung zeichnet sich zunehmend durch Irreversibilität aus, und globale Schadensausmaße verstellen uns den Fluchtweg. So bleibt nur noch eine defensive Position, die Position des Opfers. Dementsprechend erleben wir uns als die Geschädigten, die die Folgen von Schadstoffbelastungen zu erleiden haben.

Das Erleben aus diesem Opfer-Blickwinkel ist für die Menschheit keine völlig neue Qualität. Ergebenheit in Schicksal oder gottgewollte Fügung existiert seit Menschengedenken. Das grundlegend Neue besteht darin, daß wir heute mit menschlich verursachten Bedrohungen konfrontiert sind. Wir sind nicht mehr Opfer der Naturgewalten, sondern Opfer unserer selbst geworden.

Gewissensangst

Mit unseren ungeheuren Anstrengungen zur Abwendung der Gefahr, ein Opfer der Naturgewalten zu werden, haben wir uns zu *Tätern* gemacht. Wir sind nicht nur die Opfer von Umweltzerstörung und Schadstoffbelastung, sondern auch ihre Verursacher. Die wirkliche Umweltkatastrophe sind wir selbst. Belastungsquellen sind ein Ausdruck unseres gefährlichen Um- ganges mit der Natur.

Hier kommt jedem Individuum ein begründeter Teil der Täterschaft und Mitverantwortung zu. Und dies betrifft uns alle, nicht nur die Anderen, die Industrie, die

Wissenschaft, die Politiker. Wir alle tragen im Alltag in kleinen Bruchstücken zur Bedrohung bei und zerstören die Lebensgrundlagen für uns selbst und unsere Kinder. Unser Alltagsleben läßt uns fortwährend zu Mittätern werden. Jede Autofahrt bedeutet Schadstoffaustoß, der vor Jahren gekaufte Kühlschrank war ein Beitrag zum heutigen Ozonloch, und jeder Einkauf eines Industrieproduktes, vom Kugelschreiber bis zur Bohrmaschine impliziert Emissionen.
Das Anerkenntnis unserer Mittäterschaft beinhaltet die Erfahrung, hinter gesetzten Ansprüchen und Idealen zurückzubleiben. Hier mobilisieren sich massive moralische Ängste und Schuldgefühle. Es sind die Ängste unseres Gewissens. Sie sind verbunden mit der Position des Täters. Wir werden damit konfrontiert, daß wir fortwährend gegen das moralisch-ethische Gesetz unserer Kultur »Du sollst nicht töten« verstoßen. Diese Gewissens-ängste lassen sich nicht einfach abschütteln. Sie werden umso größer, als wir dem Umstand der Mittäterschaft in unserem Alltag kaum mehr ausweichen können.
Dieses Ausmaß an Gewissensängsten bedeutet für die Menschheit eine völlig neue Erlebensqualität. Wir verfügen erst seit wenigen Jahrzehnten über die technischen Möglichkeiten zu derartig weitreichenden Eingriffen in das Leben.

Versagensangst

Angesichts der immer deutlicher werdenden Bedrohung entsteht ein Hilfe-Impuls. Wir möchten eine grundlegende Veränderung erreichen, die Bedrohung abwenden. Wir werden aufmerksamer gegenüber den Auswirkungen von Lärmbelastung, Klimaanlagen, Neonbeleuchtung und Schadstoffen in Nahrung und Atemluft. Es entsteht der Wunsch, uns selbst und unsere Kinder zu schützen.
Bei diesem Versuch stoßen wir jedoch unweigerlich an unsere Grenzen. Es melden sich Versagensängste. Sie entstehen aus der Position des *Retters*. Die gesamte Problematik ist dermaßen komplex, daß wir mit unseren Rettungsimpulsen allenfalls kleine Bruchstücke erreichen können. Und selbst diese Effekte bleiben oftmals im Prinzip der Nicht-Erfahrbarkeit verborgen. So sind unsere Bemühungen zum Scheitern verurteilt, wenn wir den Status ante wiederherstellen wollen. In bestimmten Ausschnitten sind die Belastungsquellen nicht rückgängig zu machen: Selbst wenn ab sofort sämtliche Atomkraftwerke den Betrieb einstellen würden, bliebe uns ein radioaktives Erbe.

Eng verknüpft mit diesen Versagensängsten sind Schamgefühle. Es ist peinlich, damit konfrontiert zu werden, daß wir dem eigenen Ideal nicht genügen. Auch hier besteht eine Anknüpfung an archaischen Ängsten: Die Angst vor dem Versagen, dem Nicht-Bestehen, begleitet uns seit Jahrtausenden.

Strategien der Angstabwehr

Die emotionale Bedrohung aufgrund des Zusammentreffens dieser drei grundlegende Ängste, Existenzangst, Gewissensangst und Versagensangst, führt jede Person an den Rand des Verkraftbaren. Die aufbrechenden Gefühle drohen uns zu überwältigen. Wir können ihnen unvorbereitet kaum standhalten und geraten in die Gefahr der Dekompensation. Unsere psychischen Funktionen stehen kurz vor dem Zusammenbruch, Desorganisation und unkontrollierbare Affekte expandieren. So stürzt uns das Gewahrwerden von Umweltbelastungen fortwährend in eine psychologische Bewältigungskrise.

Um diesem unerträglichen Zustand zu entrinnen, werden sämtliche psychologische Abwehrmechanismen mobilisiert (vgl. A. FREUD 1984), über die wir verfügen. Auf diesem Wege versuchen wir uns kurzfristig Beruhigung zu verschaffen und die aktuelle Funktionstüchtigkeit zu retten. Diese Schutzmechanismen etablieren sich beim einzelnen Individuum und kumulieren im gesellschaftlichen Kollektiv.

Zu den gängigsten Abwehrmechanismen gehört die *Leugnung*. So schätzen die meisten Menschen Umweltrisiken als ernst und bedrohlich ein, ihr persönliches Risiko halten sie jedoch für deutlich geringer (vgl. RUFF 1990). Die mögliche Bedrohung wird negiert.

Gelingt die Leugnung nicht, entfaltet sich häufig der Abwehrmechanismus der *Rationalisierung mit Abspaltung der Gefühle*. Mithilfe von Intellektualisierungen können wir uns dann weiterhin mit dem bedrohlichen Inhalt beschäftigen, ohne die dazugehörigen Gefühle erleben zu müssen. Ihren Ausdruck findet diese Strategie in der isolierten Betrachtung von Inzidenzraten und der statistischen Berechenbarkeit von Risikofaktoren.

Eine andere Form der Abwehr bevorzugt die *Regression*, verbunden mit dem *Delegieren der Verantwortung* an die Elternrepräsentanzen unserer Gesellschaft, die Politiker und Wissenschaftler. Wir verstehen uns als kindlich, und vertrauen auf die Mächtigen und deren Omnipotenz.

Eine weitere Möglichkeit zur Abwehr besteht in einem *Rollensplitting* der aufgezeigten Erlebenspositionen, Opfer, Täter, Retter. Diese Form soll hier näher untersucht werden.
Es weist einiges darauf hin, daß die Position des Opfers unter den drei Blickwinkeln sozusagen als kleinstes Übel bevorzugt wird. Vergleichbares findet sich auch in anderen Lebensfragen (vgl. RICHTER 1992). Dieser Schritt bedeutet eine Regression in kindliche Gefühlszustände und sichert die Abwehr von Mitverantwortung und Mittäterschaft. Zwar melden sich Existenzängste, aber wir entledigen uns aller Schuldgefühle und Gewis-sensängste. Das Eliminieren der Täterschaft mittels Opfer-Erleben geht sogar soweit, daß wir in unserem Sprachgebrauch die aktive Handlung tilgen. Wir sprechen vom Waldsterben, so als handele es sich um einen alternden Organismus, der seinem natürlichen Ende entgegengeht, anstatt von Waldzerstörung, die notwendigerweise einen Täter, einen Zerstörer, impliziert. Auf diesem Wege immunisieren wir uns sprachlich gegen die Aspekte der Täterschaft.
Das Aussparen der Täterschaft gelingt besonders gut, in dem wir die bereits existierenden Schadensausmaße leugnen. Wenn der Schaden gering ist, kann auch die Schuld nicht groß sein. Damit ist die Gewissensangst gebannt. Diese Leugnung wird erheblich erleichtert durch die sinnliche Nicht-Erfahrbarkeit von Umweltbelastungen und Naturzerstörung. Es fehlt die korrigierende Rückmeldung.
Die Rolle des Opfers hat psychodynamisch einen weiteren Vorteil: Sie greift eine lange Tradition der Menschheitsgeschichte auf. Archaische Erfahrungen und christliche Werte sind angesprochen.
Wenn die Existenzängste, die aus der Opfer-Position erwachsen, zu bedrohlich werden, ist ein punktuelles Ausweichen in die Rolle des Retters eine Entlastung. Diese Rolle bedeutet moralische Aufwertung und ist damit in jedem Fall attraktiver als die Position des Täters, auch wenn die Handlungen im Sinne der Rettungsimpulse natürlich aufgrund ihrer Aktivität ebenfalls Elemente der Täterschaft enthalten. Diese Aspekte von aktiver Handlung werden bei der Retter-Dimension positiv aufgewertet, bei der Täterschaft dagegen verurteilt.
Eine weitere Abwehrstrategie gegen die Existenzängste des Opfers ist die Methode der Illusionierung. Die menschlichen Fähigkeiten zur Wiederherstellung einer gesunden Umwelt ohne Belastungsquellen werden in einem unrealistischen Optimismus überschätzt. Damit wird die Bedrohungseinschätzung gesenkt. Gleichzeitig mobilisieren sich erneut die Hilfebestrebungen. Die Aufrechterhaltung dieser

Rolle wird mit Aktivismus erreicht. Betriebsamkeit täuscht hinweg über die eigene Begrenzheit und Ohnmacht und liefert die Illusion von Potenz.

Mit dem Verweilen in dieser Position kommt es zu einem stetigen Anwachsen der Versagensängste. Sie drohen uns dann zu überfluten, weil wir an zahlreiche Grenzen stoßen. Angesichts dieses Unvermögens zu einer wirkungsvollen Veränderung, sind wir erneut prädestiniert, wieder in die Opfer-Position überzuwechseln. Sie wird abermals für eine gewisse Zeitspanne eingenommen, bis wir uns aufgrund der anwachsenden Existenz-ängste aufs neue in die aktive Rolle der Retterschaft begeben.

Auf diese Art ergibt sich ein fortwährendes Pendeln zwischen Existenzangst als Opfer und Versagensangst als Retter. Mit diesem Mechanismus gelingt es, die Dimension der Täterschaft erfolgreich zu vermeiden. Offenbar sind die Ängste des Gewissens für uns am bedrohlichsten und am schwersten zu verkraften. Das Ziel in der Dynamik ist es, sich der Schuldgefühle zu entledigen. Der Vorgang, mit dem diese Intention verfolgt wird, erinnert an typische Merkmale einer Borderline-Störung (vgl. KERNBERG 1978; ROHDE-DACHSER 1979): Die verschiedenen Fazetten können nicht integriert werden, sondern bleiben durch das Strukturprinzip der Spaltung voneinander getrennt. Die verschiedenen Hilfsmechanismen für einen solchen Spaltungsprozeß lassen sich aufweisen.

In diesem Sinne erfolgt die Idealisierung der Repräsentanten von Wissenschaft und Politik, gerade so als wären dies Eltern, die in der Vorstellung des Kindes allmächtig sind. Die eigene Mittäterschaft wird an die »bösen« Repräsentanzen, die Täter aus der Wirtschaft delegiert. Diese wiederum benutzen denselben Abwehrvorgang, indem sie sich ebenfalls als Opfer deklarieren, indem sie auf andere Täter, bevorzugt die Verbraucher oder die anderen Industrienationen, verweisen.

Omnipotenzgefühle und Abwertung der Objekte äußern sich in meist lautstark geäußerten Phantasien wie mit den wirklichen Tätern, den großen Umweltsündern, rigoros umgesprungen werden müßte, und wie dann die gesamte Problematik mit Leichtigkeit zu lösen wäre. Demgegenüber werden Personen, die in stärkerem Maße Hilfe-Impulse vertreten, eher diffamiert und als Störer des allgemeinen Friedens schlechtgemacht. Dies wird verständlich, wenn man bedenkt, daß sie die Gewissensängste der Abwehrer mobilisieren, also eine Bedrohung des mühsam aufrecht erhaltenen psychischen Gleichgewichts darstellen.

Als besonders wirkungsvolles Mittel der psychischen Balance erweist sich das Prinzip der Deckabwehr: Ein Bedrohungselement, möglichst nicht das gefährlichste, wird aus der gesamten Kategorie der möglichen Belastungsquellen herausge-

griffen und stellvertretend für das Ganze behandelt. So konzentriert sich dann die gesamte Aufmerksamkeit auf *einen* Schadstoff, beispielsweise Asbest, und sämtliche Ängste können hier in gut kanalisierter Weise eine Spannungsabfuhr erfahren. Gleichzeitig wird mit diesem Prinzip wiederum die Illusion der Beherrschbarkeit genährt, ein deutlich angstreduzierender Mechanismus.
Die Verwendung dieser verschiedenen Abwehrformen schützt uns vor dem Hereinbrechen der Erlebniskatastrophe und dem Expandieren von Ängsten. Dies erhält uns aktuell funktionstüchtig in der Bewältigung des Alltags, gefährdet jedoch längerfristig und nachhaltig unser zukünftiges Dasein; denn der dringend notwendige Weg zur Verhaltensänderung ist verstellt. So halten uns die Abwehrmanöver zwar lebensfähig, machen uns aber letztlich überlebensunfähig.

Notwendige Aufgabe: Die Weiterentwicklung des Menschen

Die Analyse unseres Abwehrverhaltens verdeutlicht, wie dringend notwendig die Weiterentwicklung des Menschen für einen veränderten Umgang mit Umwelt und Natur ist. Die wirkliche Katastrophe geschieht nicht draußen in Ozonloch, Gewässerverschmutzung und Bodenkontamination, die wirkliche Katastrophe vollzieht sich drinnen, innerhalb unserer eigenen Person. Wir müssen lernen, die Schäden in unserer Umwelt aufzufassen als ein Symptom unserer eigenen Krise im Umgang mit der Natur. Es sind tatsächlich unsere *inneren* Grenzen, die uns maßgeblich behindern (vgl. LASZLO 1988).
Gefragt ist die Weiterentwicklung zu einer Persönlichkeit mit einem Lebensstil, der als *pro-ökologisch* bezeichnet werden soll. Hier handelt es sich um die Konvergenz von Haltungen und Handlungen im Sinne der ökologischen Sichtweise als Zielidee. Sie entspricht den Grundwerten der humanistischen Psychologie. Mit ROGERS (1983) läßt sich die Qualität dieser neuen Menschen insbesondere durch ihr ausgeprägtes Prozeßbewußtsein charakterisieren. Dieses Prozeßbewußtsein bedeutet das Gewahrsein und Begreifen fortwährender Veränderung alles Lebendigen und beinhaltet eine tiefgreifende Verbundenheit mit der Natur.
Diese pro-ökologische Persönlichkeit richtet sich nach einem ganzheitlichen Lebensprinzip. Dazu gehört das integrative Moment und die Fähigkeit, auch divergierende und dissonante Elemente miteinander zu versöhnen. Segmentierungen in der Außenwelt und Spaltungsprozesse in der Innenwelt werden überwunden und

aufgelöst. Die pro-ökologische Persönlichkeit ist offen gegenüber sämtlichen einströmenden Eindrücken und Erfahrungen, die sie ohne Abwehrhaltung zuläßt und kongruent symbolisiert (vgl. ROGERS 1983). Sie wächst zur Angstfähigkeit (vgl. PREUSS 1991), das heißt: sie erwirbt die Fähigkeit oder Ich-Funktion, diesen Spannungszustand besser auszuhalten und zu ertragen, so daß weniger Abwehrprozesse notwendig werden und nachhaltige Verhaltensänderungen möglich sind. Dieser Wachstumsprozeß erfordert grundlegende Unterstützung durch sämtliche gesellschaftlichen Identifikationsfiguren und insbesondere durch die helfenden Berufe. Gefragt ist hier ein kultureller Wertwandel: die gesellschaftliche Aufwertung von Angst. Pro-ökologisches Denken und Handeln wird nur möglich, wenn Sorge und Angst nicht mehr verpönt sind, sondern als wichtige Voraussetzungen für das Überleben geachtet werden. Dies ist gemeint, wenn ANDERS (1986) für einen Mut zur Angst plädiert. Dabei ist allerdings eine konstruktive Angst gefordert, eine Angst, die zum Handeln motiviert und positive Kräfte freisetzt.
Auf einer solchen Grundlage vermag diese weiterentwickelte Persönlichkeit auch ihre unterschiedlichen Rollen als Opfer, Täter und Retter mit ihren spezifischen Ängsten in ihrer Gleichzeitigkeit zu erfassen und sie in einem ganzheitlichen Gefüge zu vereinbaren. Sie integriert sie im Selbstkonzept und setzt sie in einem nachhaltig-umweltgerechten Umgang mit der Natur um. Mit dieser Authentizität ist sie in der Lage, insbesondere mit der Täterschaft als der offenbar bedrohlichsten Fazette versöhnlich umzugehen.
Erst in diesem reifen Verhältnis zur eigenen Täterschaft liegt die Chance zur Veränderung. Wenn ich mich selbst als Täter begreifen lerne, ohne mich dafür zu verurteilen und durch Abwehrhaltungen entlasten zu müssen, eröffnet sich die Perspektive, anders als bisher »tätlich« zu werden. Erst wenn wir unsere Täterschaft akzeptieren können, ist die Voraussetzung geschaffen, wirklich anders zu handeln.
Ohne diese psychologische Weiterentwicklung steuern wir immer stärker auf den ökologischen Kollaps zu, werden immer rigider und unrealistischer in der Wahrnehmung der Gegebenheiten, immer unfähiger in den Möglichkeiten des Fühlens und folglich immer massiver in unseren Abwehrmanövern. Schließlich werden wir mit der hereinbrechenden Katastrophe konfrontiert werden und uns dann in einem Zustand wiederfinden, der sämtliche abgewehrten Angstinhalte noch übertrifft.
Wenn unser Anliegen eine wirkliche Veränderung unserer Lebensbedingungen ist, müssen wir all unseren Patienten Entwicklungsmöglichkeiten zu einer solchen Persönlichkeitsreifung eröffnen. Wir sollten dabei jedoch nicht vergessen, daß wir

als die Instrumente von Therapie und Beratung uns dafür selbst auf den gleichen Weg begeben müssen.

Wiebke Franz und Kathi Dittrich

Vollwert-Ernährung zur Senkung von Risikofaktoren

Die Ergebnisse zahlreicher epidemiologischer Interventions- und Migrations-Studien haben gezeigt, daß eine übermäßige, unausgewogene oder unzureichende Ernährung auf Dauer gesundheitliche Probleme hervorruft. So ist inzwischen hinlänglich bekannt, daß sich der häufige Verzehr fettreicher sowie süßer Speisen, tierischer Lebensmittel und alkoholischer Getränke bei gleichzeitig geringer Aufnahme an Gemüsen, Obst, Vollgetreide und Milch(-produkten) negativ auf die Gesundheit auswirkt. Darüber hinaus kann unsere Nahrung verschiedene Fremd- und Schadstoffe enthalten, die eine zusätzliche Gefahr für die Gesundheit darstellen. Als Folge können verschiedene ernährungsabhängige Erkrankungen auftreten. Mit einer ausgewogenen und abwechslungsreichen Vollwert-Ernährung kann solchen Erkrankungen vorgebeugt werden.

Ernährungsabhängige Erkrankungen und ihre Risikofaktoren

Als ernährungsabhängig gilt eine Erkrankung dann, wenn Ernährungsgewohnheiten an ihrer Entstehung (inkl. Verhinderung) und/oder ihrem Verlauf maßgeblich beteiligt sind. Teilweise sind die Zusammenhänge zwischen Ernährung und Erkrankung schon lange bekannt und abgesichert wie zum Beispiel bei Karies. Andere Verknüpfungen wie der positive Einfluß von Calcium zur Prävention von

Dickdarmkrebs sind dagegen neueren Datums und werden noch kontrovers diskutiert. Die Zuordnung von Ursache und Wirkung ist zudem häufig nicht definitiv möglich, da die Ernährung sehr komplex zusammengesetzt ist, sich im Zeitablauf ändern kann und es meist sehr lange dauert, bis sich ernährungsabhängige Erkrankungen manifestieren. Hinzu kommt, daß die Entstehung von Krankheiten in der Regel multikausal ist, das heißt, sie hat selten nur eine Ursache. Einflußfaktoren wie die genetische Veranlagung, das soziale Umfeld, Streß, das Ausmaß der körperlichen Aktivität und Gewohnheiten wie das Rauchen sind neben der Ernährung von Bedeutung.
Die wichtigsten Ernährungsfaktoren, für die ein gesundheitliches Risiko diskutiert wird, sind Übergewicht, eine zu hohe Aufnahme an Fett, tierischem Eiweiß, niedermolkularen Kohlenhydraten, Cholesterin, Alkohol, Kochsalz, Purinen und Bohnenkaffee. Nahrungsinhaltsstoffe, die eher in zu geringer Menge aufgenommen werden, sind Ballaststoffe, Vitamine (insbesondere Vitamin B1, B2, B6, C sowie Folsäure) und Mineralstoffe (insbesondere Calcium, Jod, Eisen, Selen und Zink). Außerdem gelten verschiedene Fremd- bzw. Schadstoffe, die in unseren Lebensmitteln enthalten sein können, als Risikofaktoren. Dazu zählen Schwermetalle, Organochlorverbindungen, Nitrat/Nitrit, Pestizide, Schimmelpilz- und Bakterientoxine, Lebensmittelzusatzstoffe und Pyrolyseprodukte. Die Vitamine A, C, E, Beta-Carotin, Selen und verschiedene sekundäre Pflanzeninhaltsstoffe können hingegen eine Schutzwirkung ausüben. Stellvertretend für die Fülle an Verknüpfungen zwischen Ernährung und Erkrankungen sollen zwei Beispiele herausgegriffen werden, um die Zusammenhänge zu verdeutlichen.

Übergewicht

Bei der Entstehung von Übergewicht spielen neben dem Ernährungsverhalten auch andere Faktoren wie z. B. die genetische Veranlagung eine Rolle. Übergewicht kann jedoch nur entstehen, wenn die Energiezufuhr, dabei insbesondere die Fettzufuhr, den Energieverbrauch regelmäßig übersteigt. Nicht jeder Übergewichtige ist oder wird krank. Übergewicht erlangt dann den Stellenwert einer Krankheit, wenn es mit einer Einschränkung von Organfunktionen einhergeht, d. h. mit einer erhöhten Morbidität bzw. Mortalität. Übergewicht fördert die Entstehung von Diabetes mellitus Typ II, Fettstoffwechselstörungen, Bluthochdruck und Gicht, die

bei gemeinsamen Auftreten als metabolisches Syndrom bezeichnet werden und ihrerseits Riskofaktoren für Arteriosklerose darstellen. Herzinfarkt, Schlaganfall oder koronare Herzerkrankungen können als Folge der Arteriosklerose auftreten. Darüber hinaus sind Übergewichtige anfälliger für Komplikationen bei Operationen, für Unfälle, bei Herz- und Kreislaufstörungen, bösartige Neubildungen an Brust, Gebärmutter, Dickdarm und Prostata, Atemstillstand im Schlaf, Schädigungen des Bewegungsapparats, der Leber und Haut.
Für die Beurteilung des Übergewichts als Risikofaktor für Herz-Kreislauferkrankungen ist nicht so sehr das absolute Körpergewicht von Bedeutung, sondern vielmehr die sogenannte »waist to hip ratio«, d.h. der Quotient aus Taillen- und Hüftumfang. Die androide Fettsucht, bei der sich das Fett hauptsächlich im Bauchraum ansammelt (»Apfel-Typ«), birgt ein viel höheres Risiko für chronische Erkrankungen in sich als die gynoide Fettsucht, bei der sich das Fett in erster Linie auf Hüfte und Oberschenkel verteilt (»Birne-Typ«). Bei extremem Übergewicht steigt das Risiko für Folgeerkrankung jedoch unabhängig von der »waist to hip ratio« an.

Ballaststoffe

Als Schutzfaktor für zahlreiche Erkrankungen gilt eine reichliche Ballaststoffaufnahme von mindestens 40 g pro Tag über ballaststoffreiche Lebensmittel. Ballaststoffreiche Lebensmittel erfordern durch ihre feste Struktur, insbesondere im unerhitztem Zustand, längeres und stärkeres Kauen, das die Ausschüttung von alkalischem Speichel und die Durchblutung des Zahnhalteapparates fördert und so an der Prävention von Karies beteiligt ist. Durch das längere Kauen und die längere Verweildauer des Speisebreis im Magen tritt schneller ein Sättigungsgefühl ein, das der Entstehung von Übergewicht entgegenwirkt. Wasserlösliche Ballaststoffe, die die Dünndarmschleimhaut mit einem viskösen Film überziehen, verzögern die Aufnahme niedermolekularer Kohlenhydrate ins Blut, wodurch starke Blutzuckerschwankungen verhindert werden, was sich z. B. bei Diabetes mellitus günstig auswirkt. Ballaststoffe binden u. a. Cholesterin und Gallensäuren, und tragen damit zur Senkung des Cholesterinspiegels bei. Bei hoher Fettzufuhr können Gallensäuren in den Dickdarm gelangen und dort von bestimmten Mikroorganismen zu kanzerogenen Substanzen abgebaut werden. Ballaststoffe können diese sowie andere kanzerogene Substanzen binden, und so der Entstehung von Dickdarmkrebs vorbeugen. Außerdem dienen Ballaststoffe den Darmbakterien als Nahrung, die sie zu kurzkettigen Fettsäuren abbauen, für die ebenfalls präventive Wirkungen in Bezug auf die Entstehung von Dickdarmkrebs diskutiert werden. Durch die Wasserbindungsfähigkeit der Ballaststoffe hat der Stuhl zudem ein größeres Volumen und eine weichere Konsistenz, was zur Normalisierung der Transitzeit mit leichterem Absetzen des Stuhls beiträgt. Das Auftreten von Obstipation und Darmdivertikeln wird dadurch vermindert.

Wissenschaftliche Ernährungsempfehlungen

Die Wissenschaft ist sich international mittlerweile darüber einig, wie eine Ernährung zusammengesetzt sein sollte, die den wesentlichen ernährungsabhängigen Erkrankungen (insbesondere Herz-Kreislauferkrankungen) vorbeugt:

- kalorische Überernährung/ Übergewicht vermeiden
- Fettzufuhr unter 30% der Gesamtkalorien, dabei ein Verhältnis der mehrfach ungesättigten zu den einfach ungesättigten und zu den gesättigten Fettsäuren von 1:1:1 anstreben
- den Verzehr von Fleisch einschränken
- komplexe Kohlenhydrate, Obst, Gemüse, calcium- und ballaststoffreiche Lebensmittel bevorzugen
- Kochsalzverzehr reduzieren
- Alkoholaufnahme auf ein Minimum beschränken oder vermeiden

Zur Vorbeugung vor Krebserkrankungen empfiehlt das American National Research Council zusätzlich

- den Verzehr extrem behandelter Speisen wie geräucherter, gepökelter, scharf gebratener oder gegrillter Lebensmittel einzuschränken
- eine stärkere Überwachung der Lebensmittel auf Zusatzstoffe und Kontaminanten

Die wissenschaftlichen Empfehlungen sind allerdings sehr abstrakt und für den Verbraucher wenig konkret. Sie bieten daher kaum praktische Hilfe für die Umsetzung einer gesundheitsfördernden Ernährung. Wesentlich einfacher und eingänglicher sind die Lebensmittelempfehlungen der Vollwert-Ernährung.
Eine Ernährung nach dem ganzheitlichen Konzept der Vollwert-Ernährung ermöglicht eine optimale Nährstoffzusammensetzung, die den Forderungen der Wissenschaft entspricht. Dies haben die Ergebnisse der Gießener Vollwert-Ernährungs-Studie bestätigt.
Die Vollwert-Ernährung berücksichtigt zusätzlich zu ernährungsphysiologischen Aspekten die Herkunft und Erzeugung der Lebensmittel und gibt konkrete Hinweise wie Risiken, die durch Verarbeitung, Lagerung und Zubereitung entstehen, gesenkt werden können. So ist z. B. die Aufnahme an Pflanzenschutz- und Tierarzneimittelrückständen, Nitrat, Lebensmittelzusatzstoffen, Nitrosoverbindungen, Pyrolyseprodukten, Transfettsäuren und anderem mehr geringer, wenn Lebensmittel bevorzugt werden, die aus regionalem, ökologischem Freilandanbau stammen und nur gering verarbeitet sowie schonend zubereitet werden. Das ganzheitliche Konzept der Vollwert-Ernährung berücksichtigt über ernährungsphysiologische, hygienische und toxikologische Aspekte hinaus auch ökologische und soziale Belange. So wird auch betrachtet, ob die Erzeugung Boden und Grundwasser belastet, der Landwirt angemessen entlohnt oder gesundheitlich geschädigt wird und ob Transport und Vermarktung der Lebensmittel umweltverträglich sind.

Empfehlungen zur Lebensmittelauswahl

In der Vollwert-Ernährung stehen pflanzliche Lebensmittel im Vordergrund.
Gemüse und Obst sollten täglich auf dem Speiseplan stehen, z. B. als ganze Stücke, als Salat, als Beilage oder in Suppen, Eintöpfen und Aufläufen. Wird ein Großteil in unerhitzter Form als Frischkost verzehrt, können die enthaltenen Vitamine, Mineralstoffe, Ballaststoffe sowie sekundären Pflanzenstoffe optimal genutzt werden. Kartoffeln, grüne Bohnen, Hülsenfrüchte und Holunderbeeren müssen zur besseren Verwertbarkeit bzw. zum Abbau gesundheitsschädigender Substanzen erhitzt werden.

Getreide und Vollkornprodukte sollten ebenfalls täglich gegessen werden, z. B. als Vollkornbrot, Nudeln, Vollkornbackwaren, in Aufläufen und Eintöpfen. Außer Ballaststoffen enthalten die verschiedenen Getreidesorten auch komplexe Kohlenhydrate, Vitamine, Mineralstoffe sowie essentielle Aminosäuren und Fettsäuren. Die *Fett*aufnahme sollte auf 70-80 Gramm bzw. max. 25-30 Energieprozent pro Tag reduziert werden. Durch einen eingeschränkten Verzehr an Wurst, Fleisch, gebratenen und fritierten Produkten, fettreichen Back- und Süßwaren sowie durch den sparsamen Umgang mit sichtbaren Fetten kann dieses Ziel erreicht werden. In der Vollwert-Ernährung werden kaltgepreßte, unraffinierte Öle empfohlen. Sie liefern fettlösliche Vitamine sowie einfach ungesättigte und mehrfach ungesättigte Fettsäuren. Als Streich- und Backfette eignen sich Butter oder ungehärtete Pflanzenmargarine. Fettreiche Zubereitungsarten wie Fritieren oder Braten sollten auf Ausnahmen beschränkt bleiben.
Milch und Milchprodukte sind ebenfalls Bestandteil der täglichen Vollwert-Ernährung. Besonders gesäuerte Milchprodukte sind aufgrund der positiven Eigenschaften der Milchsäure und Milchsäurebakterien zu empfehlen. Da Milchprodukte aber auch zu einer hohen Fettaufnahme beitragen können, sollten fettärmere Milchprodukte wie Joghurt, Buttermilch und Quark anstelle von Sahne und Doppelrahmkäse bevorzugt werden.
Fleisch, Fisch und Eier werden in der Vollwert-Ernährung nicht ausdrücklich empfohlen. Es können pro Woche bis zu 2 Fleischmahlzeiten, bis zu einer Fischmahlzeit von je 100-150 Gramm sowie 2 Eier gegessen werden. Für die Versorgung mit essentiellen Inhaltsstoffen oder Protein ist ein Verzehr von Fleisch, Fisch und Eiern nicht unbedingt notwendig. Wegen ihres hohen Gehalts an Fett, Protein und Purinen ist ein häufiger Verzehr dieser tierischen Lebensmittel im Hinblick auf ernährungsabhängige Erkrankungen eher als ungünstig einzustufen.
Zum *Süßen* von Speisen wird vorzugsweise frisches Obst empfohlen. In geringen Mengen und in verdünnter Form können auch Honig, Vollrohr- bzw. Vollrübenzucker, Trockenfrüchte und Dicksäfte verwendet werden. Es ist anzustreben, die Geschmacksschwelle für süß zu senken. Dies wird erreicht, wenn Süßungsmittel mit Eigengeschmack verwendet und die Speisen Schritt für Schritt weniger gesüßt werden. Das Geschmacksempfinden gewöhnt sich dann an einen geringeren Süßgehalt. So läßt sich auf lange Sicht der Verzehr von Süßungsmitteln deutlich reduzieren. Nach dem Verzehr süßer Speisen sollte Zähneputzen selbstverständlich sein.

Als *Durstlöscher* sind Mineralwasser, Früchte- und Kräutertees sowie verdünnte Frucht- und Gemüsesäfte gut geeignet. Anregende Getränke wie Bohnenkaffee und schwarzer Tee sollten nur selten getrunken werden. Zuckerhaltige Drinks wie Limonaden, Fruchtnektare, Cola- und Kakaogetränke sind weitgehend zu meiden. Auch der Konsum alkoholischer Getränke sollte eingeschränkt werden.
Zum *Würzen* sind frische oder getrocknete Kräuter sowie Gewürze geeignet. Salz sollte nur sehr sparsam ans Essen kommen, vorzugsweise in Form von jodiertem Meer- oder Kräutersalz. Nur durch eine Jodierung des Salzes scheint der verbreitete Jodmangelkropf zu verhindern zu sein.
Etwa die Hälfte der täglichen Nahrungsmenge sollte als unerhitzte Frischkost verzehrt werden. Dazu zählen:

- frisches, unzerkleinertes Gemüse und Obst
- Gemüse- und Obstsalate
- unerhitztes gequollenes und gekeimtes Getreide
- milchsauer vergorenes, nicht erhitztes Gemüse
- Ölfrüchte, Nüsse, Samen und Keimlinge
- Vorzugsmilch und -produkte

Frischkost hat gegenüber der gekochten Kost folgende Vorteile: Sie enthält mehr hitzeempfindliche Inhaltsstoffe wie Vitamine und sekundäre Pflanzenstoffe, und Ballaststoffe werden in ihrer Wirkung nicht vermindert. Darüber hinaus sättigt sie besser und kann langfristig dazu beitragen, Übergewicht abzubauen.
Eine solche Kostform über Jahre praktiziert kann die weitverbreiteten Risikofaktoren für ernährungsabhängige Erkrankungen wesentlich reduzieren.

Fazit

Die Vollwert-Ernährung senkt nicht nur die Risikofaktoren, die sich durch die Nahrungswahl direkt für den einzelnen ergeben (Verhaltensprävention), sondern sie hat durch die sozialen und ökologischen Aspekte indirekt Auswirkungen auf das Wohlbefinden aller Menschen (Verhältnisprävention). So fördert die Vollwert-Ernährung letzlich weltweit für alle Menschen Gesundheit im Sinne der WHO, als völliges körperliches, geistiges, seelisches und soziales Wohlbefinden.

Anmerkungen und Literaturangaben

Mit * gekennzeichnete Beiträge sind Vorträge, die auf dem internationalen Kongreß der International Society of Doctors for the Environment (I.S.D.E.) und des Ökologischen Ärztebundes (ÖÄB) am 16./ 17. September 1994 in Koblenz gehalten wurden.

Warum macht uns das Essen krank?

Wolfgang Stück

Interview aus »Nahrungsmittel Aktuell«, Erstausgabe, November 1994

Der Ökologische Ärztebund ist die deutsche Sektion der internationalen Gesellschaft der Ärzte für die Umwelt (I.S.D.E.). Die I.S.D.E. ist bei der UNO als sog. Non-Government-Organisation (NGO) akkreditiert. Ihr gehören weltweit über 40.000 Ärzte aus 50 Nationen an.

Vergessene Gifte

Udo Pollmer

Nachdruck mit freundlicher Genehmigung der Zeitschrift *natur*.

Schadstoffe in der Muttermilch*

Carsten Alsen-Hinrichs

BECK, H.(1990): Dioxine in Lebensmitteln. Bundesgesundheitsblatt 33, 99-104

BOCK, K.-W.; ECKERT, K.-G.; GREIM, H.; KAPPUS, H.; MARQUARDT, H.-G.; NEUMANN, F.; OESCH, F.; SCHMOLDT, A.; SCHULTE-HERMANN, R. (1992): Stellungnahme der Beratungskommission Toxikologie der DGPT zur toxikologischen Bedeutung der Dioxingehalte in der Muttermilch. DGPT-Mitteilungen Nr. 10

CHILVERS, C.E.D. (1993): Breast feeding and risk of breast cancer in young women. Br. Med. J. 307, 17-20

Deutsche Forschungsgemeinsachaft (DFG) (1984): Rückstände und Verunreinigungen in Frauenmilch. Mitteilung XII der Kommission zur Prüfung von Rückständen in Lebensmitteln. (Verlag Chemie) Weinheim

Deutsche Forschungsgemeinschaft (DFG) (1988): Polychlorierte Biphenyle. Bestandsaufnahme über Analytik, Vorkommen, Kinetik und Toxikologie. Mitteilung XIII der Kommission zur Prüfung von Rückständen in Lebensmitteln. (Verlag Chemie) Weinheim

Deutscher Bundestag (1987): Unterrichtung durch die Bundesregierung. Umweltgutachten 1987. Drucksache 11/1568 vom 21.12.87, Bonn

DORRA-NEUMANN, E. (1985): Chlorierte Kohlenwasserstoffe in der Muttermilch und deren Konsequenzen für das Stillen. Diplomarbeit, Agrarwissenschaftliche Fakultät, Kiel

DUINKER J.C.; Schulz, D.E.; Petrick, G. (1988 a): Multidimensional gas chromatography with electron capture detection for the dertermination of toxic congeners in polychlorinated biphenyl mixtures. Analyt. Chem. 60, 478-482

DUINKER, J.C.; SCHULZ, D.E.; PETRICK, G. (1988 b): Selection of chlorinated biphenyl congeners for analysis in environmental samples. Marine Pollution Bulletin 19, 19-25

ELTERNRAT- SEPICHERT, H. (Hrsg.) (1984): Muttermilch - natürlich. Rowohlt, Reinbek

FALCK, F.; RICCI, A.; WOLFF, M.; GODBOLD, J.; DECKERS, P. (1992): Pesticides and polychloriated biphenyl residues in human breast lipids and their relation to breast cancer. Arch. Environm. HEALTH 47, 143-146 FÜRST, P.; MEEMKEN, H.-A.; KRÜGER, C.; GROEBEL, W. (1986): Polychlorinated dibenzodioxins and dibenzofurans in human milk samples from Western Germany. In: Dioxin 86, EL 05, p 136. Program und abstracts, Sept. 16-19, Fukuoka, Japan

KORANSKY, W.; FORTH, W. (1985): Fremdstoffe in der Muttermilch. Dtsch. Ärztebl., Ausg. B, 82, 2799-2804

KORANSKY, W.; HAPKE, H.-J.; HEESCHEN, W.; NEUBERT, D. (1992): Polychlorierte Dibenzodioxine und Dibenzofurane in der Frauenmilch. Bundesgesundheitsblatt 10, 507-512

KOPPE, J.-G. (1989): Dioxins and furans in the mother and possible effects on the fetus and newborn breast-fed baby. Acta Pediatr. Scand. Suppl. 360, 146753

MÜLLER, L.; KAISER, B. (1991): Umweltschadstoffe in der Muttermilch. Senator für Gesundheit, Bremen PELLIZZARI, E.D.; HARTWELL, T.D.; HARRIS, B.S.H.; WABELL, R.D.; WHITACKER, .;D ERICKSON; M.D. (1982): Purgable organic compounds in mothers's milk. Bull. Environ. Contam. Toxicol. 28, 322-328

PLUIM, H.J.; KOPPE, J.G.; OLIE, K.; SLINKE, J.W.; KOK, J.-H.; VULSMA, T.; VANTINI, D.; VIJLDER, J.J.M. (1992): Effects of dioxins on thyroid function in newborn babies. Lancet 339, 1303

SAFE, S. (1983): Polychlorinated Biphenyls (PCB's) and Polybrominated Biphenyls (PBB's): Biochemistry, Toxicology and Mechanism of Action. CRC Critical Reviews in Toxicology 13, 319-395

SAFE, S. (1991): Development, validation and limitations of toxic equivalency factors. Abstract, pp 23 persönliche Mitteilung der Tabelle durch SAFE, 11th Internat. Symposium on Chlorinated Dioxins and Relatet Compounds. Research Triangle Park, North Carolina, USA; 23.-27. September

SAFE, S. (1994): Polychlorinated Biphenyls (PCBs): Environmental Impact, Biochemical and Toxic Responses, and Implications for Risk Assessment. Crit. Rev. Toxicol. 24 (2), 87-149

SAGUNSKI, H.; SCHMOLDT, A. (1991): Zur gesundheitlichen Bedeutung von polychlorierten Dibenzodioxinen und -furanen in der Frauenmilch. Hamburger Ärzteblatt 1, 10-16

SCHECTER, A.; FÜRST, P.; FÜRST, C.; P P KE, O.; BALL, M.; RYAN, J.J.; CAU, H.D.; DAI, L.C.; QUYNH, H.T.; CUONG, H.Q.; PHUONG, N.T.N.; PHIET, P.H.; BEIM, A., CONSTABLE, J.; STARTIN, J.; SAMEDY, M. and SENG, Y.K. (1994): Chlorinated Dioxins and Dibenzofurans in Human Tissue from General Populations: A Selective Review, Environ. Health Perspect. Suppl. 102, Suppl 1:159-171

TIEDJE, F.; ALSEN-HINRICHS, C. (1992): Vor und Nachteile des Stillens. Schriftenreihe des Instituts für Toxikologie der Universität Kiel, ISSN 0933-7377, Heft 23 »United STATES Environmental Protection Agency« (US-EPA) (1985): Health assessment document for polychlorinated dibenzo-p-dioxins, Appendix D. Office of Health and Environmental Assessment, Washington

Von der Bauernmilch zur Industriemlich

Andrea Fink-Keßler

Mit freundlicher Genehmigung aus »arbeitsergebnisse«, Heft Nr. 23, AG Ländliche Entwicklung, Fachbereich Stadtplanung, Landschaftsplanung der Gesamthochschule Kassel

Gentechnische Nahrung*

Manuela Jäger

AMMAN, D.; 1993, Gentechnologie und Nahrungsmittel. - Ärztinnen und Ärzte für Umweltschutz, Delémont (Schweiz)

Amtsblatt der europäischen Gemeinschaften; 1990, Council Directive of 23 April 1990 on the contained use of genetically modified micro-organisms. - Official Journal of the European Communities, Vol. 33, 90/219/EEC, S. 1-14

Amtsblatt der Europäischen Gemeinschaften; 1990, Council Directive of 23 April 1990 on the deliberate release into the environment of genetically modified organisms. - Official Journal of the European Communities, Vol. 33, 90/220/EEC, S. 15-27

BECK, C.I.; ULRICH, T.H.; 1993, Environmental release permits. - Bio/Technology, Vol. 11, S. 1524-1528

BERNHARDT, M.; THOMAS, F.; TAPPESER, B; 1991, Gentechnik und biologischer Pflanzenschutz, Analyse und Bewertung gentechnischer Ansätze in der biologischen Schädlingsbekämpfung. - Werkstattreihe Nr. 73, Öko-Institut e.V., Freiburg

BERNHARDT, M.; WEBER, B.; TAPPESER, B; 1991/1994, Gutachten zur Biologischen Sicherheit bei der Nutzung der Gentechnik. - Werkstattreihe Nr. 84, Öko-Institut e.V., Freiburg

COX, P.A.; BALICK, M.J.; 1994, Neue Medikamente durch ethnobotanische Forschung. - Spektrum der Wissenschaft, August 1994, S. 40-46

CRAWLEY, J.M.; HAILS, R.S.; REES, M.; KOHN, D.; BUXTON, J.; 1993, Ecology of transgenic oilseed rape in natural habitats. - Nature, Vol. 363, S. 620-623

DIXON, B.; 1994, Keeping an eye on B.thuringiensis. - Bio/Technology, Vol. 12, S. 435

DROBNIEWSKI, F.A.; 1994, The safety of Bacillus species as insect vector control agent. - J. Appl. Bacteriology, Vol. 76, S. 101-109

DOERFLER, W.; SCHUBBERT, R.; 1994, Medizinisch-genetische Implikationen. Aufnahme fremder DNA über den Gastrointestinaltrakt. - Deutsches Ärzteblatt, Vol. 91, Heft 25/26, S. 38-41, C-1166-1169

FELDMANN, S.D.; SAHM, H.; 1994, Untersuchungen zum Verhalten gentechnisch veränderter Mikroorganismen in Laborkläranlagen. - BIOforum, Vol. 6, S. 220-226

FISCHER, K.; VIETHS, S.; DEHNE, L.I.; BÖGL, K.W.; »Verarbeitungsbedingte Einflüsse auf die Allergenität von Lebensmitteln - eine Übersicht«, SozEp-Hefte, Vol. 6/1993, Institut für Sozialmedizin und Epidemiologie des Bundesgesundheitsamtes: Literaturstudie zu Allergien:

GERN, J.E.; YANG, E.; EVRARD, H.E.; SAMPSON, H.A.; 1991, Allergic reactions to milk-contaminated »nondairy« products. - New England J. Medicine, Vol. 4, .976-979

GOLDBURG, R.J.; TJADEN, G.; 1990, Are B.T.K. plants really safe to eat? - Bio/Technology, Vol. 8, S. 1011-1015

GREENE, A.E.; ALLISON, R.F.; 1994, Recombination between viral RNA and transgenic plant transcripts. - Science, Vol. 263, S. 1423-1425

GUNNARY, D.; 1992, OECD-Studie zu: Evaluation of biosafety information gathered during field releases of GMO.

HODGSON, J.; 1994, The changing bulk biokatalyst market. - Bio/Technology, Vol. 12, S. 789-790

HOFFMANN, T.; SCHIEDER, O.; 1993, Hinweise für einen Gentransfer zwischen höheren Pflanzen und Aspergillus niger. - in: Überwachungsmethoden Gentechnik: Nachweisverfahren für Mikroorganismen, Viren und Gene in der Umwelt, Fachtagung des Umweltbundesamtes, Berlin, 25.-26.3.1993, S. 83-85

IDEL, A.; 1994, Argumente für die rBST-Kampagne. - Agrarbündnis e.V.

JORGENSEN & ANDERSEN; 1994, American Journal of Botany, in press

KAREIVA, P.; 1993, Transgenic plants on trial. - Nature, Vol. 363, S. 580-581

KLINGER, T.; ELLSTRAND, N.C.; 1994, Engineered genes in wild populations: fitness of weed-crop hybrids of Raphanus sativus. - Ecological Applications, Vol. 4/1, S. 117-120

MEISEL, H.; 1988, Charakterisierung von gentechnisch gewonnenen Labpräparaten im Vergleich zu Kälberlab. 2. Ergebnisse. - Milchwissenschaft, Vol. 43, S. 71-75Ö

KO-Institut e. V.; 1992, Industrielle Nahrungsmittelproduktion oder Lebensmittel als Naturprodukt. - Tagungsband, Werkstattreihe Nr. 78, Freiburg

PAGET, E.; SIMONET, P.; 1993, Evidence of gene transfer in soil via transformation. - in: Bridge/Biotech, final sectorial meeting on biosafety and first sectorial meeting on microbial ecology, Granada, 24.-27. Oktober 1993, Bridge-Contract-Nr. BIOT CT-910282, S. 32

PERLAK, F.J.; FUCHS, R.L.; DUFF, A.D.; MCPHERSON, S.L.; FISCHHOFF, D.A.; 1991, Modification of the coding sequence enhances plant expression of insect control protein genes. - PNAS USA, Vol. 88, S. 3324-3328

PITTS, J.E.; MANTAFOUNIS, D.; 1991, Engineering the pH profile of chymosin. - Biochemical Society Transactions, Vol. 19, S. 266S

PROCHASKA, H.J.; SANTAMARIA, A.B.; TALALAY, P.; 1992, Rapid detection of inducers of enzymes that protect against carcinogens. - PNAS, Vol. 89, S. 2394-2398

RECORBET, G.; PICARD, C.; NORMAND, P.; SIMONET, P.; 1993, Kinetics of the persistence of chromosomal DNA from genetically engineered Escherichia coli introduced into soil. - Applied and Environmental Microbiology, Vol. 59, S. 4289-4294

RISSLER & MELLON, M.; 1993, Perils admits the promise, Union of concerned scientists, USA

SAMPSON H.A.; MENDELSON, L.; ROSEN, J.P.; 1992, Fatal and near fatal anaphylactic reactions to food in children and adolescents. - New England J. Medicine, Vol. 6, S.380-384

SENTKER, A.; TOMIUK, J.; WÖHRMANN, K.; 1994, Sicher unter Kontrolle? - GID, Vol. 96/97,S. 23-27

SPELSBERG, G.; 1993, Essen aus dem Genlabor? Natürlich nicht! - Verlag Die Werkstatt, Göttingen

STEINHART *et al.*; 1993, Nebenprodukte bei biotechnologischen Verfahren: Fallbeispiel Tryptophan. - Abstract auf der Biotechnica, Hannover, 19.-22. Oktober 1993, Institut für Biochemie und Lebensmittelchemie, Universität Hamburg

STROHMAN, R.; 1994, Epigenesis: The missing beat in Biotechnology? - Bio/Technology, Vol. 12, S. 156-164

SUKOPP, H.; SUKOPP, U.; 1992, Ökologische Langzeiteffekte der Verwilderung von Kulturpflanzen. - Gutachten im Auftrag des Wissenschaftszentrums Berlin zum Verfahren zur Technikfolgenabschätzung des Anbaus von Kulturpflanzen mit gentechnisch erzeugter Herbizidresistenz. Wissenschaftszentrum Berlin (WZB)

TAPPESER, B.; BRADISH, P.; 1991, Bedeutung der Gentechnologie bei der Herstellung und Verarbeitung von Lebensmitteln. - Öko-Institut e.V., Freiburg

WEBER, B.; 1994, »Unpraktische« Gedanken zur Risikoforschung. - Vortrag beim Treffen des Arbeitskreises Gentechnik und Ökologie der GfÖ, Göttingen

WEBER, B.; 1992, Evolutionsbiologische Argumente in der Risikodiskussion am Beispiel der transgenen herbizidresistenten Pflanzen. - überarbeitete Fassung November 1993, Gutachten im Auftrag des Wissenschaftszentrums Berlin für Sozialforschung zum Verfahren zur Technikfolgenabschätzung des Anbaus von Kulturpflanzen mit gentechnisch erzeugter Herbizidresistenzen. - Wissenschaftszentrum Berlin, WZB

WEBER, H.; 1992, Spezielle Anwendungen am Beispiel von Rohwurst. - in: Die biologische Konservierung von Lebensmitteln. Ein Statusbericht. SozEp-Hefte 4/1992, Hrsg.: Dehne, L.I. & Bögl, K.W., Bundesgesundheitsamt, S. 46-66

Chemikalien und gefährliche Stoffe in Lebensmitteln*

Friedhelm Diel

T.MOSMANN: J IMMUNOL Med 65 (1983) 55 - 63S.

ROMAGNANI *et al.*: Clin Immunol Immunopathol 50 (1989) 13 - 23S.

WELL/F.DIEL: Mediators of Inflammation 2 (1993) 411 - 415

S. WELL *et al.*: Agents Actions SCI (1992) 298 - 301

Lebensmittelbestrahlung*

Konrad Pfeilsticker († 1995)

Bericht des wissenschaftlichen Lebensmittelausschusses der EU über »Strahlenbehandelte Lebensmittel«,13. März 1986

PFEILSTICKER K.: Argumente gegen eine Bestrahlung von Lebensmitteln, in»Strahlenkonservierung«, Stiftung Verbraucherinstitiut, Berlin 1985

WEBB T., LANG T.: Bestrahlte Nahrung, Knaur 1990

Unfruchtbarkeit durch Umweltgifte*

Ingrid Gerhard

Nachdruck mit freundlicher Genehmigung aus: KINAL, RABE (Hrsg.): Aktuelle Hormontherapie

in der Gynäkologie, W. Zukschmidt Verlag, München 1993
1. DANSCHER G. HORSTEDT-BINDSLEV P, RUNGBY (1990) Traces of mercury in organs from primates with amalgam-fillings. Exp Mol Patho 52; 291-299
2. SOKOL R.Z., SOD-MORIAH U (1988) Lead exposure and the hypothalamic-pituitary-ovarial axis in pubertal rats. Infertility 11; 265-27
3. GERHARD I., DERNER M., RUNNEBAUM B. (1991 Prolonged exposure to wood preservative induces endocrine and immunologie disorders in women. Am J. Obstet Gynecol 16; 487-488
4. GORSKI J.R., MUZI G., WEBER IWD, PEREIRA I., IATROPOULOS M.J., ROZMAN K. (1988) Elevator plasma corticosterone levels and histopathology of the adrenals and thymuses in 2, 3, 7, 8 tetrachlordibenzo-p-dioxin Biochem Pharamacol 31; 1607-1613
5. KLAGES K., SOURGENS H., BERTRAM H.P., MÜLLER C., KEMPER F.H. (1987) Lead exposure and endocrine functions; Impact on the hypophyseal-gonadal axis and the pituitary thyroid system. Acta Endocrinol (suppl, 283; 17-18
6. MCKINNEY J.D., FAWKES J. HORDAN S., CHAC K., OATLEY S., COLEMAN R.E., BRINER W. (1985) 2,3,7,8-tetrachlorodibenzo-p-dioxin (TCDD) as a potent and persistent thyroxine agonist: a mechanistic model for toxicity based on molecular reactivity. Environ Health Perspec 61; 41-53
7. BROUWER A., REIJNDERS P.J.H., KOEMAN J.H. (1989) Polychlorinated biphenyl (PCB)-contaminated fish induces vitamin A and thyriod hormone deficiency in the common seal (phoca vitulina), Aquatic Toxicology 15; 99-106
8. JOHANSSON L., PELLICCIARI C.E. (1988) Lead-induced changes in the stabilization of the mouse sperm chromatin, Toxicology 51; 11-24
9. AL-HAKKAK Z.S., HAMAMY H.A., MURAD A.M., HUSSIAN A.F. (1986) Chromosome aberrations in workers at a storage battery plant in Iraq Muta Res 171; 53-60
10. JOHANSSON L., SJOBLOM P., WIDE M. (1987) Effects of lead on the male mouse as investigated by in vitro fertilization and blastocyst culture, Environ Res 42; 140-148
11. COHEN F.L. (1986) Paternal contributions to birth defects. Nurs Clin North Am 21; 49-64
12. FLORA S.J., TANDON S.K. (1987) Influence on calcium disodium edetate on the toxic effects of lead adminstration in pregnant rats, Inidan J Physiol Pharmacol 31; 267-272
13. HILBELINK D.R., KAPLAN S. (1986) Sirenomelia; analysis in the cadmium- and lead-treated golden hamster. Teratogenesis Carcinog Mutagen 6; 431-440
14. STOWE H.D., GOYER R.A. (1971) The reproductive ability and progeny of FI leadtoxic rats. Fertil Steril 22; 755-760
15. MCKEE R.H., PASTERNAK S.J., Traul K.A. (1987) Developmental toxicity of EDS recycle solvent and fuel oil. Toxicology 46; 205-215
16. ESKENAZI B., BRACKEN M.B., HOLFORD T.R., GRADY J. (1988) Exposure to organic solvents and hypertensive disorders of pregnancy. Am J Ind Med 14; 177-188
17. LINDBOHM M.L., HEMMINIKI K., KYYRONEN P., KILPIKARI I., VAINIO H. (1983) Spontaneous abortions among rubber workers and congenital malformations in their offspring. Scand J Work Environ Health 9; 85-90
18. MCDONALD A.C., LAVOIE J., COTE R., MCDONALD J.C. (1988) Spontaneous abortion in women employed in plastics manufacture. Am J Ind Med 14; 9-14.
19. WHITE F.M., COHEN F.G., SHERMAN G., MCCURDY R. (1988) Chemicals, birth defects and stillbirths in Neu Brunswick; associations with agricultural activity. Can Med Assoc J 138; 117-124
20. BAKIR F., DAMLUJI S.F., AMIN-ZAKI L., MURTADHA M., KHALIDI A., Al-RAWI N.Y., TIKRITI S., DHAHIR H.I., CLARKSON T.W., SMITH J.C., DOHERTY R.A. (1973) Methylmercury poisoning in Iraq. Science 181; 230-241.
21. KOOS B.J., Longo L.D. (1976) Mercury toxicity in the pregnant woman, fetus, and neuborn infant. Am J Obstet Gynecol 126; 390-409

22. Amin-Zaki L., Elhassani S., Majeed M.A., Clarkson T.W., Doherty R.A., Greenwood M. (1974) Intra-uterine methylmercury poisoning in Iraq. Pediatrics 54; 587-595
23. Mohamed M.K., Burbacher T.M., Mottet N.K. (1987) Effects of methyl mercury on testicular functions in Macaca fascicularis monkeys,. Pharmcol Toxicol 60; 29-36
24. Sokol R.Z., Madding C.E., Swerdloff R.S. (1985) Lead toxicity and the hypothalamic pituitary-testicular axis. Biol Reprod 33; 722
25. Saksena S., White M.J., Mertzlufft J., Lau I. (1983) Prevention of cadmium-induced sterility by zinc in the male rat. Contraception 27; 521-530
26. Kimmel C.A., Grant L.D., Slovan C.S., Gladen B.C. (1980) Chronic low level lead toxicity in the rat I Maternal toxicity and perinatal effects. Toxicol Appl Pharmacol 56; 28-41
27. Vermande-Van Eck G.J., Meigs J.W. (1960) Changes in the ovary of the rhesus monkey after chronic lead intoxication. Fertil Steril 11; 223-234
28. McDowell J., Kitchen I. (1988) Perinatal lead exposure afters the development of delta - but not mu-opioid receptors in rat brain. Br J Pharmacol 94; 933-937
29. Wiebe J.P., Barr K.J., Buckingham K.D. (1988) Effect of prenatal and neonatal exposure to lead on gonadotropin receptors and steroidogenesis in rat ovaries. J Toxicol Environ Health 24; 461-476 30. Needleman H.L. (1988) The persistent threat of lead; medical and sociological issues. Curr Probl Pediat 18; 697-744
31. Loegdberg B., Berlin M., Schuetz A. (1987) Effects of lead exposure on pregnancy outcome and the fetal brain of squirrel monkeys. Scand J. Work Environ Health 13; 135-145
32. Gleichman E., Vohr H.W., Mirtschewa J., Stiller-Winkler R., Vogeler S. (1987) Zur Induktion von Autoimmunkrankheiten und anderen stimulativen Immunopathien durch Quecksilber und andere Chemikalien. Umwelthygiene. Jahresbericht 1986/1987, Band 19 (Hrsg.: K. Beyen, Gesellschaft zur Förderung der Lufthygiene und Silikoseforschung e. V. Düsseldorf), 270-319
33. Henry G.A., Jarnot B.M., Steinhoff M.M., Bigazzi P.E. (1988) Mercury-induced renal autoimmunity in the MAXX rat. Clin Immunol Immunopathol 49; 187-203
34. Klobusch J., Rabe T., Gerhard I., Runnebaum B. (1992) Alopezie in der Gynäkologie und Umweltbelastungen. Das Ärztliche Laboratorium (im Druck)
35. Gerhard I., Runnebaum B. (1992) Schadstoffe und Fertilitätsstörungen, Schwermetalle und Mineralstoffe, Geburtshilfe Frauenheilkd. 52; 383-396
36. Cherian M.G., Miles E.F., Clarkson T.W., Cox C. (1988) Estimation of mercury burdens in rats by chelation with dimercaptopropane sulfonate. J. Phartmacol Exp Ther 245; 479-484
37. Gerhard I., Waldbrenner P., Thuro H., Runnebaum B. (1992) Diagnostik von Schwermetallbelastungen mit dem peroralen DMPS-Test und dem Kaugummitest. Das Ärztliche Laboratorium (im Druck)
38. Daunderer M. (1990) Handbuch der Umweltgifte, Escomed-Verlag
39. Tjell J.C., Christensen T.H., Bro-Rasmussen F. (1983) Cadmium in soil and terrestrial biota, with emphasis on the Danish situation. Ecotoxicol Environ Safety 7; 122-140
40. Wagner U., Schlebusch H., Ven van der H., Krebs D. (1989) Pestizide in Follikelflüssigkeit und Seminalplasma Arch Gynec Obstet 245; 1039-1040
41. Rita P., Reddy S.V. (1987) Monitoring of workers occupationally exposed to pesticides in grape gardens of Andhra Pradesh. Environ Res 44; 1-15
42. Taylor P. R. Stelma J.M., Lawrence CE (1989)
The relation of polychlorinated biphenyls to birthweight and gestational age in the offspring of occupationally exposed mothers
Am J Epidemiol 129: 395-406
43. Lindbohm M.L., Taskinen H., Sallmen M. Hemminski K. (1990) Spontaneous abortions

among women exposed to organic solvents. Am J industr. Med 17; 449-463
44. McDONALD J.C., LAVOJE C., COTE R., McDONALD A.D. (1987) Chemical exposures at work in early pregnancy and congential defect: a case-referent study. Br J Ind. Med 44
527-533
45. CLARK D.A., SWEENEY G., SAFE S., HANOCK E., KILBOURN D., GAULDIE G. (1983) Cellular and genetic basis for suppressions of cytotoxic T-cell generation of haloaromatic hydro-carbons. Immunopapharmacology 6; 143-153
46. GLEICHMANN E., KIMBER I., PURCHASE F.H. (1989a) Immunitoxicology; suppressive and stimulatory effects of drugs and envi ronmental chemicals on the immune system. Arch Toxicol 63; 257-273
47. GLEICHMANN E., VOHR H.W., STRINGER C., NUYENS J., GLEICHMAN H. (1989b) Testing the sensitization of T-cells to chemicals. From murine graft-versus-host (GHV) reactions to chemical-induced GVH-like immunological diseases. Autoimmunity Toxicol 15; 364-390
48. ROHR V., KÖNIG W., SELENKA F. (1989) Mediatorenfreisetzung durch Pestizide und polychlorierte Biphenyle: Bedeutung für (pseudo)-allergische Reaktionen. Allergologie 12; 169-170
49. NAGARKATTI P.S., SWEENEY G.D., GAULDIE J., CLAR D.A. (1984) Sensitivity to suppression of cytotoxic T-cell generation of 2, 3, 7, 8-tetrachlorodibenzo-p-dioxin is dependent on the Ah genotype of the murine host. Toxicol Appl Pharmacol 72; 169-176
50. MUTTI A., VESCOVI P.P., FALZOI M., ARFINI G., VALENTI G., FRANCHINI J. (1984) Neuroendocrine effects of styrene on occupationally exposed workers, Scand J Work Environ Health 10; 225-228
52. JOHANSON G. (1988) Aspects of biological montoring of exposure to glycol ethers. Toxicol Lett 43; 5-21
53. GENEROSO W.M., CAIN K.T., HUGHES L.A., SEGA G.A., BRADEN P.W., GOSSLEE D.G., SHELBY M.D. (1986) Ethylene oxide dose and dose-rate effects in the mouse dominantlethal test. Environ Mutagen 8; 1-7
54. ROEDIGER B., van der VEN H., SCHLEBUSCH H., WAGNER U., KNAPP M., AL-HASANI S., DIEDRICH K., KREBS D. (1989) Einfluß von Pestiziden auf die Funktion von Spermatozoen in vitro. Arch Gynec Obstet 245; 1041-1042
55. GANDY J., MILLNER G.C., BATES H.K., CASCIANO D.A., HARBISON R.D. (1990) Effects of selected chemicals on the glutathione status in the male reproductive system of rats. J. Toxicol Environ Health 29; 45-57
56. LLORENS J., TUSELL J.M., SUNOL C., RODRIUE-FARRÉ E. (1989) Effects of lindane on spontaneous behaviour of rats analyzed by multivariate statistics. Neurotoxicol Teratol 11; 145-151
57. ALDEGUND M., MIGUEZ I., PARAFITA M., DURAN R. (1986) Effect of lindane on brain monoamine metabolism. Gen Pharmacol 17; 633-635
58. BONDY S.C., HALSALL L. (1988) Lindane-induced modulation of calcium levels within synaptosomes. Neurotoxicology 9; 645-652
59. CORNACOFF J.B., LAUER L.D., HOUSE R.V., TUCKER A.N., THURMOND L.M., VOS J.G., WORKING P.K., DEAN J.H. (1988) Evaluation of the immunotoxicity of beta-hexachlorocyclohexane (beta-HCH). Fundam Appl Toxicol 11; 293-299
60. ECKRICH W., GERHARD I. (1992) Organochlorverbindungen im Blut der Bevölkerung - ein Überblick. Das Ärztliche Laboratorium (im Druck)
61. GERHARD I., ECKRICH W. (1992) Hintergrundbelastung mit Chlorkohlenwasserstoffen und Schwermetallen bei Frauen. Workshop Umwelt. Kongreßband d. Stadt Heidelberg (im Druck)
62. GERHARD I., DERNER M., RUNNEBAUM B. (1992) Endokrine und immunologische Veränderungen bei Frauen durch chronische Belastung mit Holzschutzmitteln. Landesregierung Niedersachsen
63. GERHARD I., RUNNEBAUM B. (1992) Schadstoffe und Fertilitätsstörungen. Genußgifte, Geburtshilfe Frauenheilkunde (im Druck)
64. LIO S., NAPOLITANO G., MARINUZZI G., MONACO F. (1989) Role of smoking in goiter mor-

phology and thyrotropin response to TRH in untreated goitrous women. J. Endocrinol Invest 12; 93

65. BARON J.A., LA VECCHIA C., LEVI F. (1990) The antiestrogenic effect of cigarette smoking in women. Am J. Obstet Gynecol 162; 502-514

66. GERHARD I., REISCHMANN T., EGGERT-KRUSE, RUNNEBARUM B. (1990) Untersuchung der Faktoren, die den Schwangerschaftseintritt und -ausgang durch medikamentöse Therapie bei sterilen Fraune beeinflussen. I. Anamestische und klinische Parameter. Fertilität 6; 123-135

67. MERZOUG K., GERHARD I., RUNNEBAUM B. (1990) Häufigkeiten und Vorausetzunge für therapieunabhängige Schwangerschaften bei Sterilitätspatientinnen. Geburtshilfe Frauenheilkunde 50; 177-188

68. PERGER F. (1987) Unterschiedliche Entwicklungen der Schwermetallbelastungen (Pb, Cd, Hg) und ihre Therapie. Ärzte Naturheilverf. 10; 774-794

Toxische Kombinationswirkungen*

Irene Witte

ALTENBURGER, R., BOEDEKER, W., FAUST, M. and GRIMME, L. H. (1993): Aquatic toxicology, analysis of combination effects. In: Handbook of hazardous materials, Academic Press, Inc., New York, S. 15-27

ARRHENIUS, E., RENBERG, L. und JOHANSSON, L. (1977): Subcellular distribution, a factor in risk evaluation of pentachlorophenol. Chem. Biol. Interactions, 18 23-34

BECKER, T. W., EICKE, B., JACOBI, H. und WITTE, I. (1993): DNA strand break formation and inhibition of cell growth by butyraldehyde, 2,4-dichlorophenoxyacetic acid (2,4-D) and propylgallate in combination with the electron acceptor Cu(II). Intern. Conference on critical aspects of free radicals in chemistry, biochemistry and medicine, 14. - 17. Febr., Wien (abstract)

BECKER, T. W., KRIEGER, G. and WITTE, I.: DNA single and double strand breaks induced by aliphatic and aromatic aldehydes in combination with Cu(II), eingereicht

BUSCHFORT, C. and WITTE, I. (1994): Induction and mechanism of DNA single- and double-strand breaks by tetracycline Cu(II) in the absence of light. Carcinogenesis 15, 2927-2930

BUTTE, W., JUHL, U., SCHWARTING, W. and WITTE, I. (1988): Evidence for the formation of a dihydroxychlorobiphenyl, hydroxychlorodiphenyl ethers and a hydroxychlorodibenzodioxin or hydroxychlorodiphenoquinone upon metabolism of 2,4,5-trichlorophenol by post mitochondrial rat liver fractions (S-9). Chemosphere 17, 1189-1196

DIETER, H. H. (1995): Ist Kupfer giftig? Ist Kupfer gesund? Bundesgesundheitsbl. 1, 1

EISENBRAND, G. (1981): N-Nitrosoverbindungen in Nahrung und Umwelt. Wissenschaftliche Verlagsanstalt, Stuttgart

EMERIT, I., PACKER, L. and AUCLAIR, C. (Hrsg.) (1990): Antioxidants in therapy and preventive medicine. Plenum Press, New York und London

Hermens, J. and Leeuwang, P. (1982): Joint toxicity of mixtures of 8 and 24 chemicals to the guppy (Poecilia reticulata). Ecotox. Environ. Saf. 6, 302-310

HERMENS, J., LEEUWANG, P. and MUSCH, A. (1984): Quantitative structure activity relationships and mixture toxicity studies of chloroanilines and alkylanilines at an acute lethal toxicity level to the guppy (Poecilia reticulata). Ecotox. Environ. Saf. 8, 388-394

JACOBI, H. and WITTE, I. (1991): Synergistic effects of U46D Fluid (dimethylammonium salt of 2,4-D) and CuCl2 on cytotoxicity and DNA repair in human fibroblasts. Toxicology Letters 58, 159-167

JACOBI, H., METZGER, J. and WITTE, I. (1992): Synergistic effects of U46D Fluid (dimethylammonium salt of 2,4-D) on PM2 DNA and mechanism of DNA damage. Free Rad. Res. Comms. 16, 123-130

JACOBI, H. and WITTE, I.: Additive und synergistische Kombinationswirkungen von Xenobiotika in subtoxischen Konzentrationen auf menschliche Fibroblasten, Umweltwiss. Schadstoff-Forsch., im Druck

JUHL, U., WITTE, I. and BUTTE, W. (1985): Metabolism of pentachlorophenol to tetrachlorohydroquinone by human liver homogenates. Bull. Environ. Contam. Toxicol. 35, 596-601

JUHL, U., BLUM, K. and WITTE, I. (1989): The in vitro metabolites of 2,4,6-trichlorophenol and their DNA strand breaking properties. Chem.-Biol. Interactions 69, 333-344

JUHL, U., BLUM, K., BUTTE, W. and WITTE, I. (1991): The induction of DNA strand breaks and formation of semiquinone radicals by metabolites of 2,4,5-trichlorophenol. Free Rad. Res. Comms II (6), 295-305

KAHL, R. (1984): Synthetic antioxidants: biochemical actions and interference with radiation, toxic compounds, chemical mutagens and chemical carcinogens. Toxicology 33, 185-228

KAHL, R., WEINKE, S. and KAPPES, H. (1990): Comparison of antioxidant and prooxidant activity of various synthetic antioxidants. In: EMERIT, I., PACKER, L. and AUCLAIR, C. (Hrsg.): Antioxidants in therapy and preventive medicine. Plenum Press, New York und London

KAHL, R. (1991): Protective and adverse biological actions of phenolic antioxidants. In: Sies. H. (Ed.): Oxidative stress: oxidants and antioxidants. Academic Press, London, San Diego, New York, Boston, Sydney, Tokyo, Toronto, S. 245-277

KÖNEMANN, H. (1980): Structure-acitivity relationships and additivity in fish toxicities of environmental pollutant. Ecotoxicol. Environ. Saf. 4, 415-421

KÖNEMANN, H. (1981): Fish toxicity tests with mixtures of more than two chemicals: a proposal for a quantitative approach and experimental results. Toxicology 19, 229-238

KÜHN-BIRETT: Merkblätter Gefährliche Arbeitsstoffe. 46. Erg. Lfg. 12/89

LI, Y. and TRUSH, M. A. (1993): Oxidation of hydroquinone by copper: chemical mechanism and biological effects. Arch. Biochem. Biophys. 300, 346-355

MULDER, G. J. and MEERMAN, J. H. N. (1978): Glucuronidation and sulphatation in vivo and in vitro: selective inhibition of sulphatation by drugs and deficiency of inorganic sulfate. In: AITO, A. (Hrsg.): Conjugation reactions in drug and biotransformation. Elsevier North-Holland Biomedical Press. S. 389-398

RYAN, D. E., Thomas, P. E. and LEVIN, W. (1977): Properties of purified liver microsomal cytochrome P450 from rats treated with the polychlorinated biphenyl mixture Aroclor 1254. Molec. Pharmacol. 13, 521-532

SCHIMMELPFENNIG, W. und DIETER, H. H. (1995): Kupfer und frühkindliche Leberzirrhose. Bundesgesundhbl. 1, 2-10

TAKAYAMA, S., HASEGAWA, H. and OHGAKI, H. (1989): Combination effects of forty carcinogens administered at low doses to male rats. Jpn. J. Cancer Res. 80, 732-736

WITTE, I. (1987): Wirkung von potentiellen mutagenen und carcinogenen Substanzen auf die DNA und die DNA-Reparatur. Forschungsbericht BMFT (CMT 37)

WITTE, I. und JACOBI, H. (1993): Entwicklung einer Prüfvorschrift zur Erkennung von synergistischen Wirkungen zwischen membranschädigenden Substanzen und anderen Schadstoffen. Forschungsbericht 106 04031 im Auftrag des Umweltbundesamtes

WITTE, I., JACOBI, H. and JUHL-STRAUSS, U.: Suitability of different cytotoxicity assays for screening combination effects of environmental chemicals in human fibroblasts, eingereicht (a)

WITTE, I., JACOBI, H. and JUHL-STRAUSS, U.: Correlation of synergistic cytotoxic effects of environmental chemicals in human fibroblasts with their lipophilicity, eingereicht (b)

ZAKRZEWSKI, S. F. (1991): Principles of environmental toxicology. ACS Professional Reference Book, Washington

Biochemische Wirkungsmechanismen*

Roland Scholz

Manuskript eines Vortrages auf dem Ersten Schweizerischen Kongreß »Medizin und Umwelt - Medicine et Environnment« in Bern, 21./22. Februar 1992, Universitätskinderspital, veranstaltet von der Sektion Schweiz der IPPNW-PSR (Ärzte für die Verhütung des Atomkrieges – Ärzte in Sozialer Verantwortung) auszugsweise abgedruckt in Gazette Medicale – Der informierte Arzt, Schweizerische Zeitschrift für moderne Therapie und Fortbildung, Basel, 5/1994 - 341-349

Psychopathologie der Umweltverschmutzung*

Sigrun Preuss

Diese Veröffentlichung entspricht in Ausschnitten dem Vortrag »Opfer, Täter, Retter – kollidierende Rollen in der Risikogesellschaft«, gehalten bei der Wissenschaftlichen Jahrestagung der Bundeskonferenz für Erziehungsberatung e.V. in Saarbrücken

ANDERS, G. (1986): Die atomare Drohung. München: Beck

FREUD, A.(1984): Das Ich und die Abwehrmechanismen. Frankfurt/M.: Fischer

KERNBERG, O. (1978):Borderline-Störungen und pathologischer Narzißmus. Frankfurt/M.: Suhrkamp

KOFLER,W. (1993): Umweltängste, Toxokopie-Mechanismus, komplexes evolutionäres Coping-Modell und die Notwendigkeit neuartiger Auflagen für genehmigungspflichtige Anlagen. In: AURAND, K., HAZARD, B.P. & TRETTER, F. (Hrsg.): Umweltbelastungen und Ängste. Opladen: Westdeutscher Verlag, S. 225-267

LASZLO, E. (1988): Die inneren Grenzen der Menschheit. Rosenheim: Horizonte

PREUSS, S. (1991): Umweltkatastrophe Mensch. Über unsere Grenzen und Möglichkeiten, ökologisch bewußt zu handeln. Heidelberg: Asanger

PREUSS, S. (1995): Ökopsychosomatik. Heidelberg: Asanger, in Vorbereitung

RICHTER, H.-E. (1992): Umgang mit Angst. Hamburg: Hoffmann & Campe

ROGERS, C.R. (1983): Der neue Mensch. Stuttgart: Klett-Cotta

ROHDE-Dachser, C.(1979): Das Borderline-Syndrom. Bern: HUBERRUFF, F.M. (1990): Ökologische Krise und Risikobewußtsein. Wiesbaden: DUV

Vollwert-Ernährung zur Senkung von Risikofaktoren

Wiebke Franz und Kathi Dittrich

BIESALSKI, H.-K. u.a. (1995): Ernährungsmedizin. (Thieme) Stuttgart

Deutsche Gesellschaft für Ernährung (Hrsg.) (1992): Ernährungsbericht 1992. (Selbstverlag) Frankfurt

GROENEVELD, M. (1994): Beurteilung einer überwiegend lacto-vegetabilen Ernährungsform anhand der Zufuhr und der Versorgung mit Vitaminen. Dissertation, (Wissenschaftlicher Fachverlag) Gießen

HACKS, M.; ROHWEDDER, D. (1994): Therapie mit Messer und Gabel. Ernährungsmedizinische Aspekte zu den häufigsten Erkrankungen. (Wissenschaftsverlag Wellingsbüttel) Hamburg - Zürich

HOFFMANN, I. (1994): Gießener Vollwert-Ernährungs-Studie. Untersuchung auf Bias am Beispiel von Fettstoffwechsel-Parametern. Dissertation. (Wissenschaftlicher Fachverlag) Gießen

KOERBER, K.V.; MÄNNLE, T.; LEITZMANN, C. (1994): Vollwert-Ernährung - Konzeption einer zeitgemäßen Ernährungsweise. 8. Aufl., (Haug) Heidelberg

n.n.: Ernährungsabhängige Krankheiten und ihre Kosten. Ernährungsumschau 41 (4), S. 153-154, 1994

SAMUEL, M. (1994): Nitrat - Bio-Gemüse deutlich geringer belastet. Umweltnachrichten 9 (59), S. 47-48, 1994

SCHULZE, J. (1991): Krebs - Bedeutung der Ernährung für Prävention und Therapie. Ernährungs-Umschau-Sonderheft 38, S. 556-561, 1991.

Glossar

Abortanamnese: Abort = Früh- oder Fehlgeburt; Anamnese = Krankengeschichte, Art, Beginn und Verlauf der aktuellen Beschwerden, die im Gespräch mit dem Kranken erfragt werden. Neben der aktuellen Anamnese lassen sich die frühere, allgemeine, soziale, biographische und familiäre A. erheben.

Acetylaldehyd: CH_3CHO; syn. Äthanal; im Intermediärstoffwechsel entstehender Metabolit, z.B bei der Glykolyse durch Decarboxylierung von Pyruvat, beim Abbau von Threonin od. bei der enzymatischen Oxidation von Äthanol durch Alkoholdehydrogenase.

adaptierendes Immunsystem (lat adaptare anpassen); Anpassung z.B. von Organen u. des Organismus an veränderte Bedingungen.

ADI: acceptable daily intake

Adipositas: Fettsucht

Aflatoxine: von Aspergillus-Pilzgattungen (insbes. Aspergillus flavus, Aspergillus parasiticus) gebildete, in höheren Dosen (tierexperimentell) letal, in geringeren Dosen karzinogen wirkende Mykotoxine (chem. Cumarinderivate); v.a. befallene Lebensmittel sind Nüsse, Getreide, Mandeln, Kokosraspeln, Kastanien, geräucherte Schinken und daraus hergestellte Erzeugnisse. Durch Befall von Futtermitteln können A. z.B. in Milch und Milcherzeugnisse gelangen. In Nahrungsmitteln enthaltene A. sind für den Verbraucher häufig nicht feststellbar. A. sind außerdem sehr hitzeresistent. In der Afflatoxinverordnung vom 1.3.1977 sind zulässige Höchstmengen für best. Produkte festgelegt.

Agens: Reaktionsmittel

alkylieren: Einführung von Alkylgruppen, z.B. Methyl-, Ethyl-, Propylgruppen, in organische Verbindung durch Substitution oder Addition

Alkyl-Kation: Alkyl = einwertiger, frei nicht vorkommender aliphatischer Rest, z.B. Methyl; Kation = positiv geladenes Ion

allele Gene: die einander entsprechenden, jedoch im Erscheinungsbild eines Lebewesens sich unterschiedlich auswirkende Gene homologer Chromosomen (als Folge von Mutationen)

Allergene: Stoffe, die Allergien auslösen können (bei Einatmung, Hautkontakt oder den Verdauungsweg)

Alopezie: Kahlheit als Folge eines vermehrten Haarausfalls; es wird zwischen angeborenen und erworbenen Formen differenziert.

anaphylaktische Reaktionen: durch Antikörper der Klasse IgE vermittelte Überempfindlichkeitsreaktion vom Soforttyp, die nach einer Sensibilisierungsphase bei erneutem Kontakt mit dem spez. Allergen auftritt

anthropogen: durch den Menschen beeinflußt, vom Menschen verursacht

Antigene: Substanzen, die im Körper von Menschen und Tieren eine Immunreaktion hervorrufen (Immunantwort). Dies geschieht durch die Bildung von Antikörpern gegen das Antigen oder durch das Verhalten bestimmter Zellen.

Antioxidantien: Oxidation verhindernde anorg. oder organ. Zusätze zu sauerstoffempfindlichen Stoffen (wie Mineralöle, Kautschuk, Kunststoffe); bes. wichtig in der Lebensmitteltechnik. A. sollen bei geringster Konzentration (unter 0,5 Promille) wirken und keine toxischen Eigenschaften haben. Natürliche A. z. B. Tocopherol und Ascorbinsäure, synthet A. z.B.Gallate

Applikation: Verabreichung von Medikamenten, Anwendung von Heilverfahren

Aromatische Verbindungen: Chemikalien, die in ihrer Strukturformel die Ringstruktur des Benzols enthalten.

Aspergillus: siehe Aflatoxine

ätiologisch: Ätiologie (griechisch Lehre von den Krankheitsursachen

Atomabsorptionsspektrometrie: Konzentrationsbestimmung von in der Gasphase überführten Atomen bestimmter Substanzen durch Messung des von ihnen absorbierten Lichts; Analyseverfahren mit hoher Empfindlichkeit u. hoher Spezifität, bzw. Selektivität; bes. zur Analyse von Elektrolyten in Körperflüssigkeiten u. von Spurenelementen

Atopiker: Atopie (griech.) Ungewöhnlichkeit, Seltsamkeit; zusammenfassende Bezeichnung für die auf einer genetischen Prädisposition . Manifestation der Überempfindlichkeitsreaktion vom Soforttyp (Typ I der Allergie)

Autoimmunkrankheiten: Krankheiten, die auf einer Fehlsteuerung im Abwehrsystem des Organismus beruhen (die Abwehr richtet sich hier anstatt gegen körperfremde gegen körpereigene Stoffe)

Benzoesäure: fungizides und bakterizides Konservierungsmittel und Antiseptikum, Ausgangsstoff wichtiger Lokalanästhetika (C_6H_5COOH)

Benzole: C_6H_5; leicht entzündliche, wasserhelle, giftige Flüssigkeit, Grundkörper der aromatischen Verbindungen, die sich vom Benzol durch Ersatz v. H-Atomen durch Nitro-, Sulfo-, Carboxylgruppen usw. ableiten.

Biosynthese: Aufbau chemischer Verbindungen in den Zellen des lebenden Organismus

Biphenyle, plychlorierte: stabile, öl- bis fettartige fettlösliche Substanzen mit einem Chlorgehalt von 20-60%, vielfach in der Industrie verwendet. Sie erzeugen Chlorakne und Leberschäden. Gefahr für Umwelt, Menschen und Tiere wie bei DDT

Botulismus: durch Toxine von Clostridium botulinum verursachte Intoxikation (meist Lebensmittelvergiftung, auch Inhalation von Toxinen möglich); meldepflichtige Erkrankung

Campylobacter jejuni: weltweit häufiger thermophiler Erreger v. Enteritis, Colitis und Proktitis (Wachstumsoptimum bei 42°)

carcinogen: krebserregend

Carrier: stoffübertragende Substanzen oder Moleküle

Chelatbildner: Chelate sind chemische Verbindungen, bei denen ein Atom an zwei (oder mehrere funktionelle Gruppen gebunden ist und dabei von den Liganden »nach Art einer Krebsschere« umfaßt wird

chlorierte Phenole: Phenole = Karbolsäure C_6H_5OH; Destillationsprodukt aus Steinkohle; Verwendung als Desinfektionsmittel zur antiseptischen Wundbehandlung

Chromatogramm: Chromatographie = Verfahren zur Trennung eines Stoffgemisches, wobei durch wiederholte Verteilung des Stoffgemisches in einer relativ großen Grenzschicht zw. zwei nicht mischbaren, gegeneinander bewegten Phasen von Hilfsstoffen die verschiedenen Bestandteile unterschiedlich stark in ihrer Bewegung gehemmt (verzögert) und so getrennt werden. Analysenverfahren sind Dünnschicht-, Gas-, Papier und Säulenchromatographie.

Chromosomenaberrationen: Abweichungen von der normalen Chromosomenzahl

Clostridium botulinum: Erreger d es Botulismus

Cobalt: zur Eisengruppe gehörendes zwei- und drei-, seltener ein- und vierwertiges Schwermeta; essentielles Spurenelement; Anwendung von radioaktiven Isotopen in der Strahlentherapie als Quellenmaterial für Bestrahlungsanlagen und in der Nuklearmedizin bei Stoffwechseluntersuchungen

Cystein: Aminosäure; bed. für organ. Redoxreaktionen, Bestandteil von Haar- und Hornsubstanz; therapeutisch wirksam gegen verschiedene Krankheiten, Schwermetallvergiftungen und Strahlungsschäden

Cytochrom-P450-System: Cytochrome sind Enzyme, die bei der Zellatmung, bei der Photosynthese und bei anderen biochemischen Vorgängen als Redoxkatalysatoren (Oxidoreduktasen) wirken. Cytochrome kommen in allen lebenden Zellen gebunden an Zellorganellen (Mitochondrien, Chloroplasten) vor. Ihre biologische Funktion besteht in der Elektronenübertragung.

Darmdivertikeln: angeborene oder erworbene, pilz-, birnen- oder sackförmige Ausstülpung umschriebener Wandteile eines Hohlorgans, die sich eindeutig vom Lumen absetzen

dendritische Zellen: Dendrit = kurzer Fortsatz der Nervenzelle

Diabetes mellitus Typ II: meist in höherem Lebensalter (sog. Erwachsenendiabetes, gehäuft familiär auftretend, wahrscheinlich genetisch bedingt, insulinunabhängiger Diabetes)

diaplazentare Übertragung: Übertragung von der Mutter auf das Ungeborene durch die Plazenta

Dilatation (des Dünndarms und der Leber): Erweiterung, Verdickung

Dioxine: Bezeichnung f. eine Gruppe von Substanzen, die bei der industriellen Herstellung von Trichlorphenol u. -benzol (Ausgangsstoffe best. Herbizide und Desinfektionsmittel) entstehen können. Dioxie sind hochgiftig und erzeugen schwere Leber- und Hautschäden, wirken stark embryotoxisch und vermutlich auch cancerogen (Tierversuch)

DNA-Einzel-/ Doppelstrangbrüche: Arten der Mutation

Dystrophie: Mangelentwicklung, Unterentwicklung

Tubularepithel: schlauchförmiges Epithel

einkloniert: klonieren = Herstellung von genetisch identischen Individuen

eliminieren: verdrängen, isolieren, ausmerzen

Emissionen: Die von einer festen oder beweglichen Quelle ausgehenden Stoffe, Geräusche, Erschütterungen, Strahlen.

endokrine Störungen: Störungen der inneren Sekretion (Drüsenfunktion)

Endometriose: Vorkommen von gebärmutterschleimhautähnlichem Gewebe außerhalb der physiologischen Schleimhautauskleidung, daß ähnlichen zykl. Veränderungen unterworfen ist wie das Endometrium (Gebärmutterschleimhaut)

endoplasmatisches Retikulum: in fast allen tierischen und pflanzlichen Zellen ausgebildetes System feinster Kanälchen (Zisternen) aus etwa 5nm dicken Elementarmembranen; Funktionen: Proteinsynthese, Stofftransport, Reizleitung

Enzyminduktion:

Epitope: antigene Determinante; der spezifische antigene Ort auf einer Moleküloberfläche, der durch das Paratop des entsprechenden Antikörpers spezifisch gebunden wird.

Epoxide: äußerst reaktionsfreudige, z.B.v.d. Monozygenasen der Leber aus Äthylengruppen und Benzen gebildete Substanzen, die mit Zellbestandteilen reagieren und das Leberparenchym schädigen.

Exkretion: Ausscheidung/ Abscheidung wertloser oder giftiger Substanzen aus dem Organismus

exokrine Drüsen: Drüsen mit Absonderung an die Hautoberfläche

fertilisierbar: fertilisieren: fruchtbar machen

Fibroblasten: Vorstufen der Fibrozyten = spindelförmige Zellen des Bindegewebes mit ovalen Kernen und langen Fortsätzen

flavusionisierende Strahlung

Fremdstoffmetabolismus

Furane: C_4H_4O; flüssige, heterozyklische Verbindung (Fünferring); Ausgangssubstanz zahlreicher Arzneimittel

gaschromatographische Untersuchung: Verfahren zur Chromatographie von Gasen und verdampfbaren Flüssigkeiten, z.B. Adsorptionschromatographie

Gastrointestinaltrakt: Magen-Darm-Trakt

Genom, genomisch: die Gesamtheit aller Erbanlagen eines Organismus

Gentransfer: Genübertragung

Glufosinateresistenz: Resistenz gegen ein bestimmtes Herbizid

Glutathion: zum Redoxsystem gehörendes wichtiges Tripeptid; Funktion als Coenzym

Glykoprotein: Eiweiße, die einen Kohlenhydratanteil (über 5%) kovalent gebunden enthalten. Zu den G. zählen u.a. zahlreiche Serumproteine, Hormone, Membranproteine und Kollagen

Gonadotropine: Hormone, deren Wirkung auf die Keimdrüsen gerichtet ist

Grassilage: unter Luftabschluß milchsauer vergorenes (und damit haltbargemachtes) Gras für die Winterfütterung von Wiederkäuern

habitueller Abort: liegt vor, wenn bei einer Frau mind. drei Schwangerschaften mit einem spontanen Abort enden

Halogene: Sammelbezeichnung für die chemischen Elemente Fluor, Chlor, Brom und Jod. Verbindungen, die eines oder mehrere dieser Elemente enthalten, werden als halogenierte Verbindungen bezeichnet.

Hapten: meist niedermolekulare Substanz, die in einem zuvor nicht mit ihr in Kontakt gekommenen Organismus nur unter bestimmten Bedingungen eine Immunantwort induziert, jedoch aufgrund ihrer Struktur mit spezifischen Antikörpern reagiert

Hemmstoffnachweis: Test von Trinkmilch auf Antibiotikarückstände

hepatische Läsionen: Leberschäden

Herbizide: chemische Unkrautvernichtungsmittel

Histamin: biogenes Amin; über H.-Rezeptoren Kontraktionen von Darm, Uterus, Bronchien, kleineren und größeren Gefäßen

Histidin: Imidazolalanin (Aminosäure), reichlich im Globin vorkommend; durch Decarboxylierung entsteht Histamin

Holstein Frisian HF: milchbetonte Rinderrassemit Wurzeln in Deutschland, hochgezüchtet in den USA und reimportiert

Hybridsaatgut: Die Hybridisierung ist ein in der Landwirtschaft häufig angewandtes Züchtungsverfahren zur Erzielung einer hohen Pflanzenproduktion durch Kreuzung von Inzuchtlinien, deren Nachkommen erheblich höhere Erträge als die Eltern bringen; Hybridsaatgut ist nicht zum sog »Nachbau« geeignet

hydrophil: wasseranziehend, wasserbindend

hydrophob: wasserabstoßend, mit Wasser keine Bindung eingehend

Hydroxylierung: Einführung von OH-Gruppen in eine chemische Verbindung

Hyperandrogenämie: allg. Bezeichnung f. erhöhten Androgenspiegel im Serum durch erhöhte Produktion in Gonaden oder Nebennierenrinde

Hyperplasien: sog. numerische Hypertrophie; Vergrößerung eines Gewebes oder Organs durch Zunahme der Zellzahl bei gleichbleibender Zellgröße

Hyperprolaktinämie: pathologische Erhöhung des Serumspiegels von Prolaktin (medikamentös odr funktionell bedingt)

hypothalamisch-hypophysäre-ovarielle Achse: zentrales Steuer- und Regelsystem des Organismus; stellt die Verbindung zwischen dem Zentralen Nervensystem und dem Endokrinium (Hormonsystem) dar

Prolaktinsekretion: Prolaktin früher auch als luteinisierendes Hormon LTH bezeichnet; stimuliert das Brustdrüsenwachstum u. setzt (unter Anwesenheit von Cortisol) nach vorheriger Einwirkung von Östrogenen und Progesteron auf die Brustdrüse die Milchproduktion (Laktation) in Gang

idiopathisch: ohne erkennbare Ursache entstanden, Ursache nicht nachgewiesen; medizinisch oft gleichbedeutend mit essentiell gebraucht

Immissionen: sind die auf Menschen, Tiere, Pflanzen und andere Dinge einwirkenden Umwelteinflüsse wie Luftverunreinigungen, Geräusche, Erschütterungen, Strahlen

Immunglobuline: Glykoproteine mit gemeinsamer Grundstruktur, die nach Kontakt des Organismus mit einem Antigen von B-Lymphozyten bzw. Plasmazellen gebildet werden und als Antikörper in Serum, Gewebeflüssigkeiten und Körpersekreten für die humorale Immunität wichtig sind; ferner kommen sie als Antigenrezeptoren auf der Zellmembran von B-Lymphozyten vor.

inert, inerte Stoffe: untätig, reaktionsträge

infertil: unfruchtbar
Insuffizienz: Funktionsschwäche eines Organs oder eines Organsystems
Interleukin: von Leukozyten sezernierte Kommunikationsproteine der Immunregulation
Ionen: Ionen sind Partikel, Moleküle oder Molekülbruchstücke, die elektrische Ladungen tragen. Ionisiert heißt: elektrisch geladen. Man unterscheidet Träger positiver und negativer Ladung (Kationen und Anionen).
Isomere: Hinsichtlich der chemischen Zusammensetzung (»Bruttoformel«) gleichartige Moleküle mit unterschiedlichen Struktureigenschaften.
Isotope: Bezeichnung für verschiedene Atomarten eines chemischen Elements, für Nuklide, deren Atome die gleiche Ordnungszahl (Protonenzahl), aber verschiedene Neutronenzahlen und somit auch verschiedene Massenzahlen haben. Neben den stabilen, natürlichen gibt es instabile natürliche und künstlich hergestellte (Radionuklide, Radioisotope)
kanzerogen: Krebserzeugend. Neben Chemikalien können u.a. auch Strahlen und Viren kanzerogen wirken.
Kapillarchromatographie
Kasuistik: wissenschaftliche Methode der Anwendung ethischer und religiöser Normen auf Einzelfälle und der Erfassung des Allgemeingültigen im konkreten Einzelfall, die in vielen Disziplinen angewandt wird.
Ketone: organische Verbindungen, die die zweiwertige Keto- oder Oxogruppe (=CO) an zwei Alkyl- oder Arylgruppen gebunden enthalten. Vorkommen in der Natur in Form von Hormonen, Terpenketonen (Kampfer), in ätherischen Ölen und als Stoffwechselzwischenprodukte
kilo-Gray: gesetzl. Einheit d. Energiedosis; 1 Gray = 1J/ kg
klimakterische Störungen: wechseljahresbedingte Störungen bei Frauen mittleren Alters
Kongenere: Sammelbegriff für die Einzelglieder einer Stoffgruppe mit identischer Grundstruktur, aber unterschiedlicher Anzahl gleichartiger Substituenten, z.B. für die verschieden hoch chlorierten Dioxin-Untergruppen (Mono- bis Oktachlordibenzodioxine).
Konjugation: 1) Verschmelzung d. männlichen mit dem weiblichen Zellkern bei der Befruchtung. 2) (genet.) Zusammentreten homologer Chromosomen in der Prophase der Meiose. 3) (bakteriol.) parasexueller Mechanismus zur Übertragung v. genet. Material. 4) (chem.) Wechselwirkungen benachbarter Doppelbindungen im Molekül, die durch eine Einfachbindung getrennt sind
koronare Herzerkrankungen: Erkrankungen der Herzkranzgefäße
L-Ascorbinsäure: Vitamin C
letal: mit tödlicher Wirkung
Leucin: antimikrobiell wirksame, bis 85°C thermostabile (lysosomale) Substanzen aus polymorphkernigen Lymphozyten
Lipophilie: Bezeichnung für die Eigenschaft von Substanzen, sich leicht in Fetten, Ölen und fettähnlichen Stoffen zu lösen.
Lipoprotein: hochmolekulare, wasserlösliche Komplexe, die u.a. aus Cholesterin, Cholesterinester, Phosphatiden, Triglyceriden und best. Proteinen bestehen; Serumlipoproteine
Listeria monocytogenes: einzige für den menschen pathogene Spezies der Gattung Listeria; eigentlich Nutztierkrankheit (Rind, Schaf, Ziege, Schwein, Hühner, Nager); bei Erwachsenen oft nur stumme Infektion; bei Disposition (Rekonvaleszens, Schwangerschaft) Krankheitsmanifestation unter dem klinischen Bild einer Grippe mit leichter Meningoenzephalitis; sehr viel häufiger und gefährlicher ist der diaplazentare Übertritt des Erregers von infizierten Schwangeren auf das Kind in den letzten Schwangerschaftswochen
LN: Landwirtschaftliche Nutzfläche
Lost-Verbindungen: Senfgas-Verbindungen
Lutealinsuffienz: Mangel an Gelbkörperhormon
Lymphfollikel: Lymphknotenbestandteile
Lymphozyten-Proliferation
Mastitis: Euterentzündung
Mediatorzellen: Mediatoren: Bez. f. hormonähnliche Wirkstoffe, die von verschiedenen Geweben, bzw. Zellen des Organismus produziert,i.R.

physiolog. Vorgängen (z.B. als Transmitter bzw. Regulatorsubstanzen) od. bei pathol. Prozessen sezerniert oder aus Bestandt. des Blutplasmas freigesetzt werden
Metabolit: Stoffwechselendprodukt
Meteorismus: Blähsucht
mikrobicid: Mikroben tötend
Mutagenese, mutagen: Substanzen, die die Mutation fördern
Mutation: Jede Veränderung des Erbgutes (z.B. Austausch einer Base; Umstellung einzelner DNA-Abschnitte, Einfügung zusätzlicher Basen, Verlust von Basen oder ganzen DNA-Abschnitten). Mutationen kommen ständig in der Natur vor (z.B. ausgelöst durch UV-Strahlen, natürliche Radioaktivität) und sind die Grundlage der Evolution.
Mutagenität: Erzeuger von Mutationen
nativ: angeboren
Neuropathien: Nervenschädigungen
Nitrosamine: organische Verbindungen, die aus der Reakton sekundärer Amine mit salpetriger Säure hervorgehen; hochgiftige, z.T. krebserregende Substanzen
NOAEL: no adverse effect level = Dosis ohne erkennbare Wirkung
Normergiker: normale Reaktionsform d. Organismus auf einen Reiz
NOTEL: no toxic effect level
Noxe: Schadstoff, schädigendes Agens, krankheitserregende Ursache
nutritive Antigene: Nahrungsmittelbestandteile, die auf den Körper wie Antigene wirken
Obstipation: Verstopfung
Oligomere: mehrgliedrige Kettenmoleküle
Onkogen: geschwulstverursachende Substanz
Oozyte: Zygote der Sporozoen
Östradiol: stärkstes natürliches Östrogen
Ovar: Eierstock
Oxidationsmittel: Substanz in einer Reaktion, die Elektronen aufnimmt
Pankreas: Bauchspeicheldrüse
Paradigma: sprachliche Einheiten, zwischen denen in einem gegebenen Kontext zu wählen ist, im Gegensatz zu Einheiten, die in einem Kontext gemeinsam vorkommen
Pasteurisierung: Erhitzen von Lebensmitteln zur Abtötung von Mikroorganismen
pathologischer Tubenfaktor
Pathomechanismus: krankmachender Mechanismus
PCB: ->Polychlorierte Biphenyle
PCDD/F: ->Polychlorierte Dibenzodioxine und Dibenzofurane
Peritonealdialyse: intrakorporales Blutreinigungsverfahren zur Dialyse-Behandlung
permeabel: durchlässig
Peroxi-Radikal
persistent: ausdauernd, langlebig
Pharmakokinetik: Teilgebiet der Pharmakologie; untersucht den Einfluß des Organismus auf Arzneistoffe und befaßt sich unter Erstellung pharmakokin. Modelle mit der Kinetik der Resorption, Verteilung, Metabolisierung und Ausscheidung von (Arznei-) Substanzen mit dem Ziel, Beziehungen zur Pharmakodynamik herzustellen und ein optimales Dosierungsschema zu entwickeln.
Phenole: Karbolsäure, Benzolderivat mit einer Hydroxylgruppe
Phospholipide: in tierischen und pflanzlichen Zellen v.a. als Bestandteile biolog. Membranen vorkommende Lipoide
Glykolipide: Lipide mit einem Kohlenhydratrest
Photonenbahnen: Photonen = Lichtquanten, Strahlungsquanten
Photo-und Compton-Elektronen
Phylogenese: Stammesgeschichte, Stammesentwicklung
Plasmid: extrachromosomale Elemente, die in Bakterienzellen als »autonome«, ringförmig angeordnete, doppelsträngige DNA-Moleküle vorliegen und auf denen bestimmte Eigenschaften, die meist einen Selektionsvorteil bieten, kodiert sind.
Pollinosis: Heufieber
Polychlorierte Biphenyle (PCB): Chlorierte -> aromatische Verbindungen, die in ihrer Struktur den Dioxinen und Furanen ähneln.

Polychlorierte Dibenzodioxine und -furane: bilden zusammen ein Gemisch aus 210 verschiedenen chlorierten Isomeren, eine Bezeichnung, die auch für die definierte Einzelsubstanz verwendet wird. Innerhalb eines Chlorierungsgrades werden die verschiedenen Stellungsisomere auch Kongenere genannt. Die Trennung beider Bezeichnungen wird in den USA konsequenter als im europäischen Sprachraum gehandhabt.

Polymere: natürlich oder synthetisch aus zahlreichen Monomeren aufgebaute Verbindungen mit einer Molekülmasse über 1000

postsynaptisch: Synapsen = lange Fortsätze der Nervenzelle

primäre/ sekundäre Sterilität: Zustand der Unfruchtbarkeit a) ohne bisherige Konzeption (primäre Sterilität) und b) erworbene (sekundäre) Sterilität nach bereits vorangegangener Schwangerschaft

Progesteron: weibliches Hormon (Schwangerschaftshormon)

Proteolyse: Abbau von Proteinen und Peptiden durch hydrolytische Spaltung der Peptidbindung und Freisetzung der Aminosäuren

Protoonkogen: Vorstufe zu Onkogenen = geschwulsterzeugende Stoffe oder Viren

psychovegetativ: die Psyche und das unbewußte Nevensystem(vegetatives N.) betreffend

Purinbasen: Adenin und Guanin für den Aufbau der Nukleinsäuren

Pyrolyse: Als Pyrolyse wird die durch Erhitzen bewirkte Zerstetzung von organischem Material bezeichnet; im Gegenteil zur Verbrennung ist bei der Pyrolyse der Zutritt von Sauerstoff stark reduziert oder ausgeschlossen.

Pyrolyseprodukte: Verbrennungsprodukte

Radikale: Atome oder Moleküle, bei denen die Elektronen in einer besonderen Weise angeordnet sind: Radikale enthalten sogenannte »ungepaarte Elektronen«. Aufgrund dieser Elektronenanordnung sind Radikale sehr reaktionsfähig und aggressiv.

Radioisotope: siehe Isotope

Radionuklide: Nuklide: Gesamtheit aller Atomarten. Die gegenwärtig 1500 bekannten verteilen sich auf 107 chemische Elemente; rund 1200 sind radioaktiv (Radionuklide)

Reichsnährstand: 1933-45 öffentlich-rechtliche Gesamtkörperschaft, die alle auf dem Gebiet der Ernährungswirtschaft tätigen Personen und Betriebe zwangsmäßig erfaßte; 1949 aufgehoben

Salmonella typhi: Typhuserreger

somatische Beschwerden: körperliche Beschwerden

somatische Zellen: diploide Körperzellen

Staphylokokkus aureus: kleine Kugelbakterien; Besiedelung des menschlichen oberen Nasen-Rachen-Raums kurz nach der Geburt. Voraussetzung einer klinischen, apparente Infektion ist lokale (z.B. durch Gewebeschädigung) bzw. allgemeine Abwehrschädigung

Steroidhormone: Geschlechtshormone und Nebennierenrindenhormone

Steroide: große Gruppe natürlich vorkommender Verbindungen, deren Molekülen das Cyclopentanoperhydrophenanthen (Gonan, Steran) als Grundgerüst zugrunde liegt.

stochastisch: zufallsabhängig

Streptokokkus agalactiae: tierpathogen, pathogene Bedeutung für den Menschen: Infektion des Urogenitaltrakts, der Mund- und Rachenhöhle; Meningitis; Wundinfektionen; Sepsis

synergistisch: zusammenwirkend, sich gegenseitig in der Wirkung verstärkend

TDA: tägliche duldbare Aufnahme (S.29)

TE: Toxizitätsäquivalente

teratogen: Als teratogen werden Faktoren bezeichnet, die die normale Entwicklung des Kindes im Mutterleib stören und dadurch Mißbildungen bei Neugeborenen hervorrufen können.

Tetracyclin: Antibiotikum mit breiter Wirkung

Thiamin: Vitamin B1

Thymus: lymphoepitheliales, aus zwei verschieden geformten Lappen bestehendes, hinter dem Sternum gelegenes Organ. Die Thymus-Drüse bildet sich im Erwachsenenalter zurück. Als ein primäres Organ des lymphatischen Systems von grundlegender Bedeutung für Entwicklung und Differenzierungder für die zellvermittelte Immunität verantwortlichen (thymusabhängigen) T-

Lymphozyten. Daneben Einfluß auf Körperwachstum und Knochenstoffwechsel.
Thymusextrakte: aus dem Tierthymus gewonnene Stärkungsmittel
Thyroxin: Schilddrüsenhormon
Toxizität: Die Giftigkeit einer Substanz.
transgener Organismus: Organismus, in den Fremdgene eingeschleust wurden
Trockenstellungs-Prophylaxe: vorbeugend verabreichte Antibiotika zur Verhinderung von Euterentzündungen bei Kühen, die vier bis sechs Wochen vor der nächsten Abkalbung nicht mehr gemolken (trockengestellt) werden
ubiquitär: allgegenwärtig
Uterus myomatosus: multipel auftretende Uterusmyome; gutartige Mukelgeschwulst; Vorkommen bei etwa 20% der Frauen nach dem 30sten Lebensjahre. Das Myomwachstum ist deutlich östrogenabhängig.
Validität: Wertigkeit
viskös: dickflüssig
Wachstumsretardierung: Wachstumsverzögerung
Xenobiotika:1) Substanzen, die den Körper zu Abwehrreakzionen veranlassen (Antigene, Toxine u.a.) **2)** für ein ökolog. System fremde Substanzen, z.B. die Umwelt verunreinigende Substanzen.
Yersinia enterocolitica: Erreger akuter,fieberhafter Enteritiden oder Enterocolitiden; u.U. mit Folgeerscheinungen wie Arthritis, Erythema nodosum od. Reiter-Krankheit.
zytotoxisch: als Zellgift wirkend

Mengenangaben und Konzentrationen in der Spurenanalytik		
10^{-3}	0,001	m = Milli 1 Tausendstel
10^{-6}	0,000.001	μ = Mikro 1 Millionstel
10^{-9}	0,000.000.001	n = Nano 1 Milliardstel
10^{-12} 0,000.000.000.001		p = Piko 1 Billionstel

Konzentration
1mg/g = 1g/kg (‰)
1µg/g = 1 mg/kg (ppm)
1 ng/g = 1 µg/kg (ppb)
1 pg/g = 1 ng/kg (ppt)

Übersicht E-Nummern

zusammengestellt von Udo Pollmer

Liebe Leserin, lieber Leser,
die Nummer E 605 werden Sie hier vergeblich suchen. Sie steht für ein giftiges Pflanzenschutzmittel. Die E-Nummern in dieser Liste bezeichnen sogenannte Lebensmittel-Zusatzstoffe. Sie sind zwar von Amts wegen ungiftig, aber nicht immer unbedenklich. Die Konservierungsstoffe E 232 und E 233 beispielsweise fördern im Tierversuch Blasenkrebs, der Farbstoff E 102 kann Allergien auslösen, das Antioxidans E 310 führte bei Säuglingen zu lebensbedrohlicher Blausucht. Vor solchen ungebetenen Risiken soll die Liste Sie schützen.
Trotz dieser beunruhigenden Beispiele sind die meisten Zusatzstoffe für den Menschen aber ebenso unbedenklich wie überflüssig. Denn für eine gesunde Ernährung braucht es weder Brötchen mit DAWE-Estern (E 472 e) oder Lightmargarine mit Stabilisatoren, noch Konfitüren mit naturidentischen Aromastoffen oder Limos mit Süßstoff. Auf solch unerwünschte Geheimnisse will die »ÖKO-TEST-Liste der E-Nummern«, die Sie hier abgedruckt finden, hinweisen.* Sie beinhaltet erstmals die 30 wichtigsten Zusatzstoffe, die voraussichtlich durch die EG zugelassen werden.
Gegen die mit zwei Fragezeichen ?? gekennzeichneten Zusatzstoffe liegen Verdachtsmomente vor, daß die Zulassung widerrufen oder zumindest eingeschränkt werden sollte. Ein Fragezeichen ? bedeutet, daß uns eine abschließende Bewertung mangels geeigneter oder ausreichender Untersuchungen nicht möglich ist oder begründete Zweifel an der Unbedenklichkeit bestehen.

Farbstoffe

Farbstoffe sind Kosmetika für Lebensmittel. Unansehnliche Waren erhalten ein verkaufsförderndes farbiges und appetitanregendes Aussehen. Insbesondere läßt sich damit eine bessere Qualität vortäuschen. Sie sollen z.B. bei Süßwaren den Eindruck »Frucht« suggerieren. Verwendung vor allem für Süßwaren, Limonaden, Puddings, Eis, Obstprodukte, aber auch Margarine, Käse und Fischerzeugnisse.

E 100 Kurkumin gelb
Natürlicher Farbstoff der Gelbwurzel, ein traditioneller Bestandteil von echtem Curry. Heute synthetisch herstellbar. Im Tierversuch (Schwein)

* Mit freundlicher Genehmigung des ÖKO-TEST-Verlages.

Nebenwirkungen auf die Schilddrüse beschrieben.

E 101 Lactoflavin **grünlichgelb**

E 101a Riboflavin-5-Phosphat **grünlichgelb**

Synthetisch hergestelltes Vitamin B2. Als Farbstoff harmlos. Siehe unter Kapitel »Vitamine«.

E 102 Tartrazin **gelb** **??**

Tartrazin gehört zu den Zusatzstoffen, die am häufigsten Allergien auslösen. Deshalb mußte seine Verwendung in den vergangenen Jahren eingeschränkt werden. Durch die EG kommt es wieder über verschiedene Produkte auf unsere Tische.

E 104 Chinolingelb **gelb** **?**

Synthetischer Farbstoff, der für Ratten und Mäuse als unschädlich angesehen wird. Laut EG-Expertenausschuß erbrachten Kurzeitversuche mit Hunden »keine eindeutigen toxischen Wirkungen«. Schädlichkeit für den Menschen weitgehend unbekannt. In den USA für Lebensmittel verboten.

E 110 Gelborange S **rot**

Künstlicher Farbstoff, der gelegentlich Allergien auslöst und als vergleichsweise harmlos gilt.

E 120 Cochenille **rot**

Natürlicher Farbstoff, der auch als »Echtes Karmin« bekannt ist. Gewonnen wird er aus den befruchteten und getrockneten Weibchen der Scharlach-Schildlaus. Cochenille gilt als relativ harmlos, obwohl es eng verwandt ist mit dem ziemlich giftigen Krebsmedikament Doxorubizin. Cochenille weist ebenfalls eine schwache Antikrebswirkung auf.

E 122 Azorubin **rot** **?**

Im Tierversuch wurden bei höherer Dosierung verschiedenste Nebenwirkungen auf Blutbild, Lunge, Lymphsystem und Bauchspeicheldrüse beobachtet. Das Risiko von Azorubin ist bis heute nicht abschließend geklärt.

E 123 Amaranth **rot** **?**

Synthetischer Stoff, der relativ häufig Allergien auslöst. Im Tierversuch wurde die Anfälligkeit gegenüber Infektionen erhöht. Der Farbstoff Amaranth hat nichts mit dem gleichnamigen »Inkakorn« zu tun, einem eßbaren Samen einer Meldenart.

E 124 Cochenillerot A **rot**

Synthetischer Farbstoff, der selten Allergien auslöst. Färbte bei Dauergabe das Fell der Versuchstiere rosa.

E 127 Erythrosin **rot** **?**

Künstlicher Stoff, der im Tierversuch die Nervenfunktion beeinträchtigte. Wird als Ursache für die unkontrollierte Impulsivität von hyperaktiven Kindern diskutiert. Zusätzlich erhärtete sich im Tierversuch der Verdacht einer Beeinflussung der Schilddrüsenhormone, teilweise gefolgt von krebsartigen Veränderungen.

E 129 Allurarot **rot** **?**

Azofarbstoff, hatte im Tierversuch Verhaltensänderungen (Hyperaktivität) zur Folge. Verhalten im Stoffwechsel unklar.

E 131 Patentblau V **blau**

E 132 Indigotin I **blau**

Künstliche Farbstoffe. Der anfängliche Krebsverdacht hat sich für beide Stoffe als gegenstandslos erwiesen. E 131 gilt heute als relativ harmlos. E 132 kann die Wirksamkeit der Verdauungsenzyme beeinträchtigen und wurde gelegentlich als Auslöser von Allergien benannt.

E 140 Chlorophylle a und b **grün**

Natürliche Farbstoffe des Blattgrüns. Sie werden aus Luzerne, Brennessel, Gras oder Algen extrahiert. Bei der Gewinnung aus Algen können schädliche Verbindungen entstehen.

E 141 Kupferkomplexe der Chlorophylle — **grün**
Hergestellt aus E 140, indem das Chlorophyll-Magnesium durch Kupfer ersetzt wird. Risikofaktor für Patienten mit Wilson-Syndrom.

E 142 Brillantsäuregrün — **grün**
Künstlicher Stoff, dem Tierversuche eine gewisse Harmlosigkeit für Nager bestätigen.

E 150 Zuckerkulör — **braun**
Es handelt sich gewöhnlich nicht um »Caramel«, sondern um Zucker, der mit Ammoniak oder Sulfit chemisch umgesetzt wurde. Dabei entstehen auch schädliche Imidazole. Ihr Gehalt in E 150 konnte in den letzten Jahren jedoch erheblich vermindert werden.

E 151 Brillantschwarz BN — **schwarz**
Künstlicher Farbstoff, der die Aktivität der Verdauungsenzyme beeinträchtigt. Die wenigen Tierversuche lassen keine nennenswerten Nebenwirkungen erkennen.

E 153 Carbo medicinalis vegetabilis — **schwarz**
Auch als medizinische Kohle gegen Durchfall bekannt. Durch Verkokung von Pflanzenabfällen gewonnen. Ein spezieller Herstellungsprozeß ermöglicht es, die Bildung des krebserregenden Benz-a-pyrens praktisch völlig zu unterbinden.

E 154 Braun FK — **gelblich-braun** — **??**
Es handelt sich um eine Mixtur diverser färbender Azoverbindungen. Tierversuche ergaben Hinweise auf eine Schädigung von Leber und Herz. Zugleich wurden fast alle Organe mit einem unbekannten Stoffwechselprodukt von E 154 gefärbt. Baldige Zulassung über die EG.

E 155 Braun HTK — **rötlich-braun** — **?**
Der eigentliche Farbstoff enthält nach Angaben des Wissenschaftlichen Lebensmittelausschusses der EG »etwa 20 Prozent eines nicht identifizierten Zusatzfarbstoffes«. Ein kleiner Teil des Farbstoffes wird in Nieren und Lymphgefäßen abgelagert. Er wird voraussichtlich über das EG-Recht zugelassen.

E 160a Carotin — **gelb**
Kommt als natürlicher Farbstoff in Karotten oder Palmöl vor. Die industrielle Synthese ist aber weitaus billiger. Wirkt zugleich antioxidativ. Kann im Körper in Vitamin A umgewandelt werden. Bei massiver Überdosierung bekommt die Haut einen gelblichen Stich. Unbedenklich.

E 160b Bixin, Norbixin — **orange**
Natürlicher Farbstoff aus den Samenkrusten des Anattostrauchs, der in Indien, Sri Lanka und Indonesien angebaut wird. Gilt als unbedenklich.

E 160c Capsanthin, Capsorubin — **orangerot**
In der Natur wenig verbreitet. Vorkommen in Paprikaschoten.

E 160d Lycopin — **orange**
Farbstoff der Tomate, Orange oder Wassermelone. Wird gewöhnlich synthetisch hergestellt. Gilt als unbedenklich.

E 160 e Apo-8-Carotinal — **orange**

E 160 f Apo-8-Carotinsäureethylester — **orange**
Vorkommen in Gras, Orangen und Leber; sie werden jedoch industriell synthetisiert.

E 161 b Lutein — **gelb**
Weit verbreiteter natürlicher Farbstoff (Xanthophylle) im Pflanzenreich. Sofern er nicht synthetisch hergestellt wird, gewinnt man ihn aus Palmöl, Tagetes, Luzerne. Gilt als unbedenklich.

E 161 g Canthaxanthin — **orange** — **??**
Kommt als natürlicher Stoff in Krabben vor. Wird synthetisch hergestellt. Obwohl Canthaxanthin im Fischfutter verboten ist, wird es zum Färben gewöhnlicher Forellen zur »Lachsforelle« einge-

setzt. Daneben dient es als Futtermittelzusatz zur Einstellung einer »natürlichen« Dotterfarbe bei Eiern und zur Pigmentierung blasser Hähnchenhaut.
Canthaxanthin ist das einzige Carotinoid, das vom Körper nicht in Vitamin A umgewandelt werden kann. In Bräunungspillen mußte es wegen Augenschäden (Goldflitterphänomen) verboten werden. Vom Bundesgesundheitsamt als »riskanter Wirkstoff« bezeichnet. Die Weltgesundheitsorganisation befürchtet Leberschäden. Sein natürliches Vorkommen ist kein Grund, diesen Stoff zusätzlich in Lebens- wie Futtermitteln zu verwenden, damit wir auch in Zukunft guten Gewissens Krabben essen können.

E 162 Betenrot, Betanin rot
Natürlicher Farbstoff, der aus roten Rüben gewonnen wird. Betanin ist nach Angaben der Deutschen Forschungsgemeinschaft »nicht tödlich, selbst bei hohen Dosen«. Ein Problem kann jedoch der hohe Nitratgehalt des Rohstoffes darstellen.

E 163 Anthocyane rot, blau, violett
Natürliche Farbstoffe aus den Schalen der roten Traube (Delphinidin, Malvidin, Petunidin), Erdbeeren (Pelargonidin) oder Rotkohl (Cyanidin). Gelten als harmlos.

E 170 Calciumcarbonat weiß
Kreide. Außer als Farbstoff auch als Rieselhilfsstoff, als Füllstoff für Kaugummi und als Säureregulator für Quark verwendet. Gilt als unbedenklich.

E 171 Titandioxid weiß ?
Mineralisches Pigment. Vor allem zum Weißfärben von Dragees. Es sind keine Nebenwirkungen bekannt, da kaum untersucht.

E 172 Eisenoxid, Eisenhydroxid gelb, rot, schwarz
Natürliche Eisenoxidpigmente, die früher als »Ocker« (Feldspat) oder »Persischrot« bekannt waren. Sie werden heute synthetisch hergestellt. Für Spezialeffekte bei Süßwaren. Ein erhöhtes Eisenangebot im menschlichen Verdauungstrakt kann die Vermehrung verschiedener Krankheitserreger fördern.

E 173 Aluminium silbergrau
Für den Gesunden nach derzeitiger Kenntnis harmlos, für Alzheimer-Patienten ein vermeidbares Risiko, da Aluminium in Verbindung mit Säuren leicht vom Körper aufgenommen werden kann.

E 174 Silber silbern ?
Nicht nur Farbstoff für Süßwaren, sondern auch Desinfektionsmittel für Trinkwasser. Dies läßt nachhaltige Wirkungen auf Lebewesen erwarten. Tierversuche ergaben bedenkliche Befunde wie Eingriffe in das Immunsystem. Blockiert die Funktion zahlreicher Enzyme.

E 175 Gold gold
Zum Verzieren von Süßwaren und für dekorative Spirituosen verwendet. Unerwünschte Nebenwirkungen sind kaum bekannt, außerdem beschränkt der Preis die Anwendung auf ein Minimum.

E 180 Rubinpigment BK rot ??
Azofarbstoff. Langzeitstudien ergaben sowohl bei Ratten wie Mäusen eine erhöhte Sterblichkeit. Verschiedenste Nebenwirkungen auf Nieren, Schilddrüse, Milz und Infektabwehr. Zulassung derzeit nur für Käseüberzüge.

E 579 Eisengluconat schwarz

E 585 Eisenlactat schwarz
Gelten nicht als Farbstoffe, obwohl zum Schwärzen von Oliven zugelassen. Daneben zur Eisenanreicherung von Diätprodukten. Bewertung wie Eisenoxid (E 172).

Konservierungsstoffe

Konservierungsstoffe erhöhen die Haltbarkeit von Lebensmitteln, indem sie den Verderb durch Schimmelpilze oder Bakterien hinauszögern. Sie leisten damit auch einer hygienisch nachlässigeren Verarbeitung Vorschub. Entgegen der landläufigen Meinung können Konservierungsmittel auch die Bildung von Schimmelgiften (Mykotoxinen) stimulieren. Eine Deklaration ist nicht immer erforderlich, vor allem dann, wenn sie über konservierte Zutaten ins Lebensmittel gelangen. Verwendung für Fischprodukte aller Art, Fruchtsaftgetränke, Limonaden, Schnittbrot, Backwaren, Salate, Margarinen, Salatsoßen, Wein, Trokkenfrüchte, Bohnen, Zitrusfrüchte, Trokkengemüse, Zucker u.a.m.

E 200 Sorbinsäure

E 201 Natriumsorbat ?

E 202 Kaliumsorbat

E 203 Calciumsorbat

Sorbinsäure gilt als unbedenklich, da sie vom Gesunden wie die Fettsäuren verstoffwechselt wird. Sie kann aber den Eigengeschmack des Lebensmittels beeinträchtigen. E 201 hat sich im Gegensatz zu Sorbinsäure als erbgutverändernd erwiesen.

E 210 Benzoesäure ??

E 211 Natriumbenzoat ??

E 212 Kaliumbenzoat ??

E 213 Calciumbenzoat ??

Die Benzoesäure ist in Spuren ein natürlicher Bestandteil vieler Lebensmittel wie Milchprodukte, Obst oder Honig. Nichtsdestotrotz sind bei konservierenden Dosierungen Nebenwirkungen festgestellt worden. So verbietet der Gesetzgeber die Benzoesäure und ihre Salze im Hunde- und Katzenfutter. Für Katzen können bereits 5 Promille tödlich sein. Deshalb sollten Lebensmittel, die mit Benzoesäure konserviert wurden, z.B. Fischsalat, nicht an Haustiere verfüttert werden. Beim Menschen lösen E 210 - 213 relativ häufig Allergien (Asthma, Nesselsucht) aus. In Gegenwart von L-Ascorbinsäure (E 300) entsteht aus Benzoesäure Benzol.

E 214 Parahydroxy-Benzoesäure-Ethylester (PHB) ??

E 215 PHB-Ethylester, Natriumsalz ??

E 216 PHB-Propylester ??

E 217 PHB-Propylester, Natriumsalz ??

E 218 PHB-Methylester ??

E 219 PHB-Methylester, Natriumsalz ??

PHB-Ester lösen überdurchschnittlich häufig Allergien aus. Sie wirken gefäßerweiternd und wurden von Fachleuten als wirksames Betäubungsmittel für Frösche vorgeschlagen. Ihre krampflösende Wirkung übertrifft die von Natriumbenzoat (E 211) um mehr als das Hundertfache.

E 220 Schwefeldioxid ??

E 221 Natriumsulfit ??

E 222 Natriumhydrogensulfit ??

E 223 Natriumdisulfit ??

E 224 Kaliumdisulfit ??

E 226 Calciumdisulfit ??

E 227 Calciumhydrogensulfit ??

E 228 Kaliumhydrogensulfit ??

Schwefeldioxid und Sulfite, die Schwefeldioxid freisetzen, dienen nicht nur der Konservierung, sondern auch der Schönung. Sie gehören zu den universellsten und ältesten von der Menschheit genutzten Zusatzstoffen. Im Lebensmittel zersetzt Sulfit Vitamin B1. Sulfit kann bei empfindlichen Personen Kopfschmerzen, Übelkeit oder Asthmaanfälle hervorrufen. Todesfälle durch anaphylaktische Schocks sind bekannt.

E 230 Biphenyl ??

E 231 Orthophenylphenol ??

E 232 Natrium-Orthophenylphenolat ??
Pilztötende Substanzen für Zitrusfrüchte, die meist in Kombination eingesetzt werden. Eigentlich gelten sie als Pestizide. Im Tierversuch förderten sie Blasenkrebs, vor allem die Kombination E 232 mit E 233. E 230 verursachte in den Herstellerwerken Todesfälle.
Beim Schälen überträgt man mit den Fingern einen Teil des Zusatzes auf das Fruchtfleisch. Gelegentlich sind die Einwickelpapiere mit diesen Mitteln imprägniert. Da diese Stoffe leicht verdunsten, genügt es, wenn nur einige Orangen damit umhüllt sind. Es ist ratsam, Kinder nicht mit den Einwickelpapieren spielen zu lassen.

E 233 Thiabendazol ??
Deklarationsfreies Schimmelverhütungsmittel für Bananen. E 233 ist außerdem ein Arzneimittel, das zusätzlich als Pestizid verwendet wird. Es führt bei der Maus zu Nierenschäden und Mißbildungen.

E 234 Nisin
Nisin heißt eine Gruppe von Eiweißstoffen mit antibiotischer Wirkung. Sie werden von Milchsäurebakterien erzeugt, die häufig in roher Milch vorkommen. Nisin gilt für den Gesunden als harmlos, da man erwartet, daß es von den Verdauungsenzymen in kurzer Zeit abgebaut wird. Die deutsche Senatskommission der Deutschen Forschungsgemeinschaft zur Prüfung von Lebensmittelzusatzstoffen hat bereits 1984 festgestellt, daß ihrer Ansicht nach gegen den Zusatz von Nisin zu Schmelzkäse keine Bedenken bestehen. Wird von der EG voraussichtlich für Pudding und Käse zugelassen.

E 235 Natamycin ??
Ein bewährtes und gut verträgliches Antibiotikum gegen Mundfäule, Geschlechtskrankheiten und Fußpilz. Bisher nur auf Rezept oder auf Käse erhältlich. Soll in der EG auch für getrocknete Würste zugelassen werden. Sein Einsatz in der Lebensmittelindustrie läßt eine allmähliche Resistenzentwicklung bei Krankheitskeimen befürchten und damit zunehmende Wirkungslosigkeit.

E 236 Ameisensäure

E 237 Natriumformiat

E 238 Calciumformiat
Ameisensäure und ihre Salze (Formiate) können im Körper verstoffwechselt werden. In manchen Lebensmitteln ist sie von Natur aus in Spuren vorhanden. Nur in größeren Dosen bedenklich.

E 239 Hexamethylentetramin ??
Ein Universalreagenz, das auch als Arzneimittel gegen Gicht und Harnwegsinfektionen eingesetzt wurde, daneben als Vulkanisationsbeschleuniger und Grundstoff zur Sprengstoffherstellung. Wirkt als Formaldehydabspalter. Seine Anwendung ist bisher auf die Käsesorte Provolone beschränkt.

E 242 Dimethyldicarbonat ?
Ein sogenanntes »Kaltentkeimungsmittel« für Erfrischungsgetränke, Tee in Dosen und alkoholfreien Wein. Der chemisch eng verwandte Diäthylester mußte trotz attestierter Unbedenklichkeit wegen krebserregender Nebenreaktionen vom Markt genommen werden. Dimethyldicarbonat zersetzt sich unmittelbar nach der Zumischung unter Bildung von Methanol und Kohlendioxid. Dabei kommt es auch zu allerlei Nebenreaktionen mit den abzutötenden Mikroben und zahlreichen Le-

bensmittelinhaltsstoffen. Unter anderem werden Spuren an Methylcarbamat gebildet. Carbamate werden auch als Pestizide eingesetzt.

E 249 Kaliumnitrit ?

E 250 Natriumnitrit ?

E 251 Natriumnitrat ??

E 252 Kaliumnitrat ??

Nitrate (Salpeter) und Nitrite sind durch Überdüngung (Kunstdünger, Gülle) weitverbreitete Umweltgifte. Dennoch darf dem Schinken zur Umrötung, also zur Erzielung einer kochstabilen roten Pökelfarbe, etwa zehnmal soviel Nitrat zugesetzt werden, wie im Trinkwasser maximal als Rückstand erlaubt ist. Zur Vermeidung von Überdosierungen darf Nitrit, das ebenfalls zur Umrötung von Wurstwaren verwendet wird, nur mit Salz vermischt an den Metzger verkauft werden. Diese Stoffe erhöhen zugleich die Haltbarkeit der Wurst.

Nitrate (E 251, E 252) werden außerdem als Konservierungsmittel für Schnittkäse und zur Reifung von Anchosen (spezielle Fischprodukte) eingesetzt. Im Körper können Nitrate in Nitrit umgewandelt werden. In der Folge kann das Nitrit zusammen mit anderen Lebensmittelbestandteilen im Magensaft und im Darm zu krebserzeugenden Nitrosaminen reagieren.

Akut schädlich sind Nitrate für Kleinkinder. Sie blockieren deren Sauerstofftransport im Blut, so daß Blausucht entstehen kann.

E 280 Propionsäure ?

E 281 Natriumpropionat ?

E 282 Calciumpropionat ?

E 283 Kaliumpropionat ?

Propionsäure ist ein natürlicher Spurenstoff verschiedener Lebensmittel. Sie kann bei der Ratte krebsähnliche Veränderungen des Vormagens verursachen. Zunächst nach Auffassung des Bundesgesundheitsamtes für den Menschen ohne Bedeutung, da er keinen Vormagen besäße. 1988 auch in der Bundesrepublik verboten. Wird voraussichtlich über EG-Recht wieder für bestimmte Brote zugelassen.

E 290 Kohlendioxid

Treibgas, Aufschäummittel und Konservierungsstoff. Harmlos, auch in der Atemluft enthalten. Gewonnen entweder in den Gärkellern von Brauereien, aus Quellen als »Quellkohlensäure« oder überwiegend aus den Verbrennungsgasen industrieller Prozesse.

E 925 Chlor ?

E 926 Chlordioxid ?

Zum Chloren (Entkeimen) von Trinkwasser. E 925 kann zur Bildung von Stoffen wie Chloroform führen. Sie werden vorwiegend beim Duschen durch die Haut aufgenommen oder eingeatmet. Gechlortes Wasser kann außerdem die Schilddrüsenfunktion beeinträchtigen. Es ist jedoch erforderlich Nutzen (hygienisch einwandfreies Trinkwasser) und Nebenwirkungen im Einzelfall gegeneinander abzuwägen.

E 1105 Lysozym

Lysozym ist ein Enzym, das vorwiegend aus Hühnereiern gewonnen wird. Einsatz als Konservierungsmittel bei Schnittkäse. Ersetzt Salpeter (E 251, E 252). Daneben zur Aromaverbesserung bei Erbsen und Bohnen verwendet. Hühnerei-Allergiker sollten berücksichtigen, daß eine Deklaration nicht immer erforderlich ist. Über Enzyme können daneben noch zahlreiche andere Zusatzstoffe, etwa Konservierungsmittel deklarationsfrei in Lebensmittel eingeschleppt werden.

Borsäure ??

Borate ??

Die EG plant eine Zulassung für Kaviar. Sie legalisiert damit eine verbreitete Praxis, die, obwohl hierzulande verboten, von den Behörden praktisch nicht geahndet wurde. Borate gelten als sich im Körper anreichernde, hochtoxische Stoffe, gegen die im Falle einer Vergiftung kein Gegenmittel bekannt ist.

Antioxidantien

Antioxidantien erhöhen die Haltbarkeit. Sie verzögern den chemischen Verderb (z.B. das Ranzigwerden von Fetten, das Braunwerden von Obst) indem sie eine Oxidation durch Luftsauerstoff verhindern. Sie ergänzen so die Wirkung von Konservierungsstoffen, die den mikrobiellen Verderb unterdrücken. Verwendung für Trokkensuppen, Knabberartikel, Soßenpulver, Margarine, Kaugummi, Öle, Backwaren, Getränke, Eis, Marzipan usw.

E 300 L-Ascorbinsäure
Landläufig als »Vitamin C« bekannt. Das synthetisch hergestellte Vitamin wird gewöhnlich nicht zur Vitaminierung zugesetzt, sondern verschafft technologische Vorteile, wie die Erhöhung der Wasseraufnahme von Brotteig, die Verlängerung der Haltbarkeit von Getränken, Verzögerung des Braunwerdens von Früchten oder die Beschleunigung der Umrötung von Würsten.
Als Zusatz zu Mehl umstritten: Die hohen Backtemperaturen zersetzen E 300 zu Threonsäure, die im Tierversuch Vitamin-C-Mangel hervorruft. Zwar erscheint eine akute Wirkung auf den Menschen aufgrund der geringen Dosis eher unwahrscheinlich, läßt aber erkennen, wie weltfremd die toxikologischen Tests sind, die Zusatzstoffe in »rohem« Zustand testen, obwohl sie häufig dazu bestimmt sind, stark erhitzt zu werden.

E 301 Natrium-L-Ascorbat ?

E 302 Calcium-L-Ascorbat
Salze der Ascorbinsäure (E 300). E 301 fördert im Gegensatz zu natürlichem Vitamin C experimentell erzeugten Blasenkrebs. Verfüttert man Lebensmittel, die mit einem Zusatz von E 301 erhitzt wurden, an junge Versuchstiere, so wird ihr Wachstum beeinträchtigt. Deklaration beider Stoffe: »Ascorbinsäure«.

E 304 6-Palmitoyl-L-Ascorbinsäure
Wird aus E 300 und Palmitinsäure synthetisiert. Kann in dieser Form auch Fetten zugesetzt werden. Der Wissenschaftliche Lebensmittelausschuß der EG nimmt an, »daß es während des Verdauungsvorgangs Ascorbinsäure erzeugt«. Tierversuche ergaben »die Bildung von Blasensteinen, bei einigen Tieren, die zu den Gruppen gehörten, denen hohe Dosen verabreicht wurden«. Vom Ausschuß wurde dies »als nicht relevant für den Menschen beurteilt«.

E 306 Tocopherole
Natürlicher Vitamin-E-Extrakt aus Pflanzenölen. Erhöht die Lagerfähigkeit von Ölen und Margarinen. Als Antioxidans in Lebensmitteln harmlos. Massive Dosen, die z.B. durch Vitaminpräparate erreicht werden können, verursachen gelegentlich Risse an den Lippen, fördern Thromboseneigung und Fruchtbarkeitsstörungen.

E 307 Alpha-Tocopherol

E 308 Gamma-Tocopherol

E 309 Delta-Tocopherol
Synthetisch hergestellte Vitamin-E-Bestandteile. Beurteilung wie E 306.

E 310 Propylgallat ??

E 311 Octylgallat ??

E 312 Dodecylgallat ??
Propylgallat führte bei Säuglingen zu einer lebensbedrohlichen Blausucht. Zwar darf es der Säuglingsnahrung nicht zugesetzt werden, ist aber für typische Kinderprodukte wie Marzipan, Nougat, Knabberartikel oder Suppen erlaubt. Im Tierversuch beeinträchtigten Gallate die Infektabwehr. Typische Allergene, vor allem E 311.

E 320 Butylhydroxyanisol (BHA) ??

E 321 Butylhydroxytoluol (BHT) ??
Synthetische Stoffe. BHA (E 320) wirkt konservierend. Es schützt Knabberartikel vor Geschmacksfehlern, stabilisiert Aromen und Kartoffelfertigprodukte und erhöht die Haltbarkeit von Marzipan-, Nougat- und Mohnmassen für die Bäckerei. Beim Bäcker ist keine Deklaration erforderlich. Die EG plant eine Erweiterung der Zulassung für Suppen und Brühen, Fischkonserven, Frühstücksgetreide (Müsli), Nußprodukte und Gewürze. BHT (E 321) ist nur für Kaugummi zugelassen. An Nagern wurde eine teilweise krebsfördernde, teilweise krebsverhindernde Wirkung beobachtet. Im Tierversuch traten Veränderungen am Immunsystem, der Schilddrüse und der Leber auf. Beide Stoffe reichern sich im menschlichen Fettgewebe an und gelangen in den Fötus. Sie sind als Allergieauslöser bekannt.

E 1102 Glucoseoxidase
Enzym, das aus Schimmelpilzen gewonnen wird. Erhöht die Haltbarkeit von Getränken und von Saucen. Zur Risikoabschätzung siehe auch unter Kapitel »Enzyme«.

Verdickungsmittel

Verdickungsmittel werden nicht nur zum Verdikken oder Gelieren verwendet, sondern vor allem zur Einstellung eines bestimmten »Mundgefühls« (wie z.B. der Sämigkeit) oder eines »Kaueindrucks« (z.B. bei Gummibärchen). Sie regulieren die Fließeigenschaften von Fertigsoßen, die Frischhaltung von Broten (»Stabilisator«), verhindern das Absinken der Kakaoteilchen im Milchgetränk oder helfen, Wasser schnittfest zu machen. Unverzichtbar für viele Light-Produkte. Verwendung für Gelees, Puddings, Konfitüren, Käsezubereitungen, Fleischzubereitungen, Mischgetränke, Diätprodukte, Eis und Süßwaren.

E 400 Alginsäure

E 401 Natriumalginat

E 402 Kaliumalginat

E 403 Ammoniumalginat

E 404 Calciumalginat
Alginate werden aus Braunalgen gewonnen. Sie können Spurenelemente aufsaugen, so daß deren Aufnahme durch den Darm behindert wird. Tierversuche weisen auf eine Beeinträchtigung der Eiweißverdauung hin.

E 405 Propylenglycolalginat
Alginsäure (E 400), die mit Propylenglycol gekoppelt wurde. Propylenglycol ist wichtiger Rohstoff zur Herstellung von Kunstharzen, Frostschutzmitteln, Konservierungsstoffen und hat sich auch als Desinfektionsmittel bewährt. Im Körper wird E 405 teilweise in freies Propylenglykol und Alginsäure gespalten. Die EG plant eine Zulassung als Schaumstabilisator für Bier.

E 406 Agar Agar
Wird aus Rotalgen durch Heißwasserextraktion gewonnen. Im Tierversuch verschlimmerte Agar Agar bestehenden Darmkrebs. Eine fettreiche Ernährung hob diese Wirkung wieder auf. Wahrscheinlich harmlos.

E 407 Carragen

Gewinnung aus Rotalgen mit Alkoholen wie Methanol. Der Alkoholrückstand ist auf ein Prozent begrenzt. Bei Nagern wurden vereinzelt Entzündungen und Geschwüre im Darm festgestellt, teilweise auch Veränderungen am Immunsystem. Bedeutung für den Menschen ist unklar.

E 410 Johannisbrotkernmehl
Gemahlene Samen der Früchte des Johannisbrotbaums. Sie werden entweder mit Schwefelsäure behandelt oder einer Röstung unterzogen. E 410 senkt den Cholesterinspiegel und kann die Eiweißausnutzung etwas verringern.

E 412 Guarkernmehl ?
Wird aus den giftigen Samen der Guarpflanze extrahiert. denn sie enthalten verschiedenste schädliche Stoffe wie Blausäure, Fluoressigsäure, Trypsininhibitoren und toxische Globuline. Im handelsüblichen Guarkernmehl sind etwa 10 Prozent sonstige Begleitstoffe der Guarpflanze erlaubt. Guarkernmehl beeinträchtigt die Eiweißverdauung. Außerdem fördert es die Aufnahme größerer Partikel aus dem Speisebrei durch die Darmwand. Dies könnte von ursächlicher Bedeutung für die Entstehung von Allergien sein.

E 413 Traganth ?
Traganth heißt die Gummiabsonderung einer asiatischen Pflanze namens Astralagus. Die in ersten Versuchen beobachteten Leberschäden haben sich nicht bestätigt.
Die Weltgesundheitsorganisation geht aber davon aus, daß Traganth »ein massives Allergen ist, fähig, extrem schwere Reaktionen auszulösen«.

E 414 Gummi arabicum
Getrocknete Gummiabsonderung von Akazien. Schädigte im Tierversuch das Herz, was in neueren Versuchen allerdings nicht mehr bestätigt werden konnte. Ursache könnten die unterschiedlichen Begleitstoffe sein, die bei einem solchen Naturprodukt unvermeidlich sind. Beim Menschen traten gelegentlich Allergien auf.

E 415 Xanthan
Wird biotechnologisch von Bakterien (Xanthomonas) aus Zucker produziert. Im fertigen Produkt dürfen keine lebensfähigen Xanthomonaden mehr enthalten sein. Besonderes Augenmerk muß auf jene Substanzen gerichtet werden, die zur »Fütterung« der Mikroorganismen zugegeben werden, damit sie nicht bis ins fertige Produkt verschleppt werden können. Geringes allergisches Potential.

E 440 a Pektin
Gelierstoff, gewonnen aus Apfeltrester oder Citrusschalen. Pektine sind normale Bestandteile der Nahrung und gelten als harmlos. Flüssige Pektine (Obstgeliersaft) werden üblicherweise mit Sulfit (E 220 - 227) haltbar gemacht.

E 440 b amidiertes Pektin
Amidierte Pektine sind spezielle Pektine, die chemisch durch Reaktion mit Ammoniak in Alkohol verändert wurden. Das erlaubt ihre Verwendung in Milcherzeugnissen. Allgemein werden sie als unschädlich eingeschätzt.

E 460 Cellulose
Cellulose wird aus Holz, Sonnenblumenstengeln oder Baumwollabfällen gewonnen. Füllstoff und Wasserbinder. Als mikrokristalline Cellulose erhöht sie z.B. die Schmelzbeständigkeit von Speiseeis oder dient als Fettersatzstoff. Wird als unbedenklich eingestuft.

E 461 Methyl-Cellulose

E 463 Hydroxypropyl-Cellulose

E 464 Hydroxypropylmethyl-Cellulose

E 465 Methylethyl-Cellulose
Hergestellt aus Cellulose (E 460) durch Umsetzung mit Methylchlorid, Äthylchlorid bzw. Propylenoxid. Wichtig für Brot und Backwaren zur Regulation von Volumen, Farbe und Frischhaltung, bzw. zur Stabilisierung von Füllungen und

Schäumen. Daneben bedeutsam für mikrowellengeeignete Fertiggerichte und als Füllstoffe für Lightprodukte. Praktisch keine nachteiligen Folgen bekannt, abgesehen von einer abführenden bzw. verstopfenden Wirkung.

E 466 Carboxymethyl-Cellulose (CMC)
Wird aus Cellulose (E 460) durch Umsetzung mit Monochloressigsäure hergestellt. In CMC konnten Dioxin-Rückstände nachgewiesen werden. Im Reinzustand ist CMC relativ unbedenklich. Erst bei langfristiger Einnahme traten bei Versuchspersonen neben Durchfall nicht näher bezeichnete »Abdominal-Beschwerden« auf.
Stärke
Ältestes Verdickungsmittel, das aus Kartoffeln, Mais oder Weizen gewonnen wird. Stärke darf nicht als »Verdickungsmittel« deklariert werden. Die Deklaration »Stärke« umfaßt die enzymatisch oder physikalisch modifizierten Stärken. Als »modifizierte Stärken« deklarierte Stoffe sind wieder etwas anderes, nämlich E 1401 - 1450.

E 1401 Säurebehandelte Stärke

E 1403 Gebleichte Stärke

E 1404 Oxidativ abgebaute Stärke

E 1410 Monostärkephosphat

E 1411 Distärkephosphat/NMP

E 1412 Distärkephosphat/POC

E 1413 Phosphatiertes Distärkephosphat

E 1414 Acetyliertes Distärkephosphat

E 1420 Stärkeacetat

E 1422 Acetyliertes Distärkeadipat

E 1440 Hydroxypropylstärke

E 1442 Hydroxypropyl-Distärkephosphat

E 1450 Stärkenatrium-Octenyl-Succinat
Es handelt sich um Stärke, die mit Chemikalien (z.B. Natriummetaphosphat (NMP), Kaliumpermanganat, Natriumhypochlorit, Phosphoroxychlorid (POC), Essigsäureanhydrid, Adipinsäureanhydrid, Octenylbernsteinsäureanhydrid) umgesetzt wurde, um neue Reaktionsprodukte mit völlig neuen Eigenschaften zu erhalten. Verwendung vor allem für Füllungen, Tortengüsse und Cremes als Stabilisator, Geliermittel, Dickungsmittel, Emulgator und Bindemittel. Manche regulieren das Mundgefühl in Fertigsuppen, andere verleihen Tiefkühlfertiggerichten die erforderliche Gefrier-Tau-Stabilität, wieder andere garantieren dem Bäcker backfeste Fertigfüllungen für seine Teilchen, oder sie täuschen im Mund erhöhte Fruchtgehalte vor. Sie ersetzen Fette in Light-Mayonnaisen, Milcheiweiß in Milchprodukten oder wirken als Glanzbildner für Glasuren. E 1422 macht Tiefkühlgerichte mikrowellengeeignet, dient als Extrusionshilfe für Knabbergebäck und verhindert das Austrocknen von Füllungen. In Verbindung mit einer phosphatreichen Ernährung riefen sie im Tierversuch Kalkablagerungen in Becken und Niere hervor.

Emulgatoren

Das Wirkungsprinzip der Emulgatoren ähnelt dem der Waschmittel. Sie machen Wasser mit Fett mischbar, stabilisieren Eiweißschäume und helfen dabei, Instantprodukte herzustellen. Sie erhöhen die maschinelle Belastbarkeit von Teigen und erlauben die Einstellung geschmacklicher Eigenschaften wie Sämigkeit, Schaumigkeit oder Cremigkeit. Zugleich helfen sie Rohstoffe einzusparen, da sich mit ihrer Hilfe auch mehr Wasser oder Luft zumischen lassen.
Emulgatoren, auch natürliche, sind sehr wirksame Substanzen für biologische Systeme. Sie sollten

deshalb nicht wahllos Lebensmitteln zugesetzt werden. Die toxikologischen Prüfungen von Emulgatoren sind recht dürftig, stammen häufig vom Hersteller selbst, und sind nicht selten unveröffentlicht. Bei den üblichen Verträglichkeitstests wurden meist keine auffällige Nebenwirkungen beobachtet.
Emulgatoren verändern jedoch die Durchlässigkeit von Membranen. Deshalb werden sie beispielsweise zur Wirkungsverstärkung Pestiziden zugesetzt. So wird verständlich, warum sie auch bei Darmerkrankungen und Allergien eine Schlüsselrolle spielen können: Sie verändern die Oberfläche der Schleimhaut, können in etwas erhöhter Konzentration Zellen auflösen und machen den Darm durchlässig für allergieauslösende Nahrungsbestandteile, Rückstände oder Zusatzstoffe. Der volle Umfang dieses Prozesses ist bis heute kaum untersucht.
Verwendung für Backwaren, Süßwaren, Soßen, Desserts, Margarine, Wurst, Speiseeis u.a.m. Eine Deklaration ist in vielen Fällen nicht erforderlich. Die Zulassungspolitik bei den Emulgatoren erfolgte in der Bundesrepublik vergleichsweise zurückhaltend. Hier werden aufgrund der Regelungen anderer EG-Staaten erhebliche Änderungen eintreten.

E 322 Lecithin
Natürlicher Extrakt, gewonnen aus Sojaöl, Rapsöl oder Eiern. Wirkt nicht nur emulgierend, sondern teilweise auch antioxidativ und erlaubt beispielsweise die Einsparung von Eiern. Die Bezeichnung »Lecithin« täuscht darüber hinweg, daß es sich um ein komplexes Stoffgemisch handelt, das je nach Fraktionierung und Modifizierung (z.B. enzymatische Hydrolyse) ganz unterschiedliche Zusammensetzung und Wirkungen haben kann.

E 422 Ammoniumphosphatide ?
Ammoniumphosphatide werden vor allem für Schokolade verwendet. Gewinnung durch Behandlung von teilweise hydriertem Rüböl mit Phosphoroxiden und gasförmigen Ammoniak. Gesundheitliche Einschätzung unklar.

E 470 Natrium-, Kalium- und Calciumsalze der Speisefettsäuren
Speisefettsäuren werden aus natürlichen Fetten gewonnen. Um ihnen die hier gewünschten Eigenschaften von Seifen zu verleihen, werden sie mit Laugen versetzt. Sie verbessern z.B. die Mürbheit von Zwieback und dienen auch als Trennmittel.

E 471 Mono- und Diglyceride von Speisefettsäuren
In Fetten, insbesondere in verdorbenen, natürlich vorkommende Fettspaltprodukte.

E 472 Mono- und Diglyceride von Speisefettsäuren

E 472 a - verestert mit Essigsäure

E 472 b - verestert mit Milchsäure

E 472 c - verestert mit Citronensäure

E 472 d - verestert mit Weinsäure

E 472 e - verestert mit Monoacetyl- und Diacetylweinsäure

E 472 f - verestert mit Essigsäure und Weinsäure

E 472 a - f werden hergestellt aus E 471, die man mit den angeführten Säuren reagieren läßt. Mit Ausnahme von Diacetylweinsäure (E 472 e) werden sie vom Kör-
per wie normale Nahrungsbestandteile verstoffwechselt. E 472 e wird in erster Linie von Bäckern verwendet, die bekanntlich von der Deklaration ihrer Zusatzstoffe befreit sind. Kein anderer Stoff vermag Brötchen so stark »aufzublähen«. Toxikologische Bewertung: siehe unter Kapitel »Emulgatoren«.

E 473 Zuckerester

E 474 Zuckerglyceride
Umsetzungsprodukte von Zucker mit Fettsäuren (E 473) oder mit Speiseölen (E 474). Nach deut-

schem Recht bisher nur für alkoholfreie Aperitifs zugelassen (E 474). Bei der EG als Zusatz für viele andere Produkte wie Speiseeis, Desserts, Lightprodukte, Suppen, Kaffeeweißer oder zur Oberflächenbehandlung von Frischobst vorgesehen.
Besorgnis lösten zunächst die Rückstände von Dimethylsulfoxid bzw. Methyläthylketon in E 473 und 474 aus, die bei der Herstellung als Lösungsmittel verwendet werden. Die Mengen im fertigen Lebensmittel wurden jedoch von der Weltgesundheitsorganisation als unbedeutend eingestuft im Vergleich zu den natürlichen Gehalten dieser fragwürdigen Lösungsmittel.

E 475 Polyglycerinester von Speisefettsäuren
Künstlicher Stoff aus ursprünglich natürlichen Ausgangsstoffen. Stabilisiert z.B. die Schäume von Biskuitmassen und die Blätterung von Blätterteigen, ersetzt teures Fett. Keine Deklaration in der Bäckerei.

E 491 Sorbitanmonostearat

E 492 Sorbitantristearat

E 493 Sorbitanmonolaurat

E 494 Sorbitanmonooleat

E 495 Sorbitanmonopalmitat
Hergestellt aus Sorbit (E 420) und den Fettsäuren Stearinsäure (Stearat), Laurinsäure (Laurat), Ölsäure (Oleat) oder Palmitinsäure (Palmitat) bei etwa 250 Grad Celsius. Dabei entstehen komplexe Gemische mit emulgierenden Eigenschaften. Sie verzögern die Fettreifbildung in Schokolade, verbessern die Löslichkeit von Sahneimitaten (»Kaffeeweißer«) und dienen in Marmeladen und Süßspeisen als Schaumverhüter. Im Verdauungstrakt wird ein Großteil wieder in seine Ausgangsstoffe gespalten. Toxikologische Datenlage dürftig. Bisher in Deutschland nur als technische Hilfsstoffe erlaubt, von der EG wird eine »offizielle« Zulassung erwartet.

Säuerungsmittel und Säureregulatoren

Säuerungsmittel sollen Lebensmitteln nicht nur einen angenehm sauren Geschmack verleihen, sie haben auch konservierende Eigenschaften, z.B. Essig. Manche Säuerungsmittel wirken daneben als Stabilisatoren oder als Backtriebmittel, andere als Geliermittel, wieder andere als Wirkungsverstärker von Antioxidantien oder gar als Emulgatoren.
Säureregulatoren erlauben es, den Säuregrad eines Lebensmittels auf einen exakten Wert einzustellen. Hier zählen vor allem sogenannte Puffersubstanzen (Phosphate, Citrate), aber auch Laugen und Säuren.

E 260 Essigsäure

E 261 Kaliumacetat

E 262 Natriumdiacetat

E 263 Calciumacetat
Naturessig ist ein uraltes und völlig harmloses Konservierungsmittel. Die Essigsäure (E 260) und ihre Salze (Acetate) werden heute synthetisch erzeugt, zum Beispiel aus Leichtbenzin. Wichtig für die Herstellung von Kunstsauerteig. Damit läßt sich ein wertgemindertes »Sauerteig«-Brot fabrizieren, die Herkunft des Säuerungsmittels muß oftmals nicht einmal deklariert werden. Natriumdiacetat (E 262) dient dabei außerdem zur Konservierung von Brot.
Natürlicher Essig wird im Unterschied zur synthetischen Essigsäure meist als »Weinessig« oder »Obstessig« deklariert. Er unterscheidet sich von synthetisch gewonnener E 260 durch seine Begleitstoffe.

E 270 Milchsäure

E 325 Natriumlactat

E 326 Kaliumlactat

E 327 Calciumlactat
Milchsäure und ihre Salze (Lactate) werden mikrobiologisch aus Stärke gewonnen. Dabei entstehen zwei verschiedene Arten von Milchsäure, die L-Form und die D-Form. Das Lebensmittelrecht erlaubt beide Formen. Kleinkindern fehlt die Fähigkeit zum Abbau der D-Milchsäure. Dadurch kann es zur Übersäuerung des Blutes (Acidose) kommen. Lebensmittel, die speziell für Säuglinge hergestellt werden, müssen bei einem Gehalt an D-Milchsäure einen Warnhinweis tragen. Für den Erwachsenen ist die D-Milchsäure unbedenklich.

E 296 Äpfelsäure

E 350 Natriummalat

E 351 Kaliummalat

E 352 Calciummalat
Die Äpfelsäure kommt in vielen Früchten vor. Auch hier gibt es eine L-Form und eine D-Form. Für Lebensmittel darf sowohl die natürliche L-Form als auch die synthetische D-Form verwendet werden. Die Äpfelsäure und ihre Salze (Malate) werden auf chemischem Weg aus Fumarsäure (E 297) gewonnen.

E 297 Fumarsäure
Natürliches Stoffwechselprodukt vieler Lebewesen, das jedoch industriell in großen Mengen synthetisiert wird, nicht zuletzt, weil es auch ein begehrter Rohstoff zur Kunststoffherstellung ist. Gilt als Säuerungsmittel, wirkt aber auch konservierend. Verbessert die gelierenden Eigenschaften von Stärke und die Lagerfähigkeit von Instantfruchtmischungen für Backfüllungen.

E 330 Citronensäure

E 331 Natriumcitrat

E 332 Kaliumcitrat

E 333 Calciumcitrat
Die Citronensäure kommt in vielen Früchten vor (u.a. in Zitronen) und ist in geringer Konzentration sogar ein natürlicher Bestandteil jeder menschlichen Zelle. Bei Zufuhr größerer Mengen von E 330 nimmt der Darm leichter unerwünschte Metalle wie Aluminium, Blei und Radionuklide auf. Als Zusatzstoff werden E 330 und seine Salze (Citrate) von Mikroben aus Zucker erzeugt. Normalerweise harmlos.

E 334 Weinsäure

E 335 Natriumtartrat

E 336 Kaliumtartrat

E 337 Natrium-Kaliumtartrat

E 353 Metaweinsäure

E 354 Calciumtartrat
Weinsäure ist ein natürlicher Stoff, der meist aus Weinrückständen gewonnen wird, indem man Weinstein (E 336) mit Kalkmilch (E 526) und dann mit Schwefelsäure (E 513) versetzt. Ihre Salze heißen Tartrate. Im Gegensatz zu Äpfelsäure (E 296) ist Weinsäure nur in der unproblematischen und natürlichen L-Form erlaubt.

E 338 Orthophosphorsäure

E 339 Natrium-Orthophosphate

E 340 Kalium-Orthophosphate

E 341 Calcium-Orthophosphate

E 343 Magnesium-Orthophosphate

E 450 a Natrium-Kalium-Diphosphate

E 450 b Natrium-Kalium-Triphosphate

E 450 c Natrium-Kalium-Polyphosphate

E 540 Calcium-Diphosphate

E 543 Natrium-Calcium-Polyphosphate

E 544 Calcium-Polyphosphate
Sie gehören zu den umstrittensten Zusatzstoffen, obwohl sie nicht die bedenklichsten sind. Zwar gelten sie alle »von Amts wegen« als völlig harmlos. Aber bereits die Tatsache, daß sich E 341 in niedriger Konzentration als wirksames Schädlingsbekämpfungsmittel gegen Kornkäfer und Motten bewährt hat, stellt diese Behauptung in Frage.

Bislang ist zwar noch umstritten, ob Phosphate empfindliche Kinder zappelig machen (Hyperaktivität), Polyphosphate beeinflussen jedoch den Calciumstoffwechsel des Menschen. In Kombination mit anderen Zusatzstoffen - den »modifizierten Stärken« (siehe Kapitel »Verdikkungsmittel«) - traten bei Ratten Verkalkungen des Beckens auf. Sie erleichtern außerdem die Aufnahme von Schwermetallen durch den Darm. Rohphosphate enthalten zahlreiche Verunreinigungen. In Japan kam es in den fünfziger Jahren zu einer Massenvergiftung von Kleinkindern, nachdem man Babykost mit Phosphat versetzt hatte, ohne die hohen Arsengehalte zu entfernen. Neben Arsen enthalten Rohphosphate erhebliche Cadmium- und Uranrückstände. Bei Uran wird bereits die Wirtschaftlichkeit einer Gewinnung aus Rohphosphaten geprüft. Bisher sind neben dem Arsengehalt (max. 3 Milligramm pro Kilo (mg/kg)) aber nur die Rückstände von Fluor (max. 50 mg/kg), Blei (max. 10 mg/kg), Kupfer und Zink (max. 50 mg/kg) gesetzlich begrenzt.

Anwendung zur Erhöhung der Haltbarkeit und Aufhellung von Kartoffelprodukten (z.B. Pommes Frites), zum Cremigmachen von Schmelzkäse, als Emulgator bei Backwaren (spart Eier), als Gerinnungshemmer von Eier-Eiweiß bei einer Hitzebehandlung, zur Verbesserung der Schlagfähigkeit von Sahne, als Gelierregulator für viele Verdickungsmittel, als Emulgator für Soßenpulver, zur Erhöhung des Wassergehaltes von Schinken und Brühwurst, zur Vermeidung von Wasserverlusten bei Fisch oder zur Regulation der Eiskristallstruktur von Speiseeis. Eine Deklaration der Phosphate ist nicht immer erforderlich.

E 500 Natriumcarbonat
Soda, Natron. Verwendung als Backpulver und Brausepulver, als Säureregulator für Säuglingskost und Sauermilchkäse. Für den Erwachsenen harmlos.

E 501 Kaliumcarbonat
Pottasche. Traditionelles Triebmittel für Lebkuchen. Zugelassen zur Behandlung von Kakao und als Neutralisationsmittel bei der Gewinnung von »Würze« mittels Salzsäure (E 507). Daneben wird es zur Schnelltrocknung von Rosinen verwendet, indem man damit die natürliche Wachsschicht der Trauben entfernt, so daß die Feuchtigkeit leichter verdunsten kann. In aller Regel keine Deklaration erforderlich.

E 503 Ammoniumcarbonat
Hirschhornsalz ist zur Herstellung von Lebkuchen und Amerikanern gebräuchlich. E 503 ist bei unmittelbarem Verzehr gesundheitsschädlich, beim Backen wird das Ammoniak weitgehend ausgetrieben. Die Anwendung sollte auf traditionelle Lebkuchen beschränkt werden.

E 504 Magnesiumcarbonat
Magnesiumcarbonat wird zum Aufschluß von Kakao und zur Trinkwasseraufbereitung verwendet. Daneben ist es als Füllstoff für Kaugummi und als Antiklumpmittel für Speisesalz zugelassen.

E 507 Salzsäure
Vor allem für die Zuckergewinnung aus Maisstärke bestimmt (Deklaration: »Glucosesirup«, »Maltodextrine«), aber auch zur Gewinnung von »Würze« durch das chemische Auflösen (Säurehydrolyse) von Eiweiß. Die Salzsäure wird mit Soda (E 500) oder mit Natronlauge (E 524) neutralisiert, so daß Verätzungen ausgeschlossen

sind. Jedoch lassen die intensiven chemischen Umsetzungen bei der »Würze«-Herstellung zahlreiche neue und höchst fragwürdige Reaktionsprodukte entstehen wie chlorierte Sterine oder Chlorpropanole, die als Rattengift eingesetzt wurden. Keine Deklaration erforderlich.

E 508 Kaliumchlorid
Deklarationsfreier Härter für bestimmte Geliermittel wie z.B. Carragen (E 407), Kochsalzersatz.

E 509 Calciumchlorid
Härter für bestimmte Geliermittel, Enthärter von Brauwasser zur Bierherstellung. Als Zusatz zur Käsereimilch erhöht es die Eiweißausbeute.

E 510 Ammoniumchlorid ??
Salmiak. Problematischer Zusatzstoff. Sowohl am Tier als auch am Menschen wurden zahlreiche Nebenwirkungen beobachtet: Knochenschäden und Veränderungen von Blutbild, Nebenschilddrüsen und Nebennierenrinde. Nach Angaben der Weltgesundheitsorganisation führten Versuche mit Schwangeren (!) zu Gewichtsverlust, Erbrechen, Appetitlosigkeit und zu Hyperventilation. Außer in »Salmiakpillen« auch zur Trinkwasseraufbereitung zugelassen. Im Trinkwasser wurde der Ammoniakrückstand auf 0,6 Milligramm pro Liter Wasser begrenzt.

E 513 Schwefelsäure
Zur Aufbereitung von Trinkwasser, zur Herstellung von Glucosesirup und zur Modifizierung von Stärke (E 1401) zugelassen. Nebenwirkungen sind eine reine Dosisfrage: Erst bei hoher Konzentration können Verätzungen auftreten. Dies ist aber in der Praxis so gut wie ausgeschlossen. Auf der Verpackung des fertigen Lebensmittels ist keine Deklaration erforderlich.

E 514 Natriumsulfat
Glaubersalz. In der Medizin wird es als starkes Abführmittel eingesetzt, bei Lebensmitteln dient es zur Standardisierung von Farbstoffen. Im fertigen Lebensmittel ist seine Konzentration sehr gering.

E 516 Calciumsulfat
Gips. Als Stabilisator für Brot, zur Aufbereitung von Brauwasser zugelassen und zur Steuerung der Geliereigenschaften von bestimmten Verdikkungsmitteln. Zusätzlich wird es als Antiklumpmittel verwendet und ist als Farbstoff geeignet.

E 524 Natriumhydroxid
Natronlauge. Wird zum Eintauchen von Brezeln verwendet (daher auch der Name »Laugengebäck«), zum Aufschließen von Kakao, zur Trinkwasseraufbereitung und zum Entbittern von Oliven. Auch zur Gewinnung von »Würze« zulässig. Keine Deklaration erforderlich.

E 525 Kaliumhydroxid
Kalilauge. Erforderlich zur Herstellung von Instant-Tee. Gelegentliche Verwendung beim Aufschluß von Kakao und zur Gewinnung von »Würze« aus Eiweißrückständen. Keine Deklaration erforderlich.

E 526 Calciumhydroxid
Gelöschter Kalk, Kalkmilch. Vorgesehen zum Einlegen und Konservieren von Eiern, zur Herstellung von Ei-Ersatz aus Milch, zum Kalken von Muskatnüssen, zur Wässerung von Stockfisch und zur Behandlung von Brauwasser bzw. Bier.

E 527 Ammoniumhydroxid
Ammoniak. Darf zur Behandlung von Kakao und Trinkwasser verwendet werden. Als freier Stoff ein ausgesprochenes Zellgift. Siehe unter Ammoniumcarbonat
(E 503). Ist im fertigen Lebensmittel nicht mehr als freier Stoff vorhanden.

E 529 Calciumoxid
Gebrannter Kalk. Es wird zur Trinkwasseraufbereitung verwendet.

E 574 Gluconsäure

Gluconsäure kommt in geringer Menge natürlich im Honig oder Wein vor. Sie dient neben ihrer Verwendung als Säuerungsmittel und Antioxidans für Limonaden auch als Rostschutz in Spraydosen.

E 575 Glucono-delta-Lacton
In Backpulver als Triebmittel, in Wurst als Umrötebeschleuniger (siehe auch Kapitel »Nitrate und Nitrite«: E 249 - 252), in Backfüllungen, Fischhalbkonserven und Puddingpulver als Säureregulator verwendet. In geringer Menge sicherlich harmlos.

E 576 Natriumgluconat

E 577 Kaliumgluconat
Salze der Gluconsäure (E 574). Verwendung als Komplexbildner (unterstützt z.B. die Wirkung von Antioxidantien) und zur Maskierung des bitteren Nachgeschmacks von Süßstoffen.

E 578 Calciumgluconat
Als Salz der Gluconsäure zur »Calcium-Aufbesserung« von Diätprodukten vorgesehen. Daneben als Rieselhilfsstoff geeignet.

Vitamine

Vitamine sind lebensnotwendige Stoffe, die schon in Spuren außerordentlich wirksam sind. Deshalb ist nicht nur ein Mangel nachteilig, auch eine maßlos übertriebene Zufuhr durch Vitaminprodukte kann unerwartete Nebenwirkungen zeigen. Obwohl in Deutschland kein Vitaminmangel herrscht, der nicht durch eine vernünftige Ernährung ohne weiteres ausgeglichen werden könnte, dürfen die meisten Vitamine (bis auf Vitamin A und D) in beinahe beliebiger Menge zugesetzt werden.

Provitamin A (Carotin)
Der Körper wandelt Carotin in Vitamin A um. Eine erhöhte Zufuhr ist jedoch, außer bei Schwangeren, unproblematisch, da nicht mehr Vitamin A gebildet wird als erforderlich ist. Im übrigen siehe unter Farbstoffe E 160 a - f.

Vitamin B 1
Eine überhöhte Aufnahme kann Nervosität und Kopfschmerzen zur Folge haben.

Vitamin B 2
Gilt auch in hoher Dosierung in Europa als unbedenklich. Sollte nicht bei Reisen in Malariagebiete eingenommen werden, da es Malariainfektionen begünstigt.

Vitamin B 6
Bei Megadosen traten beim Menschen Bewegungsstörungen, Taubheitsgefühl in den Gliedmaßen und psychische Beschwerden auf. Daneben liegen Beobachtungen vor, denen zufolge der Verzehr von Vitamin-B6-Präparaten bei Schwangeren conterganähnliche Mißbildungen verursacht haben soll.

Vitamin B 12
Bei Überkonsum nur geringe Nebenwirkungen bekannt. Eine Förderung der Thromboseneigung wird für diskutiert.

Niacin ??
Niacin-Vergiftungen durch unsachgemäß vitaminierte Lebensmittel sind dokumentiert. Die Symptome waren vor allem Gelbsucht, schwere Leberschäden und Hautausschläge mit brennenden Rötungen.

Vitamin C
Bewertung siehe unter Kapitel »Antioxidantien« (E 300).

Vitamin E
Siehe unter Kapitel »Antioxidantien« (E 306 - E 309).

Aromastoffe und Geschmacksverstärker

Sie verleihen vielen Nahrungsmitteln Geruch und Geschmack, unterdrücken Geschmacksfehler und lassen sie immer gleich schmecken. Sie können den Genußwert erhöhen, aber auch zu übermäßigem Verzehr anregen. Hilfreich sind diese Substanzen vor allem bei Produkten, die aus geschmacklich schlechten Rohstoffen oder mit Verfahren hergestellt wurden, die das Aroma beeinträchtigen. Bei vielen Fertigprodukten ist ihr Einsatz praktisch unverzichtbar.
Derzeit kommen schätzungsweise 5000 verschiedene Aromastoffe in der Lebensmittelwirtschaft zur Anwendung. Da Aromen gewöhnlich mit Lösungsmitteln und Trägerstoffen versetzt werden müssen, um sie leichter handhabbar zu machen, gelangen über diesen Weg noch zahlreiche andere Stoffe ins Lebensmittel (Carry over), z.B. Benzylalkohol, Isopropanol, Äthylcitrate, Guarkernmehl (E 412) oder Calciumorthophosphate (E 341).

Natürliche Aromastoffe
Werden aus natürlichen Ausgangsstoffen extrahiert, z.B. Vanilleextrakt, Orangenschalenessenz, Zedernöl. Zur Extraktion vewendet man als Lösemittel Methylenchlorid, Kohlendioxid, Cyclohexan, Ethylmethylketon, Diäthyläther oder Hexan. Rückstände waren gelegentlich in Lebensmitteln mit einem Zusatz »natürlicher Aromastoffe« nachweisbar.
»Natürlich« bedeutet nicht, daß ein natürliches Aroma, das nach Himbeeren schmeckt, tatsächlich aus Himbeeren gewonnen wurde. In aller Regel handelt es sich um einen Zedernholzölextrakt. »Natürliches« Aroma, das typisch nach »Apfel« schmeckt wird beispielsweise aus Tagetesöl, Weinfuselöl, Hefeöl-Destillat, abgerundet mit etwas biotechnologisch hergestelltem Äthylacetat gemixt. Andere »natürliche« Aromen mit Geschmacksrichtungen wie Pfirsich, Rose, Nuß oder Bratkartoffel werden biotechnologisch aus Schimmelpilzkulturen gewonnen, »natürliche« Aromen mit Fisch- oder Käsenote aus enzymatisch abgebauten Fischabfällen und Käseresten.

Naturidentische Aromastoffe
Sie sind natürlichen Aromastoffen überwiegend chemisch gleich oder zumindest recht ähnlich, werden aber synthetisch hergestellt. Naturidentische Aromen sind aus mehreren Einzelsubstanzen zusammengesetzt; dadurch intensiver und »knalliger« im Geschmack, ohne jedoch die Geschmacksnuancen und die Vollmundigkeit eines Naturaromas zu erreichen. »Naturidentisch« heißt nicht, daß die Stoffe auch in den jeweiligen Lebensmitteln natürlich vorkommen müßten. Es bedeutet nur, daß sie irgendwo in der Natur nachgewiesen und im Labor nachgebaut wurden.

Künstliche Aromastoffe
Kommen in der Natur nicht vor, werden künstlich hergestellt, zum Beispiel Äthylvanillin, Methylcoumarin, Resorcindimethyläther.

E 620 Glutaminsäure **??**

E 621 Natriumglutamat **??**

E 622 Kaliumglutamat **??**

E 623 Calciumglutamat **??**

E 624 Ammoniumglutamat **??**

E 625 Magnesiumglutamat **??**
Geschmacksverstärker; können bei empfindlichen Menschen das »China-Restaurant-Syndrom« auslösen: Schläfendruck, Kopfschmerzen, Steifheit im Nacken; bei Ratten Fortpflanzungsstörungen und Lernschwierigkeiten bei den Nachkommen. Erhöhten auch die Freßlust und förderten Übergewicht. Sie täuschen Verbraucher über die tatsächliche Zusammensetzung der Lebensmittel.

E 626 Guanylsäure

E 627 Natriumguanylat

E 628 Kaliumguanylat

E 629 Calciumguanylat

E 630 Inosinsäure

E 631 Natriuminosinat

E 632 Kaliuminosinat

E 633 Calciuminosinat

E 634 Calcium-5'-Ribonucleotide

E 635 Natrium-5'-Ribonucleotid
Geschmacksverstärker. Werden vom Menschen zu unerwünschter Harnsäure umgewandelt. Im Tierversuch harmlos, da es Ratten und Mäuse - im Gegensatz zum Menschen - zum unbedenklichen Allantoin umwandeln können. Zwar dürften die eingesetzten Mengen keinen Anlaß zur Besorgnis geben, im Hinblick auf ihre Fähigkeit, geschmackliche Mängel, insbesondere fehlende Vollmundigkeit dank sparsamer Verwendung teurer Rohstoffe zu kaschieren, und den Appetit zu stimulieren, ist jedoch zu fragen, ob solche Gaumentäuschereien in einer Überflußgesellschaft notwendig sind.

E 636 Maltol
Ein Geschmacksverstärker für Gebäck, Schokolade und Süßwaren aller Art. Charakteristisch ist sein »samtartiger« Geschmackseindruck. Maltol wirkt zusätzlich konservierend und führte im Tierversuch bei höherer Dosierung zu Veränderungen des Blutbildes und der Nervenfunktion. Ein ausufernder Einsatz dieses auch natürlich in einigen Lebensmitteln (z.B. Malz) vorkommenden Spurenstoffes erscheint nicht ratsam.

E 637 Äthylmaltol
Künstlicher Geschmacksverstärker, etwa fünfmal so wirksam wie Maltol (E 636). Herstellung durch Abbau des Antibiotikums Streptomycin mit Laugen. Intensiviert vor allem den Geschmack von süßen Speisen und Getränken. Ein mögliches Risiko wird für Thalassämie-Patienten diskutiert.

Vanillin
Vorkommen in der Schote der Vanille einer Orchideenart. Heute wird Vanillin aus den Sulfitablaugen hergestellt, die bei der Zellstoffgewinnung anfallen, bzw. aus Erdöl synthetisiert. Gentechnische Herstellung bereits möglich. Dieser an sich harmlose Stoff wurde jahrzehntelang Säuglingsnahrungen zugesetzt mit der Folge einer Futterprägung auf Vanillin beim Erwachsenen.

Chinin ??
Bitterstoff für Tonic Water. Chinin ist ein starkes Plasmagift und tötet Mikroben wirksam ab. Deshalb wurde es in höherer Konzentration gegen Malaria eingesetzt. Es wirkt daneben konservierend. In Flaschen aus Weißglas zersetzt sich Chinin schnell in Abbauprodukte, deren gesundheitliche Bedeutung noch im Dunkeln liegt. Daneben wurden Sehstörungen, Allergien und unerwünschte Wechselwirkungen mit üblichen Arzneimitteln beobachtet. Eine Schwangere, die täglich etwa einen Liter Tonic Water getrunken hatte, brachte einen chininabhängigen Säugling zur Welt.

Quassiaholz ??
Quassiaholz stammt von mittelamerikanischen Bitterholzgewächsen (»Fliegenholz«). Sein Wirkstoff ist der geruchlose Bitterstoff Quassi(i)n. Die Einheimischen nutzen Quassiaholz gegen Magenbeschwerden, Bandwürmer und Fieber. Quassiaholz ist in der Bundesrepublik als Geschmacksstoff für Branntwein zugelassen und dient daneben als Fraßgift zur Insektenbekämpfung.

Süßstoffe und Zuckeraustauschstoffe

Entgegen der landläufigen Meinung, man könne durch Süßstoffe wie von selbst abnehmen, sind sie gerade für Übergewichtige problematisch. Eine großangelegte Studie mit 80 000 Amerikanerinnen ergab bei Süßstoff-Verwendung im Durchschnitt eine höhere Gewichtszunahme als bei Zuckerverzehr. Als Ursache wird eine appetitstimulierende Wirkung diskutiert. Süßstoffe sind auch als Masthilfsmittel für Schweine zur Appetitstimulation zugelassen.

E 420 Sorbit

Für Diabetiker geeigneter Zuckeraustauschstoff, Weichhaltemittel für Süßwaren und Feuchthaltemittel für Gebäck und Marzipan. Ab etwa 50 Gramm pro Tag kann Durchfall auftreten. Auch Sorbit kann Karies verursachen, nur nicht so stark wie Zucker.

E 421 Mannit

Kommt in zahlreichen Pflanzen vor und ist Hauptbestandteil von Manna, dem süßen Saft der süditalienischen Manna-Esche. Mannit wird großtechnisch durch Hydrierung von Fructose gewonnen. Neben seiner Verwendung als Zuckeraustauschstoff auch Abführmittel, Füllstoff, Schmiermittel und Rohstoff zur Produktion synthetischer Harze.

E 950 Acesulfam K ?

Künstlicher Süßstoff. Nach Angaben des Herstellers (Hoechst AG) völlig unbedenklich. Die Weltgesundheitsorganisation beruft sich bei der Prüfung überwiegend auf Berichte der Hoechst AG, die der Öffentlichkeit nicht zugänglich sind. Da kaum unabhängige Untersuchungen publiziert wurden, ist eine objektive Überprüfung der behaupteten Unbedenklichkeit derzeit nicht möglich.

E 951 Aspartam ??

Süßstoff aus zwei synthetisch hergestellten Aminosäuren. Problematisch bei Patienten mit Phenylketonurie (angeborener Enzymdefekt). Bei empfindlichen Menschen wurden durch den Verzehr Kopfschmerzen, Benommenheit, Gedächtnisverlust, Sehstörungen und Hyperaktivität beobachtet sowie Übelkeit und allergische Reaktionen.

E 952 Cyclamat ?

Künstlicher Süßstoff. In den USA verboten. In Mischung mit Saccharin angeboten. Cyclamat kann in den Mutterkuchen und in die Muttermilch gelangen. Von der Darmflora wird es von manchen Menschen zu Cyclohexylamin umgewandelt. Der Umfang kann bis zu 100 Prozent betragen. Im Tierversuch schädigt Cyclohexylamin Hoden und Spermien.

E 953 Isomalt

Isomalt ist ein Zuckeraustauschstoff, der aus Zukker hergestellt wird. Zucker wird in Traubenzukker und Fruchtzucker gespalten und danach wieder neu, d. h. »falsch« zusammengesetzt, so daß »Isomaltulose« entsteht. Dieses Produkt wird katalytisch zu »Isomalt« hydriert. Es ist etwa halb so süß wie Zucker und maskiert den unangenehmen Beigeschmack mancher Süßstoffe. Isomalt wird nicht von den Verdauungsenzymen des Körpers, sondern von der Darmflora abgebaut. Dabei werden aber nur halb soviel Kalorien frei, wie bei einem »echten« Zucker.

E 954 Saccharin ?

Künstlicher Süßstoff. Im Tierversuch löste Saccharin Blasenkrebs aus. Vorsicht bei Blasenerkrankung oder Arzneimitteleinnahme. Saccharin kann im Zusammenhang mit bestimmten Medikamenten bzw. einigen Umweltgiften die Blasenschleimhaut schädigen. Ist in der Schweinemast als appetitstimulierendes Mittel zugelassen.

E 957 Thaumatin

Natürlicher Süßstoff. Eiweiß, gewonnen aus den reifen Früchten des Katemfe-Strauchs, der im afrikanischen Regenwald heimisch ist. Mehrere tausendmal süßer als Zucker. Wirkt außerdem als Geschmacks- und Aromaverstärker. Gilt als toxikologisch unbedenklich. Das Thaumatin-Gen wurde inzwischen geklont und in Mikroorganismen eingeschleust. Einer preiswerten gentechnischen Massenproduktion ist damit der Weg geebnet. Eine EG-Zulassung für Thaumatin wird in Kürze erwartet.

E 959 Neohesperidin ?

Süßstoff, gewonnen aus unreifen Bitterorangen. Daneben ist insbesondere der Bitterstoff Naringin Rohstoff der Wahl, der mit Kunstharzen aus dem Saft von Orangen entfernt werden muß, bevor sie zu Konzentrat verarbeitet werden. Da E 959 vorzugsweise von der Darmflora verstoffwechselt wird, und sich diese von Mensch zu Mensch stark unterscheidet, sind Rattenversuche, die diesem Stoff Harmlosigkeit bescheinigen, wenig aussagekräftig. Eine EG-Zulassung ist geplant.

E 965 Maltit

Zuckeraustauschstoff, hergestellt durch katalytische Hydrierung von Maltose. Er schmeckt beinahe genauso süß wie Zucker, wirkt jedoch weniger abführend als Sorbit.

E 966 Lactit

Zuckeraustauschstoff. Hergestellt durch katalytische Hydrierung von Milchzucker. Lactit ist in der Natur nicht bekannt. Er ist nur knapp halb so süß wie Zucker, was eine Kombination mit Süßstoffen sinnvoll erscheinen läßt.

E 967 Xylit

Zuckeralkohol, der aus dem Polysaccharid Xylan durch katalytische Hydrierung mit Wasserstoff hergestellt wird. Er ist etwa so süß wie Zucker und wirkt kühlend auf der Zunge (Eisbonbons). Nicht kariogen, weshalb er für »zahnschonende« Kaugummis verwendet wird. Daneben Feuchthaltemittel für Zahnpasten. Wirkt abführend, womöglich Förderung von Nierensteinen.

Enzyme

In Deutschland wurden bereits vor Jahrzehnten grundsätzlich alle Enzyme zur Lebensmittelherstellung zugelassen, ohne jede Prüfung. Auch für jene Enzyme, die noch gar nicht entdeckt sind, entschloß sich der Gesetzgeber zu einer pauschalen Zulassung. Die Einsatzmöglichkeiten von Enzymen sind kaum überschaubar, eine Deklaration findet in aller Regel nicht statt.
Da man Enzyme in der Regel nicht pur verwendet, werden allerlei Zusatzstoffe ins Lebensmittel verschleppt (Carry over), z.B. Konservierungsmittel, Äthylenglykol, Propylenglykol oder Sulfit. Zur mikrobiellen Sicherheit werden Enzyme nicht selten bestrahlt. Zudem enthalten die meisten Enzyme sogenannte »Nebenaktivitäten«, das heißt je nach Herkunft und Extraktionsbedingungen weitere Enzyme, die bei der toxikologischen Prüfung des reinen Enzyms nicht mit erfaßt werden.
Die toxikologischen Probleme von Enzymen sind vielfältig und hängen in der Regel vom Herstellungsprozeß ab. Viele Enzyme werden aus Schimmelpilzen, Bakterien oder den Drüsen von Schlachtvieh gewonnen. Dies bedingt ein prinzipielles Risiko der Einschleppung von Mykotoxinen, Endotoxinen oder pathogenen Keimen. Da die empfindlichen Enzyme sehr schonend behandelt werden müssen, ist die Gefahr einer Verunreinigung höher als bei anderen Produkten.

E 1100 Amylasen

Amylasen, gewonnen aus Bakterien, Schimmelpilzen und Bauchspeicheldrüsen zur Herstellung von Schnaps, Glucosesirup, Fruchtsäften. Sie verzögern das Altbackenwerden von Gebäcken und Brot.

E 1101 Proteasen

Zur enzymatischen Gewinnung von »Würze«, Zartmacher für Fleisch, als Labersatz zur Käseherstellung und zur Klärung von Getränken. Bei Keksen und Crackern entspannen und erweichen sie die Teige, was eine Verkürzung der Knetzeit bedeutet. Sie verbessern die Mürbheit und sorgen für ein verpackungsgerechtes Maß. Bei Waffeln verflüssigen sie das Getreideeiweiß in der Waffelmasse und machen sie dadurch pumpfähig.

E 1102 Glucoseoxidase
Siehe unter Kapitel »Antioxidantien«.

E 1103 Invertase
Gewonnen aus Hefen wie z.B. Candida. Verhindert in süßen Füllungen wie z.B. Marzipan oder Fondant das Kristallisieren von Zucker. Daneben Verwendung zur Gewinnung von Fruchtzucker aus Stärke bzw. Traubenzucker und zur Herstellung von Kunsthonig (»Invertzuckercreme«).

E 1105 Lysozym
Siehe unter Kapitel »Konservierungsstoffe«.

Cellulasen
Cellulasen bauen Cellulose zu Traubenzucker ab. Wichtig zur Herstellung von Säften und Nektaren. Durch diese Art der »Vorverdauung« sind höhere Ausbeuten möglich. In aller Regel in Verbindung mit Pectinasen eingesetzt.

Katalasen
Enzyme, gewonnen aus Schimmelpilzen, Bakterien oder Rinderlebern. Zur Entfernung von überschüssigen Wasserstoffperoxid (z.B. von der Molkereiwirtschaft zur Desinfektion von Anlagen und Verpackungsmaterial verwendet).

Lipoxygenasen
Aus Sojamehl gewonnen. Zum Bleichen von Mehlen, da sie die natürlichen Carotinoide der Mehle zersetzen. Dabei werden auch ungesättigte Fettsäuren zu unerwünschten Peroxiden abgebaut. Wichtig für Toastbrot und Brötchen. Daneben Verbesserung von Teigfestigkeit, Volumen und Krumenbeschaffenheit.

Pectinasen ?
Unverzichtbar zur Herstellung von Fruchtsäften, Nektaren, Wein oder Gemüsemark. Pectinasen zersetzen das Stützgewebe von Obst und Gemüse. Häufig in Verbindung mit Cellulasen eingesetzt. So sind heute wesentlich höhere Ausbeuten möglich. Daneben wichtig zur Gewinnung von Aromen. Als Nebenreaktion entsteht Methanol, was insbesondere bei Säuglingskost (Karottenbrei etc.) nicht erwünscht ist.

Pentosanasen
Bei zu trockener Ernte liefern Roggenteige ein kleines Brot mit bröckeliger Krume. Pentosanasen machen es wieder saftig. Bei Weißbroten wird die Krume mürber, weicher und wirkt dadurch länger frisch.

Amyloglucosidasen
In Kombination mit Amylasen zur Verflüssigung von Restbrot und sonstigen Überbleibseln der Backindustrie. Die Stärke wird in Glucosesirup umgewandelt, der als Süßungs- und Bräunungsmittel wieder verschiedenen Backwaren zugegeben werden kann.

Trennmittel

Trennmittel verhindern das Klebenbleiben an Formen, Fließbändern oder Backblechen. Sie schützen vor Verkleben (Bonbons), Verklumpen (Fertigmehle) und erhalten die Rieselfähigkeit (Salz).

E 530 Magnesiumoxid
Ein vielseitiger Chemie-Grundstoff, auch als Magnesia oder Bittererde bekannt. Magnesiumoxid verhindert das Festkleben von Waffeln am Waffeleisen, dient zum Aufbereiten von Trinkwasser und verbessert die Löslichkeit von Kakaopulver. Zugleich ein Rieselhilfsstoff für pulverförmige Lebensmittel und Zusatz zum Tabak zur Verbesserung der Glimmfähigkeit. Obwohl Magnesium einen wichtigen Mineralstoff für den Menschen darstellt, sind die Wirkungen des Oxids kaum bekannt.

E 535 Natriumhexacyanoferrat

E 536 Kaliumhexacyanoferrat
Es verbessert die Rieselfähigkeit von Speisesalz. Speziell Ferrocyankali (E 536) ist zum Schönen von Wein zugelassen. Die in den beiden Zusätzen gebundene Blausäure kann nur von starken Säuren freigesetzt werden. Die Magensäure oder Essiggurken sind dafür normalerweise zu schwach.

E 901 Bienenwachs
Relativ teures Trennmittel, das gewöhnlich mit billigeren Mitteln gestreckt wird. Trotz seines »natürlichen« Images sollte das Augenmerk auf eventuelle Rückstände gelegt werden. Einige im Bienenstock eingesetzte Arzneimittel reichern sich im Wachs an. Nicht zuletzt deshalb darf das Wachs gewaschen, gefiltert und gebleicht werden (»weißes Bienenwachs«). Über die gesundheitlichen Wirkung ist bis heute nichts bekannt. Die Weltgesundheitsorganisation beruft sich bei ihrer Zulassung von gelbem Wachs auf »die lange Geschichte der Verwendung ohne erkennbare Nebenwirkungen«.

E 902 Candelillawachs
Pflanzliches Wachs von der Blattoberfläche zweier mexikanischer Wolfsmilchgewächse, gewonnen durch Auskochen mit Schwefelsäure. Gilt als unbedenklich. Anwendung in der Bäckerei, z.B. als Spray in Kombination mit Spezialölen und Emulgatoren, um zusätzlich zur Trennung von der Backform eine ansprechende Bräunung zu erzielen.

E 903 Carnaubawachs
Stammt von den Blättern einer brasilianischen Fächerpalme. Wird zur Farbaufhellung manchmal mit Bleicherden behandelt. Keine nachteiligen Wirkungen bekannt.

E 904 Schellack
Schellack wird gewonnen aus dem Sekret weiblicher Lackschildläuse, die in riesigen Kolonien auf asiatischen Bäumen leben. Zum Schutz ihrer Brut sondern sie ein Sekret ab, das zweimal jährlich von den umkrusteten Ästen abgekratzt wird. Der darin enthaltene rote Farbstoff wird mit verdünnten Laugen ausgewaschen. Gilt als unschädlich, auch wenn eine differenzierte toxikologische Bewertung bisher aussteht.

E 907 Mikrokristalline Wachse **?**
Für Wachs-Überzüge. Gewinnung aus den Rückständen der Schmierölherstellung. Die Reinigung umfaßt die Entasphaltierung, die Solventextraktion, die Entparaffinierung und eine Bleichung bzw. Hydrierung. Sie werden oft mit Kunststoffen wie Polyäthylen oder Cyclokautschuk versetzt. Daneben enthalten sie in der Regel die Antioxidantien E 320 und E 321. Eine endgültige toxikologische Bewertung steht noch aus.

E 910 Wachsester
Fettsäuren verestert mit langkettigen Alkoholen. Sie dienen seit den Walfangverboten als Ersatz für Spermöl, das ursprünglich aus Walfischen gewonnen wurde.

Sonstige Zusatzstoffe

E 900 Dimethylpolysiloxan
Schaumverhüter, wichtig bei vielen industriellen Prozessen, z.B. beim Pökeln: Die Pökellake, die zum Umröten von Schinken mit Nadeln eingespritzt wird, schäumt bei modernen Hochgeschwindigkeitsinjektoren. Hier schaffen Schaumbekämpfungsmittel ebenso Abhilfe, wie bei der Marmeladeherstellung, bei Frittierölen oder bei der Herstellung von Zucker, Bäckerhefe, Wein, Gelatine, Kaugummi, Instantkaffee, Kartoffelprodukten, Konfekt, Milchprodukten, Suppen oder Fruchtsäften. Eine Deklaration ist in aller Regel nicht erforderlich.

E 920 Cystein

E 921 Cystin
Mehlbehandlungsmittel. Als »Antischnurrmittel« für Keksteige erlaubt es eine präzise Einstellung von Form und Größe von Keksen und somit eine schnellere automatische Verpackung. Dem Bäkker ermöglicht Cystein/Cystin die Aufarbeitung überalteter Teige. Daneben ist Cystein/Cystin ein Grundstoff zur Aromaerzeugung (vor allem für Röstaromen). Cystein/Cystin wird aus Schweineborsten oder Menschenhaaren gewonnen. Trotz seines verbreiteten Einsatzes ist eine Deklaration im fertigen Lebensmittel praktisch nie erforderlich.

Polyvinylester der unverzweigten Speisefett säuren
Kunststoff, der als Kaumasse für Kaugummi verwendet wird. Auch Grundstoff für Farben und Klebstoffe.

Polyvinylpolypyrrolidon (PVPP)
Kunststoff (Polyamid), der zum Klären und Stabilisieren von Wein und Bier verwendet wird. Er bindet sogenannte Polyphenole, die Nachtrübungen verursachen können. PVPP wird anschließend mit Filtern oder Separatoren weitgehend wieder entfernt.

Stigmasterin
Stigmasterin ist ein Kennzeichnungsmittel für Butterschmalz, um Subventionsbetrug zu erschweren. Sein Zusatz ist vorgeschrieben. Stigmasterin kommt als natürlicher Inhaltsstoff in Fetten (Kakaobutter, Sojaöl) vor und ist vergleichbar dem Cholesterin. Deshalb wird es als harmlos eingestuft.

Register

In Heftform erhalten Sie diese Übersicht gegen Kosten und Versandspesen bei:

ÖKO-TEST-Leserservice
Postfach 90 07 66
60447 Frankfurt

Sammelbestellungen (ab 25 Stück) auf Anfrage:
Tel. (0 69) 79 20 96-29.

Bestrahlte Lebensmittel	Argentinien	Bangladesh	Belgien	Brasilien	Bulgarien	Chile	China VR	China Taiwan	ehem. CSFR	Dänemark	Finnland	Frankreich	GUS	Indien	Indonesien	Israel	Italien
Apfel							●										
Avocados																	
Bananen																	
Birnen																	
Bohnen				●		●		●									
Datteln						●											
Eipulver																	
Endivien																	
Erdbeeren	●		●	●		●											
Erdnüsse							●										
Fertigteigmischungen																	
Fisch u. Fischprodukte		●		●		●											
Fleisch													●				
Früchte (frisch)					●								●				
Garnelen		●	●											●			
Geflügel (Fleisch)		●				●						●	●			●	
Gemüse (frisch)																	
Gewürze		●	●	●		●		●		●	●	●		●	●	●	
Ginger																	
Hefepulver																	
Hülsenfrüchte		●				●										●	
Johannisbeeren, rot																●	
Käsepulver																●	
Kaffeebohnen																●	
Kakaobohnen						●										●	

	Argentinien	Bangladesh	Belgien	Brasilien	Bulgarien	Chile	China VR	China Taiwan	ehem. CSFR	Dänemark	Finnland	Frankreich	GUS	Indien	Indonesien	Israel	Italien
Kartoffeln	●	●	●	●	●	●	●	●	●	●		●	●	●	●	●	●
Kastanien																	
Kirschen																	
Knoblauch	●		●		●		●	●				●		●	●	●	
Krabben		●	●											●			
Kräuter										●	●						
Kräutertee u. -extrakte																	
Litschis																	
Mais				●													
Malz																	
Mandeln																	
Mangos		●				●		●									
Mango-tschar																	
Nährungsmittelkonz.													●				
Nüsse																●	
Papayas		●		●		●		●									
Paprika u. P.Pulver			●														
Pilze							●		●							●	
Reis		●		●		●		●									
Roggenbrot																	
Schalotten			●					●				●					
Sojaprodukte																	
Spargel																	
Suppengrün																	
Tiefkühlkost																	
Tomaten																	
Trauben																	
Trockenfrüchte					●							●	●			●	
Trockengemüse			●									●					
Weizen/Getreide		●		●	●	●	●	●				●	●		●	●	
Würste																	
Zwiebeln u. Z.pulver	●	●	●	●	●	●	●	●	●			●	●	●		●	●

Bestrahlte Lebensmittel	Japan	ehem. Jugoslawien	Kanada	Korea	Neuseeland	Niederlande	Norwegen	Philippinen	Polen	Spanien	Südafrika	Syrien	Thailand	Ingarn	Uruguay	USA	Vietnam
Apfel																	
Avocados											●						
Bananen											●						
Birnen														●			
Bohnen											●						●
Datteln												●					
Eipulver		●				●											
Endivien						●											
Erdbeeren						●					●		●		●		
Erdnüsse																	
Fertigteigmischungen						●											
Fisch u. Fischprodukte			●			●							●				
Fleisch																●	
Früchte (frisch)																●	
Garnelen						●							●				
Geflügel (fleisch)		●	●			●					●	●	●	●			
Gemüse (frisch)		●														●	
Gewürze			●		●	●	●				●		●	●		●	
Ginger											●						
Hefepulver											●						
Hülsenfrüchte																	
Johannisbeeren, rot														●			
Käsepulver											●						
Kaffebohnen																	
Kakaobohnen						●											
Kartoffeln	●	●	●	●		●		●	●	●	●	●	●	●	●	●	●
Kastanien				●													
Kirschen														●			

	Japan	ehem. Jugoslawien	Kanada	Korea	Neuseeland	Niederlande	Norwegen	Philippinen	Polen	Spanien	Südafrika	Syrien	Thailand	Ungarn	Uruguay	USA	Vietnam
Knoblauch		●		●				●			●		●				●
Krabben						●							●				
Kräuter					●												
Kräutertee u. - extrakte		●															
Litschis											●						
Mais																	
Malz						●											
Mandeln											●						
Mangos												●					
Mango-tschar											●						
Nährungsmittelkonz.																	
Nüsse																	
Papayas											●	●	●				
Paprika u. P.Pulver																	
Pilze		●		●		●					●			●			
Reis						●						●	●				
Roggenbrot						●											
Schalotten																	
Sojaprodukte											●						
Spargel						●											
Suppengrün						●											
Tiefkühlkost						●											
Tomaten											●						
Trauben														●			
Trockenfrüchte						●											
Trockengemüse			●			●					●					●	
Weizen/Getreide		●	●			●							●			●	
Würste													●				
Zwiebeln u. Z.Pulver		●	●	●		●		●	●	●	●	●	●	●			●

Autorenanschriften

Dr. Wolfgang Stück
Trierer Str. 1 A
56072 Koblenz

Priv. Doz. Dr. med.
Carsten Alsen-Hinrichs
Institut für Toxikologie im Klinikum der Christian-Albrechts-Universität zu Kiel
Brunswiker Str. 10
24105 Kiel

Dr. Andrea Fink-Keßler
Büro für Agrar- und Regionalentwicklung
Tischbeinstr. 112
34121 Kassel

Dr. Manuela Jäger
Öko-Institut
Postfach 62 26
79038 Freiburg

Prof. Dr. Friedhelm Diel
Umweltberatung Fulda
Petersgasse 27
36037 Fulda

Konrad Pfeilsticker († 1995)
Universitätsprofessor (em.)
am Institut für Lebensmittelwissenschaft und Lebensmittelchemie der Universität Endenicher Allee 11-13
53115 Bonn

Prof. Dr. Ingrid Gerhard
Abt. f. Gynäkologische Endokrinologie und Fertitilitätsstörungen der Universitäts-Frauenklinik
Voßstraße 9
69115 Heidelberg

Dr. Irene Witte
Institut für Chemie und Biologie des Meeres & FB 7
Postfach 25 03
Carl-von-Ossietzky Universität
26111 Oldenburg

Prof. Dr. Roland Scholz
Institut für Physiologische Chemie der Ludwig-Maximilian-Universität
Geschwister-Scholl-Platz 1
80539 München

Dr. Sigrun Preuss
Oberneulander Str. 85
28355 Bremen

Dipl. Oec. Troph. Wiebke Franz
Dipl. Oec. Troph. Kathi Dittrich
Verband für Unabhängige Gesundheitsberatung e. V.
Kepplerstr. 1
35390 Gießen

Herbert Girardet

Das Zeitalter der Städte

Neue Wege für eine nachhaltige Stadtentwicklung

Am Ende dieses Jahrhunderts werden weltweit erstmals mehr Menschen in Städten wohnen als auf dem Lande, gleichzeitig wachsen die sozialen und ökologischen Probleme in den Städten – bereits ein heißdiskutiertes Thema.
Es ist notwendig, daß wir den Einfluß des Stadtlebens auf den gesamten Planeten, unsere Heimat, verstehen. Wir müssen dafür sorgen, daß eine städtische Kultur entsteht, die mit dem Erhalt einer intakten Biosphäre und des gesamten Lebens auf der Erde vereinbar ist. Es gibt keine einzige Stadt, die uns dabei als Vorbild dienen kann. Doch wir können Beispiele aus allen Teilen der Welt sammeln, um zu zeigen, was getan werden muß und was getan werden kann. Genau dies ist das Anliegen dieses Buches: es zeigt, wie immer weiter wachsende Städte so gestaltet werden können, daß sie ökologisch und sozial verträglich sind. Mit zahlreichen eindrucksvollen Grafiken und Fotos werden Entwicklungen und Möglichkeiten, Versorgung und Ökologie, gute und schlechte Beispiele des »städtischen Organismus« dargestellt.

»Wie ein guter Arzt analysiert Girardet zunächst die Symptome, diagnostiziert die Krankheit und verschreibt dann die Medizin. Dieses Buch ist ein schöpferischer und höchst lesenswerter Beitrag.« *Lester R. Brown, Worldwatch Institute*

»›Das Zeitalter der Städte‹ ist ein wirklich herausragendes Werk. Scharfsinnig behandelt es die wichtigsten Probleme unseres Planeten und seiner Zukunft.«
Sir Richard Rogers

»Kurze, prägnante Abschnitte liefern geballtes, gut verständliches Wissen, nahezu auf jeder Seite durch konkrete Fallbeispiele und Farbfotos veranschaulicht. ... Girardet ist dabei eine Meisterleistung der Informationsaufbereitung und der kritischen Besinnung gelungen.«
Publik Forum

ISBN 3-930720-19-1

John Papworth

Small is powerful

Der Weg zu wahrer Demokratie

Nur wenn die Menschen vor Ort wirklichen Einfluß auf das nehmen können, was »vor ihrer Haustür« geschieht, können unheilvolle Entwicklungen gestoppt werden, die durch Riesenwahn und -wuchs zentraler Entscheidungsstrukturen entstanden sind. Beispiele: die Verschlechterung der öffentlichen Dienste wie Verkehr, Post, Schulen und Museen, die Zunahme von Kriminalität, Drogensucht, der Verfall städtischer Kultur, die Plünderung natürlicher Ressourcen, die Zerstörung von Atmosphäre und Boden und vieles mehr. Nichts davon geschähe, so Papworth, wenn die Menschen vor Ort selbstbestimmt und eigenverantwortlich ent-scheiden und leben könnten. Allerdings: die unheilige Allianz aus »massendemokratischen« Regierungen, Industrie und Medien steht noch dagegen. Ein mitreißendes Plädoyer für den Einzug von Moral und Selbstbestimmung in Wirtschaft und Politik.

ISBN 3-930720-16-7

John Seymour

So helft ihr doch

LebensWandel für Mutter Erde

»Noch ein Buch zum Thema Umweltschutz, aber was für eins!« schreiben die Lübecker Nachrichten. Seymour zeigt hier ver-ständlich, aber auch eindringlich und zwingend, wie wenig unsere derzeitige Wirtschaftsweise und unser Ökonomieverständnis mit der Ökologie dieses Planeten vereinbar sind. Kein anderer hat bisher so mutig und ermutigend erläutert, daß Glück und Zufriedenheit durchaus nicht im Widerspruch zur Ökologie stehen müs-sen, vorausgesetzt der Mensch besinnt sich auf das, was er wirk-lich braucht, um glücklich und zufrieden zu leben.

»Genau deshalb ist das Buch lesenswert: Seymour macht in seiner einfachen, klaren Sprache für viele unserer alltäglichen Lebens-bereiche deutlich, wohin es führt, wenn wir so weitermachen wie bisher.« Lübecker Nachrichten

ISBN 3-930720-12-4

Manfred Hoffmann

Lebensmittelqualität

Neue Erkenntnisse zu aktuellen Fragen

Was ist dran an Bio-Produkten? Sie sind nicht nur gesünder, wie dieses Buch verdeutlicht. Durch eine vollwertige Ernährung können Sie sogar Geld sparen. Außerdem bieten Bio-Lebensmittel eine bessere Qualität, und ihre Erzeugung ist wesentlich umweltschonender als die herkömmlicher Produkte. Der Autor beweist diese Aussagen mit der ganzen Vielfalt der Untersuchungsmethoden, die zur Beurteilung von Lebensmitteln nötig sind: In über 6000 Messungen konnte der Autor in den meisten Fällen deutliche Unterschiede zwischen ökologisch und konvetionell erzeugten Lebensmitteln feststellen. Mit Einkaufstips und Orientierungshifen für den Verbraucher durch den »Begriffsdschungel« der Bio-Produkte.

SÖL-Sonderausgabe Nr.. 62, ISBN 3-926104-62-7

Die Verbraucher Initiative/ Stiftung Ökologie & Landbau (Hrsg.)

Einkaufen direkt beim Biobauern

In dieser Adressenliste, die jährlich aktualisiert wird, sind direktvermarktende Biohöfe aufgeführt, die von einem der anerkannten Öko-Landbauverbände beraten und kontrolliert weden.

Die Adressen sind nach Postleitzahlen geordnet. Es ist jeweils angegeben, welche Produkte angeboten werden, und mit welchem Verband ein Anbauvertrag abgeschlossen wurde.

Im Textteil des Buches wird über den ökologischen Landbau, Vollwerternährung, die Verbände des ökologischen Landbaus, und die Bedeutung des EG-Gesetzes über den ökologischen Landbau informiert.

SÖL-Sonderausgabe Nr. 26, ISBN 3-926104-26-0